# 아, 내안에 하나님이 있다.

존 포웰 지음 / 박종신 옮김

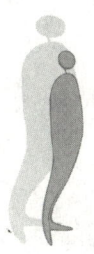

예수의 사람들

## A reason to live a reason to die

Originally Published in the U. S. A
under the title A reason to live a reason to die
Copyright © by John Powell, S. J.
All right Reserved

Korean Translation copyright © 2001 by JPM publishers
Seoul, Korea

## 아, 내안에 하나님이 있다.

"이렇게 고개를 쳐든 욕구는 이미 알려진 사실만 가지고는 충족되지 않는다.
우리 영혼은 앞에 놓여 있는 또 다른 것을 향하여
보다 큰 욕구에 따라 나아가며, 이렇게 해서 점차 확대되는 영역을 거쳐
초월자인 하나님에게 접근하는 길을 발견하게 된다.
환언하며 인간은 하나님에게 중독 되도록 창조된 것이다."

- 성 그레고리우스(St. Gregorius) -

# 차 례

역자서문 • 6

1부. 하나님에 대한 갈망 • 11

2부. 오늘날의 인간 주체성 • 63

3부. 오늘날의 세계 • 89

4부. 인간 상실과 종교적 신앙 • 117

5부. 신앙의 분석 • 147

6부. 체험과 기도 • 189

7부. 갈등과 성숙의 단계 • 223

8부. 예수 그리스도를 체험하라 • 245

# 역자서문

**확인할** 길은 없지만, 동료 목회자로 들은 이야기이다. 믿음이 좋은 장로님이 계셨단다. 새벽기도회는 물론 모든 공 예배에 빠짐없이 참석하셨고, 헌금 생활은 물론 모든 부분에서 본이 되는 삶을 통해 많은 사람들에게 존경의 대상이었다.

그런데 임종을 앞두고 사건이 벌어졌다. 이 장로님이 세상을 떠나는 순간, 자녀들과 손자들, 그리고 임종을 지키던 목사님 앞에서 하나님을 부인하는 충격 유언을 한 것이다." 나는 하나님을 믿지 않아. 아니 하나님은 없어. 너희들은 잘 들어라. 하나님은 존재하질 않아 그러니 제발 기독교장으로 하지 말고 일반장으로 장례를 치루어다오. 그리고 너희들도 하나님을 믿지 말아라. 하나님을 믿는 일은 다 소용없는 일이란다."

얼마 뒤 장로님은 숨을 거두셨고, 가족들과 임종을 지키던 목사님은 충격에 휩싸였다. 아니 이럴 수가! 장로님이 하나님을 부인하시다니… 모두들 할 말을 잃고 뒷수습을 하느라 정신이 없었다.

필립 얀시, 하비 콕스 그리고 존 포웰이 똑같이 던지는 질문이 있다. "하나님은 과연 살아 계시는가? 하나님의 존재는 어떻게 증명될 수 있으며 존재의 근거는 무엇인가? 그리고 하나님의 존재는 나에게 어떤 의미가 있는가? 또 나의 존재는 무엇이며 나의 존재의 근거는 무엇인가? 우리는 왜 이 세상에 살며, 또 어떻게 살아야 하는가?" 등 인간 본연의 문제에 대해 세 사람 모두 문제 접근방식이 다르다. 필립 얀시의 접근방식이 상담을 통해 얻은 개인의 체험에 의한 접근이라면, 하비 콕스는 사회학적인 접근방식으로, 존 포웰은 심리학, 종교철학, 정신의학같이 학문적이고 체계적인 접근을 시도한다.

우리에게는 끊임없이 솟아오르는 갈망의 소리가 있다. 하나님을 믿는다고 주장하는 크리스천들도 예외는 아닐 것이다. 나 역시 예외는 아니었다. 신학교 시절, 나는 이 문제를 놓고 심한 갈등에 빠진 적이 있다. 모두들 하나님을 직접 본 사람들처럼 너무나 태평스럽게 학업에 전념하고 있는 그 시간에, 나는 불경스럽게도 하나님의 존재라는 근본적인 문제에 붙잡힌 채 씨름을 하고 있었다. 감히 하나님의 존재의 유무라는 불경스러운 화두(話頭)를 꺼낼 수 없는 하나님의 성역(聖域)인 선지동산 신학교, 그 곳에서 나는 이 문제를 부둥켜안고 고민하고 있었다.

경험한 바에 의하면 신학교와 교회에서는 언제나 하나님이 존재하신다는 전제로 모든 스토리를 구성한다. 한 번도 하나님의 존재 유무에 대하여 논하려 하지 않는다. 만약 단 한번이라도 하나님의 존재유무에 대하여 거론하거나 대답을 요구하는 것은 곧 불경죄에 해당되는 것이고 믿음없는 사람, 혹은 무신론자로 인식되어 치명적인 타격을 입을 수 있기 때문이다.

그럼에도 불구하고 사람들의 가슴에는 얼마나 하나님의 존재유무에 대해 알고 싶은 마음으로 불타 오르고 있겠는가? 모두들 쉬쉬하고 있지만 마음속으로부터 터져 나오는 갈증이 얼마나 심하겠는가? 하나님은 살아 계시는가? 그 하나님의 존재를 어떻게 증명할 것인가? 만일 하나님이 살아 계시다면 왜 세상은 이렇게 황폐화되고 불모화되고 있으며, 사람들은 왜 불모의 사람으로 변해가고 있는가?

지금 돌아가는 세상을 보라. 감동도 없고, 감격도 없다. 있는 것이라고는 얄팍한 감각의 자극과 기복주의 신앙, 부흥을 위한 거짓말들이 판을 치고, 근본을 외면한 형식과 전통에 빠진 채 인간의 가장 중요한 본연의 문제들이 외면 당하고 있다. 하나님의 임재는 사라지고 인간들의 소리만 가득하다. 하나님이 살아 계시다면 어떻게 이럴 수가 있단 말인가?

그 갈망의 소리를 영적인 갈증, 또는 영혼의 욕구라고 한다. 누가 이 문제에서 자유로울 수 있는가? 가슴에 손을 얹어 놓고 가만히 생각해 보라. 한 번이라도 이 문제에 빠져보지 않은 사람이 어디 있으랴.

그러나 더 큰 문제는 이런 갈증은 심각한 인생의 문제를 만날 때마다 더 분명해지고 뚜렷해진다는 것이다. 악이 선을 이길 때, 부정한 방법이 선한 방법을 압도할 때, 거짓이 진실을 억누를 때, 외로울 때, 좌절할 때, 버림받았을 때, 실패를 경험했을 때, 원치 않는 질병으로 괴로울 때, 허무할 때 그 소리는 더욱 강해지고 우리를 더욱 괴롭힌다. 그러나 우리는 이런 문제에서 쉽게 자유로울 수 없다. 외면하거나 회피할 수 없는 인간 본질의 소리이기 때문이다.

많은 부분 성경이 이 질문의 해답을 제공해 주지만 실제적으로 피부에 와 닿지 않을 때가 많이 있다. 믿음이라는 신자의 강제의무를 가지고 압박해 오지만 엉켜버린 실마리처럼 속 시원하게 문제 해결이 보이지 않을 때가 빈번하다. 열심히 기도를 하지만 응답은 없고 공허한 메아리만 되돌아올 때가 너무나 많다. 그 때 우리는 어떻게 해야 할까?

포웰은 이 책을 통해 이러한 문제에 대해 명확한 해답을 제시한다. 이 책은 매우 어렵다. 또 많은 생각의 집약을 요구하고 있다. 그러면서도 사람들이 너무나 알고 싶어하는 인간 본연의 문제, 하나님의 존재, 크리스천의 삶 속에 나타나는 하나님의 뜻을 분명하고도 논리적이고 심리적이며 정신의학적인 동시에 성경적으로 설명하고 있다. 예수회 사제이며 심리학자이며 정신과 의사인 저자는 기독교라는 울타리를 넘어서 예수 그리스도라는 기초에 입각하여 우리 모두가 수긍 할 수 있고, 또 수긍해야만 하는 문제들을 실마리를 풀어가듯이 신기하게 척척 풀어간다.

이 책은 결코 종교논문이 아니다. 단순한 종교적 수필도 아니다. 이 책은 매우 논리적이지만 부드럽다. 매우 강한 메시지를 담고 있으며 우리 모두의 마음을 거대한 은혜의 바다로 몰아가는 느낌을 받게 한다. 우리는 이 속에서 하나의 찬란한 빛을 만나게 된다. 그 빛은 바로 하나님이다. 정말 모든 사람에게 이 책을 권하고 싶다. 신학교에서 방황하던 시절, 목회자가 되지 않으려고 도망가던 시절, 이 책은 나에게 하나님의 임재를 느끼게 해주었고, 삶의 분명한 지침을 제시해 주었다. 아주 어려운 책이라 생각되지만 자세히 읽어보면 이해 못할 부분은 전혀 없을 것 같다. 만일 이해되지 않는 부분이 있다면 계속 반복해서 읽을 필요가 있다. 적어도 3번 이상 읽어 볼 필요가 있다. 그만큼 이 책은 깊이가 있으며 학문적인 체계를 통해 인간의 본연의 문제를 헤쳐나가고 있기 때문에 크게 유익할 것이다. 특별히 젊은이들이 이 책을 읽었으면 하는 기대를 갖고 있다. 그러나 생각하기를 싫어하고, 본질적인 문제에서 회피하고, 성숙하기를 거부하는 유아기적인 사고를 가진 젊은이들은 부디 이 책을 읽지 않아도 좋다.

그런 젊은이들에게 이 책은 아무런 유익이 없기 때문이다.

　나는 반대한다. 젊은이들이 선배들이 가진 신앙을 그대로 답습하는 것을… 생각하는 크리스쳔이 되기를 바란다. 배우고 확실한 일에 거하는 청년들이 되기를 바란다. 무속적이고 기복적인 신앙에 매달리지 않기를 바란다. 무조건적인 추종에서 벗어날 수 있기를 바란다. 배우고 확실한 일에 거하는 것은 이 민족의 장래를 위해 지혜로운 젊은이들이 반드시 선택해야 할 문제이다.

우암산이 올려다 보이는
청주침례교회 목양실에서

# 1부. 하나님에 대한 갈망

1부. 하나님에 대한 갈망

## 하나님에 대한 갈망

30년간의 방황,
그리고 줄기찬 모색 끝에 성 아우구스티누스는 결국 귀의의 순간에 이르러
예전에는 미처 알 수 없었던 모든 사실을 깨닫게 되었다.
그는 다음과 같이 부르짖었다.
"오, 하나님. 우리 영혼은 당신을 위해서 창조되었으니
당신 안에 쉬기까지는 안식이 없습니다."

**30년**간의 방황, 그리고 줄기찬 모색 끝에 성 아우구스티누스(St. Augustinus)는 결국 귀의의 순간에 이르러 예전에는 미처 알 수 없었던 모든 사실을 깨닫게 되었다. 그는 다음과 같이 부르짖었다.

"오, 하나님. 우리 영혼은 당신을 위해서 창조되었으니 당신 안에 쉬기까지는 안식이 없습니다."

성 아우구스티누스(St. Augustinus)는 마지막 단계에 이르러 시인 괴테(Goethe)가 읊었던 내용과 같은 것을 발견한 것이다. "즉 인간의 모든 갈망은 참으로 하나님에 대한 갈망인 것"이라는 진리를 깨달은 것이다. 그는 우리 모두와 마찬가지로 어린아이 시절에 가졌던 신앙의 형태를 탈피한 이후에 비로소 보다 우수에 젖은, 그러나 보다 많은 지혜를 지닌 중년기에 하나님을 발견한 것이다. 잃어버린 과거의 시간에 대해서 그는 다음과 같이 탄식하기도 했다. "오, 주여. 너무나 늦게 나는 당신을 사랑하게 되었습니다. 정

말 너무나도 늦게 당신을 알게 되었습니다. 기억력은 참으로 슬픈 특권입니다."

이제 기억이 나지만 내 생애의 초창기에도 이러한 형태의 인간 영혼, 하나님의 현존으로 채워지기까지는 고통스럽게도 텅 빈 연약한 그릇이 어느 정도 내게 분명했던 것 같다. 유년기 시절에 내가 지녔던 신앙은 확실히 어머니의 신앙을 모방한 것이었지만 그러나 뭔가 그 이외의 것이 있었다. 내 영혼의 표면을 부드럽게 애무해 주는 하나님의 따사로운 손길이 항상 있었다. 그리고 배고픔이 있었다. 부모님이 집안의 불을 모두 끄고 잠자리에 들 때면 온 세상의 광명도 또한 함께 사라져버린다고 나는 늘 생각했다. 누구나 한번은 깊은 잠에 떨어지게 마련이다. 그러면 하나님도 그때만은 분주하지 않다. 그는 내게 보다 큰 주의를 기울이고 나의 말을 듣는다. 이런 일이 얼마나 자주 있었는지는 기억에 없다. 그러나 하나님을 전부 독차지했다는 생각으로 내 가슴이 뿌듯해지던 일이 적어도 여러 번 있었다고 본다.

그리고 거룩한 장소에 있을 때 나의 내면에는 하나님이 가까이 있다는 감정이 소용돌이치기도 했다. 일종의 미신 또는 어린아이의 상상력 탓인지는 모르겠으나 나는 막연하게나마 이 교회 또는 저 교회는 하나님의 집이다 라는 생각을 했다. 또 하나님이 오색찬란한 스테인드 글래스 창문과 특별한 향기(아마도 분향의 내음이나 강단에 놓인 꽃의 향내)를 가지고 있음은 좋은 일이라고 믿었다 그건 아주 막연한 생각이었다. 어떤 심리학자는 이것을 종교교리를 가지고 분석하려 할지도 모르겠지만 내가 알기로는 그렇지가 않다. 하나님은 나를 어루만져 주었다. 신앙의 첫 싹, 하나님을 향한 최초의 갈망이 나의 내면에 형성되고 있었다.

첫 성만찬을 하는 날이 다가오자 나는 손등에다가 지워지지 않는 잉크로 그 날짜를 써 둔 일이 기억난다. 그것은 아마도 어린아이가 스스로 메모해 두는 유일한 방법이었을 것이다. 그러나 이러한 신앙의 첫날에 한군데 또는 다른 장소에서 하나님과 만나는 일은 내게 뭔가 아주 특별한 것이었다.

## 크리스천

1940년대에는 종교단체에서 운영하는 고등학교에서 대부분의 학생들은 예배에 참여하여 성만찬을 통해 떡과 포도주를 받아먹는 "형식적인 교인"이 되는 게 보통이었다. 나도 고등학교 시절에는 지금도 완전히 파악하지 못한 어떤 동기에 의해서 그렇게 했다. 그러나 나는 그것이 중요하다는 막연한 의식은 가지고 있었다. 나는 학교수업이 시작되기 전에 매일 아침 거행된 예배에서 수많은 이미지를 받아 기억 속에 축적했고, 그때의 느낌을 간직했다.

어느 날 아침 나는 다음과 같은 문구로 매일 성만찬을 권하는 포스터를 보았다. "만일 자신의 힘이 충분하지 못하다고 느낀다면 당신은 올바른 떡을 받아먹고 있는 것이 아니다. 예수 그리스도를 위한 증인들의 식탁에서 생명의 떡을 받아먹도록 하라."

내 생각에는 예수의 잔칫상에 의무적으로 매일 참석한 탓으로 내가 청소년기의 일상적인 도덕적 고뇌를 체험하지 않았나 한다. 나는 체험을 통하여 생명의 떡과 잔을 철저히 옹호하게 되었고 은혜의 존재를 열렬히 믿었다. 그것은 높은 벽으로 둘러싸인 스테인드 글라스의 세계 안에 보호받는 그런 경우가 아니었다.

아, 내안에 하나님이 있다.

나는 시카고의 부두에서 위급할 때 내 몸을 보호할 호신용으로 예리한 칼을 가지고 다니면서 대부분의 청소년기를 노동으로 보냈다. 별로 힘들이지 않고도 나는 자주 제공되는 "유혹의 미끼"를 거부했고, 또 크리스천임을 부끄러워하지 않았으며 순수한 크리스천임을 숨기지 않았다. 나는 권투시합에서도 우수한 실력을 발휘하여 "싸움꾼"이란 별명도 얻었다.

또 나는 토론과 웅변에서도 많은 상장을 획득하였고, 하나님, 교회, 크리스천의 도덕가치가 도전을 받으면 언제나 어디서나 그것을 위해 기꺼이 논쟁을 벌렸다. 나는 나의 신앙을 수호하는 싸움이라면 아무리 사소한 언쟁에서라도 즐겨 싸우고 또 열심히 싸우는 크리스천, 싸움에 숙련된 크리스천으로서 청소년기를 보냈다.

## 소 명

지금은 그렇지 않지만 1940년대에는 신학교에서 고등학교를 졸업한 젊은이를 통상적으로 받아들였었다. 어느 날 졸업반 학생인 나는 종교지도 선생님의 책상 앞에 앉아서 앞으로 나는 사제가 되고 싶다는 희망을 토로하게 되었다. 그 때 그 선생님이 질문한 것과 같이 만일 여러분이 내게 왜 사제가 되고 싶었느냐고 물었다면, 나는 아주 조숙한 이유와 동기들을 주워댔을 것이다. 사실 보다 깊은 체험, 하나님의 손길, 은혜의 흐름은 내 일생을 통하여 나를 서서히 그리고 확실하게 움직여 오는 것인데 이러한 것들을 분명하게 설명했더라면 편리한 설명이 되기는 했을지도 모른다.

나는 사제로서 하나님을 섬기게 된다는 일은 전적으로 "옳은 일"이라고 생각했다. 그 이외의 다른 모든 일은 그저 쓸데없는 일에 불과했다. 그러나 가족이나 친구들의 견해는 달랐다. 가족이나 친구들 가운데 아무도 사제가 되겠다는 나의 결심을 진지하게 수긍하려 들지않았다. 내가 장차 틀림없이 훌륭한 변호사가 될 거라고 확신하고 있던 아버지조차, 내가 정말로 떠나야할 날이 하루하루 다가오자 날 못 믿겠다는 태도를 보였다.

나는 사람들이 날 믿어 주지 않는 걸 차라리 다행이라고 생각했다. 경건한 스타일의 인간, 어렸을 때부터 사제가 되기로 작정되어 있는 그런 인간으로 처신하기는 싫었기 때문이었다. 나는 "싸움꾼"이며, 논쟁을 좋아하는 젊은이이었으며 재즈 피아니스트이었고, 지터버그 댄서였다. 그러나 저항할 수 없는 하나님의 사랑의 힘과 그 은혜의 강물은 나에게 더 좋은 일을 하도록 인도하고, 아주 더 좋은 장소로 데리고 갔다.

## 위기의 씨앗들

우리 집안이 빈궁하여 고생스럽게 지낼 때, 어린 우리에게 롤러 스케이트며 다른 여러 가지 선물을 사 주던 친절한 아저씨가 옆집에 살았다. 신학교로 떠나기 전날 나는 그 아저씨에게 작별인사를 하러 갔다. 처음에 그는 내가 대학에 진학하기 위해 떠나는 줄로 생각했다. 그러나 내 일생과 재능을 전부 하나님에게 바치기 위해서 내가 신학교로 간다는 사실이 분명해지자 그는 갑자기 얼굴에 불쾌감을 표시했다. 그에겐 내 결정이 그의 마음에 들지 않았던 모양이다.

아, 내안에 하나님이 있다.

그는 내가 일생과 재능을 쓸데없는 일에 공연히 낭비할 것이라고 경고했다. 그리고 이렇게 말했다. "이것 봐, 하나님은 존재하지 않는 거야. 알겠어?" 그는 선량한 사람이었다. 그는 다른 모든 착한 사람들과 마찬가지로 전쟁, 고통, 그리고 악이 판치는 이 세상을 어떻게 하나님이 다스리는지 이해하지를 못했다. 나는 조금 기분이 언짢았지만 예의 바르게 작별인사를 하고 떠났다. 그러나 그의 말이 옳으리라고는 꿈에도 생각하지 않았다.

D-Day, 그리고 예수회 사제후보생들의 수련기, 1940년대 예수회의 사제후보생활에 관해서 오늘날의 사람들에게 설명하게 되면 사람들은 쉽게 믿으려 하지 않는다. 그 당시 상황을 꼭 그대로 믿어달라고 하지는 않겠지만 여러 가지 방법으로 설명하면 다음과 같다.

새벽 5시에 일어난다.
모든 대화는 라틴어로 한다.
오랜 침묵시간을 갖는다.
매일 4시간씩 기도한다.
이것은 우리 대부분의 사제후보생들에게 깊은 흔적을 남겨주었다.

## 처음으로 느낀 의혹의 폭풍우

처음 도전에서 느끼던 신선한 감각이 시들해지고 규율의 대가가 명백해지자, 한 여름밤에 갑자기 내려치는 천둥처럼 의혹이 나를 엄습했다. 그리고 이어서 불안의 먹구름이 내 영혼, 내 생명의

1부. 하나님에 대한 갈망

구석구석을 파고들었다. 하나님은 정말 존재하는 것인가? 예수 그리스도는 정말로 하나님의 아들이었나? 복음서는 사실이냐 아니면 꾸며낸 이야기냐? 나는 미친 듯이 기도에 몰두했으나 아무도 응답해 주지 않았다. 하나님을 체험하는 일은 내게 아득한 고독과 황량한 침묵 즉 새로 태어난다는 비전이나 약속도 없는 모든 것의 죽음이었다. 그때 이웃집 아저씨의 말이 내 마음에 새록새록 사무쳐왔다. "이것 봐, 하나님은 없는 거야… 하나님은 없어… 하나님은 없단 말이야!" 나는 완고한 주변환경을 둘려보면서 그 엄격한 사제 수련의 기간을 우울하게 보냈다. 사실 나의 마음속에는 항상 장례식이 거행되고 있었다. 하나님은 나를 떠났다. 나를 홀로 이 외로운 장소에 내버려두고 떠났다. 이 황야에서 우리를 인도하는 수련장은 내가 체험하는 이 갑작스런 무신론에 대해 별로 놀라지 않았다. 그는 나 자신과 하나님에 대한 인내를 내게 권고했다. 그가 내 문제의 전체적인 충격을 실질적으로 이해하지 못하며, 나의 세계가 전부 산산조각이 나버리고 있음을 느끼지 못한다고 나는 생각했다.

우울하고 참담한 4개월 동안 불신의 "어두운 밤"이 계속 되었다. 그러자 사건이 발생했다. 그것은 그 이후 나머지 나의 삶의 시작이고 나 자신의 개인역사의 핵심적인 종교체험이었다. 저녁마다 사제후보생들은 15분간 반성의 시간을 가진다. 나무 받침대에 무릎을 꿇고 테이블 위에 두 손을 얹고, 그날 생각과 말과 행동으로 의무를 태만히 하거나 망각한 일이 없는지, 곰곰이 자신을 뒤돌아보며 참회한다. 내가 잘 한 일, 적어도 내 생각에 잘 했다고 보는 일은 단 한가지, 나무 받침대를 제자리에 놓은 일뿐이었다. 흔히 농담 삼아 그 나무 받침대를 잘 놓여진 무릎받이라고 혼자 생각했는데 나는 싸움이 중턱에 겨우 와 있었다.

아, 내안에 하나님이 있다.

## 님의 손길이 내게 닿으니

이른 봄 금요일 저녁이었다. 나는 저녁 참회의 시간을 위한 준비로 무릎받이를 발끝으로 차서 제자리에 놓고 있었다. 그때 돌연히 가슴이 터질 듯한 느낌이 솟구쳤다. 동시에 나는 내 안에 하나님이 계시다는 사실을 체험적으로 확실하게 인식했다. 일반적으로 개인적 체험을 타인에게 전달한다는 것은 불가능하며, 다만 그 체험에 대한 느낌만 전할 수 있다고 한다. 이 말은 분명히 옳다.

나의 체험을 여러분에게 나누어주려고 할 때 내가 말할 수 있는 것은 고작해야, 그 당시 나의 느낌이 마치 하나님의 사랑과 현존에 가득 차 터져 버린 고무풍선 같은 것이었고, 그래서 심지어는 그 갑작스런 황홀함을 내가 더 이상 견디어낼 수 있을까 하는 의문과 불안조차 일어날 정도였다는 내용이다. 바바라 스트레이잔드가 부른 "님의 손길이 내게 닿으니"라는 노래가 그날 밤 나의 체험을 가장 적절하게 묘사해 줄 것이라고 생각한다.

사람이 겪는 모든 체험, 특히 무한한 하나님의 체험은 근본적으로 타인과 상호 교류할 수 없는 성질의 것이라고 나는 확신한다. 하나님은 언제나 인간의 이해의 범위를 뛰어넘는다. 무한하기 때문에 그를 유한한 인간 정신의 초점 안으로 끌어들일 수가 없다. 또 유한한 개념이나 단어로 그의 무한성을 표현하기에도 적절하지 않다. 내가 할 수 있는 말은 고작해야 그의 손길이 내게 닿았다고 하는 것뿐이다.

만일 하나님과의 관계에 있어서 "밀월"기가 있다고 한다면, 내 경우에는 그 다음 해가 된 것 같다. 하나님의 "손길"은 반복적으로 늘 기대하지 않고 있을 때 내게 와 닿았고 항상 경탄을 일으키며 또 항상 한없이 따사로웠다. 그 해에 제럴드 맨리 홉킨스(Gerard Manley Hopkins)의 "난파한 독일"이라는 시를 처음 읽었을 때, 그 시인의 노래가 바로 내 체험을 말해 주고 있다는 것을 발견하게 되었다.

> 오, 하나님. 당신은 나의 지배자,
> 숨결도 빵도 당신이 주시고
> 세상의 좌초, 바다의 출렁임도 당신이 주시니
> 오, 산 자와 죽은 자의 하나님,
> 내게 뼈와 핏줄 그리고 살을 엮어 주시고 나서
> 두렵게도 그것을 거의 모조리 파괴하시니
> 당신의 손길이 새롭게 내게 닿습니다.
> 두고두고 그 손길 느끼며 나는 당신을 발견합니다.

"두고두고 그 손길 느끼며 나는 당신을 발견합니다"라는 이 구절에 이르러 하나님의 손길이 삶에 대해 전적으로 새로운 비전과 인식을 내 안에 불러일으켜 주었다고 기억된다. 그것은 마치 정말 꼭 필요하던 안경을 처음 끼는 것과 같았다. 전혀 새롭고 매우 아름다운 세상이 보이게 되고 이렇게 되면 사물을 보는 새로운 비전으로 해서 이전의 비전이 그 중요성을 잃는다. 신앙이란 한 쌍의 새로운 내면적 눈으로서 이전에는 보지 못하던 것을 보는 것과 같다.

하나님이 다가와 그 손길로 나를 어루만져 주던 그 첫해에 나는 하나님의 아름다움을 조금만 엿보고도 땅에 엎드린 타보르산의 베드로와 같은 느낌을 받았다. 베드로와 마찬가지로 나는 하나

아, 내안에 하나님이 있다.

님의 산꼭대기에 천막을 치고 싶었다. 이 세상의 모든 시계와 달력을 정지시켜 그 순간을 영원히 고정시키고 싶었다. 그것은 총천연색 꿈속에서 꿈꿀 수 있는 것보다도 더 멋있는 일이었다.

## 전 환

그러나, 하나님의 손길을 체험한 지 채 얼마가 못되어 나는 추위와 회색의 세계를 경험하게 되었다. 예수 그리스도는 베드로, 야고보 그리고 요한을 데리고 타보르산을 내려올 때처럼, 나를 따사로움과 아름다움의 세계로부터 추위와 회색의 세계로 인도한 것인지 아니면 그 추위와 회색의 세계는 나 자신이 만들어낸 것인지를 알 수가 없었다. 신앙이란 이토록 미묘하고 복합적인 것이다. 은혜에 대한 나의 복종은 아마 나도 모르게 깊지 못하고 미숙한 상태에 있었을 것이다. 어찌되었든 따뜻한 새 세계의 빛은 점차 사라져버리고 새로운 겨울이 내 안에서 시작되었다.

한 가지만은 예전과 전혀 다른 것이 있었다. 하나님의 기쁨을 한번 맛본 나는 두 번 다시 세속적 쾌락으로 돌아가 거기서 고독에 대한 위안을 찾을 수는 없다는 사실을 알았다. 하나님을 발견하지는 못했지만 그러나 어떠한 사물도 또 그 누구도 진정으로 나를 만족시켜 줄 수 없다는 사실을 깨달았다.

이 시련기를 겪던 어느 여름날 밤 나는 책상머리에 앉아 책을 읽고 있었다. 그때 나방 한 마리가 유리창에 몸을 부딪치며 내 책상 위를 비추는 전등 불빛으로 날아들려고 했다. 나방은 두 번 세 번 유리창에 부딪치다가 밑으로 떨어지고, 그러다가 다시 날아오른 뒤 또 시도한다. 나방의 모습, 그 좌절이 꼭 하나님을 찾는 나 자신의 모습과 같다는 생각에 이르자 섬뜩해졌다. 하나님의 얼굴과 가슴 위로는 일종의 신비로운 휘장이 드리워 있었다. 하나님의 현존이 주던 따사로움과 위안은 모조리 사라져버렸다.

나의 신앙이 부족했던가? 아니면 정말 신앙의 뿌리가 더욱 깊이 뻗도록 추구하고 있었던가? 우리는 모두가 위로의 하나님이 아니라 하나님의 위로를 찾으려는 경향이 있다. 아마도 이 기간은 내가 성숙하고 깨끗해지기를 명하는 생명과 사랑의 시험기였을 것이다.

폴 틸리히(Paul Tillich)는 그리스도교의 죽음과 부활의 순환이 신앙의 성장에 있어서도 그 특징을 이룬다고 말한 적이 있다. 낡은 신앙은 죽어야 하고, 의혹으로 잠식되어야 한다.

그러나 그렇게 됨으로써 새롭고 더욱 깊은 신앙이 탄생하여야만 한다.

## 망 상 (妄想)

그러나, 이 시기에 내가 망상에 젖어들기 시작했다는 것을 솔직히 시인하지 않을 수 없다. 나 자신이 기본적으로 선량한 사람이라고 생각하지만, 선량한 사람이 뻔히 속이 들여다보이는 망상에 빠지는 경우는 흔하지 않다. 사탄은 언제나 첫 발자국부터 크게 유혹하지 않는다. 신학교 시절에 특히 사제 후보생들을 교직에 훈련시키는 수도원에서의 훈련기간은 사제 후보생들의 지능을 매우 요구한다. 이론적으로 그리고 각 개인적으로 우리는 모두 성인(聖

人)이 되려고 노력한다. 무릎을 꿇고 기도하는 이유가 바로 그것이다. 그러나 성성(聖性)은 측량하기도, 식별하기도 어려운 것이기 때문에 오직 하나님만이 인간의 깊은 속마음을 들여다 볼 수 있고, 거기 깃든 신앙과 사랑을 알아낼 수 있다. 개인적 또는 단체적 기도시간이 매일 몇 시간씩 있기는 하지만, 수련기간중 대부분의 시간은 공부하는데 바쳐졌다.

한편 나의 심리적 경력의 밑바닥을 보면, 나는 타고난 경쟁자로서 항상 1등을 하고 우승자가 되려고 했다. 할머니와 장기를 둘 때 친선경기임에도 불구하고 나는 한번도 지지 않았다는 사실을 농담 중에 인정하기도 했다. 신학교 공부라는 지성의 광장에 들어서자 그 동안의 내부에 쌓여 있던 경쟁의 에너지와 본능이 전부 서서히 그리고 확실한 속도로 사그라지고 있음을 깨닫게 되었다.

이제 돌이켜 생각해 보면 그 당시 내가 추구하고 획득하려고 하던 것은 하나님 이상의 그 무엇이었다. 그것은 내 관점과 정의에 따른 망상이다. 나는 덜 중요한 것을 보다 중요한 것과 혼동하고 수단과 목적을 혼동했다. 하나님의 나라를 세우는데 도움이 되도록 나 자신을 지성적으로 준비하는 일에 몰두하기보다는, 나 자신의 이기심을 충족시켜 줄 성과 추구에 더 열심이었다. 말하자면 "매우 유망한" 학생이라는 자의식 또는 이미지를 얻으려고 노력했던 것이다.

예수님은 "먼저 하나님의 나라를 구하라. 그러면 다른 모든 것은 너희에게 주어질 것이다"고 말씀하셨다. 그는 무엇보다도 하나님의 영광을 찾는 "애꾸눈"을 찬양했다. 그는 마음의 보물로 간직해야만 하는 "엄청난 값어치의 진주"에 대해 이야기했다. 보물이 있는 곳에 마음이 또한 있는 것이다. 그러나 나는 이 모든 내용을 가슴으로 알고 있었지만 진정으로 마음속에 간직하지는 않왔다.

그렇다고 신학생 시절에 내가 기도생활을 하지 않았다는 건 아니다. 하나님을 추구하는 일에 있어서 생각을 잘못한 것이지 그것을 포기한 것은 아니다. 하기야 기도하려는 나의 노력은 단순한 동작, 외부적인 자세에 그치는 경우도 많았다. 마음이 기도 안에 머물러 있지 않았다. 내 마음은 마치 분열된 도시와 같았다. 학생 그리고 선생으로서 성공하겠다는 끈질긴 욕망이 나를 유혹하여 시야를 흐리게 하고 나의 정신을 산란하게 만들었다. 내가 보기에 당시는 타협의 시기였다. 타협하는 탐구자는 하나님의 얼굴과 마음을 발견하지 못한다.

## 나의 나약함 속에 하나님의 힘과 인내가 있으니

나는 학생 시절의 잘못들을 스스로 용서하거나 힐난하려는 생각은 조금도 없다. 그럴 수도 없는 일이다. 유일한 진짜 잘못은 잘못으로부터 아무런 교훈도 배우지 못하는 일이다. 그러나 나는 참 많이 배웠다고 생각한다. 배우기 위해서는 이해하려고 노력해야 한다. 어째서 그런 일이 있었던가? 무슨 일이 있었나? 언제 내가 궤도를 벗어났던가? 하나님이 우리에게 대해서 무한히 인내하는 것과 마찬가지로, 우리도 스스로에 대해 인내해야 한다.

사람들이 추구하는 주체성 또는 인정받는 일은 "피드백(feedback)"에 크게 의존한다. 운동경기의 재능에 관해 칭찬을 받으면 우리는 자기 자신을 훌륭한 선수로 생각하기 쉽다. 용모가 뛰어나다는 말을 들으면 자기 자사의 육체적 외모에 치중한다. 나아, 내안에 하나님이 있다.

도 모르는 사이에 수년간 이 피드백은 모두 교실에서 이루어졌다. 재빠른 대답, 깊은 이해를 바탕으로 한 질문, 우수한 논문, 내가 가르친 흥미 있는 학급… 이것이 나의 피드백 이었다. 이러한 척도를 가지고 사람들은 나를 재려고 했고 나의 내면에 도사린 경쟁심리는 항상 사람들의 인정과 함께 갈채를 원했다. 가장 심각한 망상의 측면은 그것이 습관을 형성한다는 것이며, 젊은 시절에 형성된 습관은 노년기에 가서 어김없이 나타나는 법이다.

　신학교 부속진료소 복도에서 기다리고 서 있을 때 진료소 책임자가 사제 두 사람을 인도해 들어왔다. 밤인데 그 사제들은 잠 잘 곳이 마땅한 데가 신학교 안에는 없었던 모양이다.

　그런데 그 중 한 사제는 계속 불평을 늘어놓으며, 전혀 고마워하는 기색이 없었다. 그러나 또 한 사제는 책임자 수사에게 감사하다고 말한 뒤 잠자리에 들기 전에 그를 위해 특별기도를 올리겠다고 약속했다. 그 때 번개같이 내 머리 속을 두려운 생각이 스치고 지나갔다. 나도 언젠가는 저 두 사제 가운데 하나가 되겠지. 이기적이고 불평을 늘어놓는 사제 아니면 사랑과 감사를 아는 사제….

　그러나 진료소 복도에 서 있던 그날 밤 나는 내가 어떤 형의 사제가 될 것인가를 하는 결정은 인생의 황혼기에 정해지는 것이 아님을 깨달았다. 그 결정은 젊은 형성의 시기에 이루어진다. 우리의 어제는 오늘 위에 무겁게 내려앉고 오늘은 내일 위에 무겁게 쌓이는 것이다.

1부. 하나님에 대한 갈망

## 서품식

　사제가 되는 서품식을 받으러 강단 앞에 서있는 그 순간에도 나는 나의 습관, 내면의 분열, 애매모호한 주체의식을 여전히 간직하고 있었다. 그날 나는 하나님에게 나의 일부분을 바쳤다. 그 부분이 얼마나 큰지 또는 작은지는 모른다. 또 나는 그 당시의 나의 인간조건에 대해 별로 깊이 부끄러움을 느끼지 못했는데 그 이유는 솔직하게 있는 그대로의 인간조건을 직시한 일이 없었기 때문이다.
　인간 본성은 사물에 대처하는 힘을 가지고 있다. 비전과 기억력은 대단히 선택적이다. 우리는 보고 싶은 것, 듣고 싶은 것만을 보고 들으려 한다. 나 자신을 공적인 제물론 하나님에게 봉헌하였지만 나는 자신이 타다 남은 잿더미나 뒤지고 있다는 사실을 깨닫지 못하였다. 입술로만 섬기는 일은 내 체질에 맞지 않는 일이었다. 그러나 아직 나는 자신이 앞으로 처신할 방향을 뚜렷하고 자신 있게 제시하기에는 부족했다. 햇빛은 강렬하게 내려 쪼이고 있었다. 서품식 당일은 무척이나 무더웠다. 사제로 서품 받을 우리들의 가족과 친지들이 습기 찬 작은 교회 안을 꽉 메운 가운데 우리는 강단 위에서 모두 엎드려 예식이 시작되기만 기다렸다. 강단 앞에 엎드리는 행위는 서품 예정자의 죽음, 자기 자신과 사사로운 이익에 대한 죽음을 의미한다. 그는 주례자의 부르심에 따라 일어나며, 이 일어나는 동작은 그가 오직 그리스도와 복음을 위해서만 살 것이라는 상징이다. 그의 사제직은 신학적으로 해석하면 그리스도와의 보다 깊은 일치를 의미한다. 사제는 실제로 "알데르 크리스뚜스(Alter Christus)" 즉 "제 2의 그리스도"라고 불린다. 그 이후로 나는 이제 2의 그리스도라는 말이 의미하는 것과 나의 아, 내안에 하나님이 있다.

동작 그리고 내가 바친 서약의 핵심 사이에 가로놓인 커다란 심연 때문에 번민하기도 했지만, 서품식 당일에는 이러한 번민을 미처 깨닫지 못하고 있었다.
햇빛은 참으로 강했다. 예식은 엄숙하고 감명 깊게 진행되었다. 그리고 나는 사제가 되었다. 어머니는 눈물을 흘리며 자랑스럽게 날 포옹해 주셨다.

### 오래된 망상은 쉽사리 없어지지 않는다

서품을 받은 후 나는 연구결과를 종합하여 마쳤다. 그리고 유럽에서 박사학위를 받았다. 유럽은 아주 재미있는 곳이다. 3개 국어를 배우게 되었고 여행도 가능한 마음껏 했다. 그러나 문제는 항상 따라다녔다. 해결되는 게 아니었으니까.
박사학위를 받기 위한 수업 그리고 학위의 획득은 시험, 경쟁, 생사의 갈림길 같은 것이다. 나는 지려하지 않았다. 이것은 나 자신의 헌신이었는지 아니면 낡은 관습의 타성인지…. 결과 나는 가장 우수한 성적으로 박사학위를 받고 미국으로 돌아와 전에 내가 다니던 신학교에서 교편을 잡고 학생을 가르칠 수 있었다.
5년 동안은 별다른 변화를 겪지 않고 세월이 흘렀다. 성공과 실패의 저울추가 항상 머리 속을 떠나지 않았다. 성공 이외에는 바랄 것이 없다. 항상 1등을 해야 한다. 그리고 똑같은 마음, 정신, 삶 속에는 하나님과 하나님의 백성을 섬기려 하는 선량하고 예의 바르고 열성적인 기도를 바치고, 성경을 연구, 묵상하며 그를 필요로 하는 사람들의 요청에 대부분 응답해 주었다. 그가 하는 일은 완전히 잘못된 것도 없고 완전히 잘 된 것도 없었다. 이기주의와 이타주의 가운데 그 어느 것도 그를 확실하게 휘어잡지 못했다.

## 성공, 아 황홀한 성공…그러나 그 뒤엔 뭐가 있는가?

이 시기에 있어서 나의 삶은 내리막길이 아니었나 생각된다. 능숙한 설교가로 잘 알려지게 되어 나는 수없이 설교를 했다. 심지어는 기도에 관하여 매끄러운 강연과 설교도 했다. 이제 생각해 보면 그 당시 나는 실제로 기도생활을 하기보다는 그 대신 기도에 대해서 떠들어 대고 있었다. 나는 성공적인 교수, 성공적인 저술가, 성공적인 설교가가 되었다. 명예의 후광이 내 주위에 감돌았다. 그러나 나의 내면에는 35세를 넘어서는 시기에 삶의 새롭고 보다 깊은 의미를 찾아야 한다는 문제를 둘러싸고 위기가 시커먼 폭풍우의 구름처럼 엉기고 있었다.

강연회에 나갈 때 소개하는 사회자들이 너무나 나를 추켜 올려 세우는 바람에 나는 속으로 위축되고 불안해지기까지 하여 그런 소개에 합당한 강연을 해야만 한다는 의무감조차 느꼈다. 사람들이 원하는 것도 그것이었다. 그 많은 사람들이 나의 일부분, 나의 시간, 정력, 사생활에 대한 공개를 진지하게 요구하고 있다고 생각할 때 그것은 내게 참으로 감당하기 어려운 부담이 아닐 수 없다.

누군가 하나님의 백성에 대한 사제의 역할은 마을에 설치된 공동우물의 펌프, 항상 거기 놓여져 사용되는 공공기물과 같다고 말한 적이 있다. 사람들이 나를 애용하고 있다는 느낌이 들었다. 일상적인 감사와 찬사는 점점 귀찮아지고 불필요해지고, 별로 위안이 되지 못했다.

이것의 결말이었다. 물론 내가 나아가는 방향이 어떤 것인지는 설명하기 어렵다. 타협은 하나의 방편이 될 수가 있었다. 그러나 인류 역사에 대해 항상 인내하고 항상 자비로운 하나님이 이제 나의 삶의 과정 안에 두 가지 결정적인 방법으로 다시 들어온 이상, 문제는 순전히 사변적인 것이었다. "나는 거듭 당신의 손길을 느끼고 당신을 발견합니다." 나는 제 길로 다시 들어섰다. 삶에 있어서 수없이 방향 전환이 일어난다고 한다면, 나는 그때 두 가지 체험에 의해서 전환되는 깊은 변화를 겪었다.

## 7일간의 사건

친구 한 사람이 1주일 동안 계속되는 대화의 공동생활로 나를 초대한 일이 있다. 이 공동생활을 거치면 참가자들이 "자신의 감정을 다시 발견하게 될 것"이라는 문구가 안내책자에는 적혀 있었다. 친구가 준 책자를 보고 느낀 반발은 지금도 생생하다. "무슨 소리냐?"

나는 속으로 나 자신이 이미 감정을 확고하게 제어하고 있으므로 그러한 공동생활은 전혀 필요가 없는 것이라고 단정해버렸다. 그러나 친구가 계속해서 권유하는 바람에 나는 "참가자들이 거기서 무엇을 하는지 그냥 구경이나 하겠다"고 말하고 한번 가 보기로 수락했다.

그 결과는 코페르니쿠스적 혁명이었다. 나의 안과 밖, 위와 아래가 완전히 뒤바뀌게 되어버렸던 것이다. 그 1주일 동안의 효과를 반성하는 과정에서 나는 지금까지 나 자신, 나의 감정, 행위의 동기와 목표에 관해 스스로를 속이고 있었다는 사실을 뼈저리게 절감하게 되었다. 나는 내 감정의 당위적 상태 즉 어떠해야 한다는 점만 계속 강조해 왔기 때문에 감정을 있는 그대로의 상태로 파악하지 못했다.

사회적으로는 선량하고 거룩한 사제가 되는 일에만 너무 몰두해 있었기 때문에 사람들에게 나 자신의 독자성을 보여주지 않았다. 나를 훈련시킨 사람들이 내 안에 기록하고 새겨놓은 메시지를 그대로 재생해 내는 녹음기와 같이 사제 역할을 수행해 왔을 뿐, 나는 내가 진정으로 느끼는 바를 사람들에게 피력해 본 일이 없었다. 그런 감정은 나 자신에게조차 피력하지 않았다.

이 삶의 전환점에 관해서 나는 여기 자세히 적지 않을 수 없다. 그걸 다 적으려면 아마 책이 한 권은 될 것이다. 나누어 가져야 할 필요성을 느껴서 『왜 나를 말하기를 두려워하는가?』라는 제목의 책을 썼던 것이다. 이 책이 거둔 성공에는 나도 깜짝 놀랐다. 의심할 나위도 없이 다른 많은 사람들도 나와 같이 자신의 감정을 솔직하게 받아들이고 이를 정직하게 표현할 필요성을 느끼고 있었다.

내가 이 경험을 여기서 이야기하는 이유는 그 사건을 계기로 나의 기도생활이 근본적으로 영향을 받았기 때문이다. 여태껏 정서적 자아에 대해 배우고 실천하려고 해 온 것은 바로 오늘날의 나의 기도생활에 없어서는 안 되는 것이다. 이것에 관해서 좀더 자세히 뒤에서 설명하려고 한다.

아, 내안에 하나님이 있다.

## 강한 자를 당혹하게 만드는 이 세상의 약한 자들…

이와 같은 자아발견을 실천에 옮기는 일을 배우고 있는 동안 하나님은 그때 내게 또 하나의 삶의 전환점을 마련해 주었다. 여러 해에 걸쳐 나는 심한 신경쇠약에 걸린 여인 한사람의 정신지도를 해 주고 있었다. 나의 "예리한 진단의 눈"으로 볼 때 그 여인은 아주 오랜 기간에 걸쳐 치료를 받아야 할 상태에 있었고, 치료의 결과는 처음 시작했을 때보다 약간 안정을 찾아 어느 정도 정상기능을 회복하는 게 고작이 아닐까하는 생각이 들었다.

성공해야 한다는 생각이 앞서고 또 신속한 결과를 내야 한다는 필요성에 비추어 이러한 상태의 피지도자는 내게 가장 다루기 힘든 존재이다. 구체적인 효과는 매우 느리게 나타나고 또 나타난다고 해도 상당히 모호하다. 많은 시간 고통스러운 시간을 지도하는데 보내고 나자 한가지 사실이 내게 아주 분명해졌다. 하나님의 백성을 사랑하고 그 사람들에게 봉사하고자 하는 나의 열망이 이러한 대인접촉을 통해 순화된다는 사실이다. 하나님이 내게 은혜를 내려 주는 통로로 그 사람을 사용하리라고는 꿈에도 생각하지 못했던 것이다.

그 여인을 치료하는 수년 동안, 나 자신의 기도생활은 계속해서 하강곡선을 그리고 있었다. 나는 자신이 입으로는 말을 잘 하지만 생활은 거기 따라가지 못하는데서 생기는 격차에 대해 한편 재미도 있었으나 또 한편으로는 부끄럽기도 했다. 이러한 생활상의 괴리는 사물이 이중으로 보일 때와 마찬가지로 고통스러운 일이다. 사물이 두개로 보이면 어느 것이 진짜인지 또는 도대체 두 가지

1부. 하나님에 대한 갈망

중에 진짜가 있기는 있는 건지 모르게 된다.

자신의 감정 그리고 인간성 자체에 대해 솔직해지려고 노력하는 가운데 비로소 나는 이러한 것을 깨닫기 시작했다. 물론 나는 타협조건에 관한 최종적인 깨달음이 내게 부담을 지우고 또 그리스도의 제자로서 값비싼 대가를 치르게 할 것이라는 점을 알고 있었으므로 이러한 자각이 오리라고는 예견하고 있었다.

하여간 신경쇠약증이 있는 그 여인의 치료가 그 당시 나의 삶의 일부분에 매달려 있었다. 이야기를 나누기 시작한 것은 6~7년 전 어느 여름날이었다. 신경질적인 푸념, 우물쭈물 결단을 못 내리는 성질, 깊숙이 자리잡은 고통에서 연유하는 자기중심주의는 여전히 변함이 없었다.

어느 초 여름날 대면했을 때는 처음 정신적인 치료를 시작했을 때와 비교해서 그 여인은 조금도 안정되지 않고 정상기능도 회복하지 못하고 있다는 사실을 발견했으니 겉으로는 이런 나의 생각을 말하지 않았다. 나의 치료는 실패였다. 그러자 실패에 대한 두려움 때문인지 화가 나기도 하고 한없이 불쾌해졌다.

## 병든 자를 치유하는 사람은 누구인가?

대학 강의가 시작되기 직전, 그러니까 여름이 끝나갈 무렵 그 여인으로부터 전화가 걸려와서 수화기를 들었다. 이 여인은 내게 시간을 내달라고 요청하겠지. 끝없는 노래를 여러 가지 옥타브로 불러대는 것처럼 똑같이 낡은 문제들을 들추어 내보이면 나는 참 괴로운 시간을 보내지 않으면 안될 것이다. 이렇게 나는 생각했아, 내안에 하나님이 있다.

다.

 그러나 이게 웬일인가? 기묘하게도 성령은 우리에게 놀라운 일을 행한다. 전화기에서 들리는 그 여인의 음성은 어떻게 생각하면 예전과 똑같고 또 어떻게 생각하면 어딘가 다른 음성이었다. 나의 "예리한 진단의 귀"는 그 여인이 새로운 평화를 찾았다는 사실을 찾아냈다. 그래서 나는 여러 번 "누구신가요?"라고 묻지 않을 수 없었다. 그 여인은 조용히 평화스러운 대답을 보내왔다. 자기는 나와의 대면을 "원하지 않는다" 내가 너무나 분주하다는 것을 알기 때문에 더 이상 내 시간을 뺏고 싶지 않다. 전화를 건 용건은 단지 지난 3년 동안 내가 인내를 가지고 자기를 대해 주었고 도와 준데 대해 감사하기 위한 것이었다. 이것이 그 여인의 대답이었다.

 나는 내 귀를 의심하지 않을 수 없었다. 그 여인의 말은 정말 진지했다. 그러나 인격의 변화가 실생활에서는 이렇게 갑자기 닥쳐오는 것은 아니다. 그래서 나는 "당신은 아주 다른 사람이 되었군요?"라고 물었다. 그러자 그 여인은 "아, 물론이지요"라고 대답했다. "무슨 일이 있었나요?" "전 예수 그리스도를 만났거든요." "뭐라고요?" "전 예수 그리스도를 만났어요. 예전에는 그에 관해서 알았었는데 지금은 그를 알고 있어요." "뭔가 기적이라도 보았다는 이야기인지…" "아니, 기적은 아니에요. 그러나 전 정말로 예수 그리스도를 만난 거예요." "당신이 날 만나고 싶어하는지 만나고 싶지 않은지는 모르겠지만, 하여간 난 당신을 만나봐야 겠군요."라고 나는 소리를 질렀다.

 얼마 뒤, 그 여인이 사무실로 나를 찾아왔다. 그 여인이 내 사무실에 나타나자 나는 전화로 통화할 때 생겼던 의혹을 모두 버렸다. 그 여인은 완전히 "치유된" 사람이었다. 임상심리학과 정신분석학이 상처받은 인간의 삶에 제공한 공헌을 조금만치도 깎아 내릴 생각은 없지만 그러나 이러한 학문들이 구세주 또는 구속자로 행세하도록 내버려 둘 수는 없었다. 물리요법이란 신앙생활에 적용될 수 없다. 심리학 실습을 통해서 알겠지만 아무리 유명한 물리요법 의사라 할지라도 이런 종류의 "치료", 이 새로운 "전인성(全人性)"을 장담할 수는 없다. 우리 모두가 어느 정도는 지니고 있는 심리적 상처를 플라스틱 외과기술로 치료할 수는 없다.

보조적 정신요법에 의해 우리는 안정을 되찾고 회생적 정신요법에 의해서 어느 정도 재조정되고 새로운 적응 메카니즘을 발달시킬 수 있긴 하지만 완전한 치유를 장담하지 못한다. 내 앞에 앉아 감사의 뜻을 표하고 예수 그리스도를 만났다고 주장하는 그 여인은 "치유된" 사람이었다. 이 치유 사실을 그 여인도 알고 또 나도 알고 있었다.

자만이나 이기주의의 티를 내지 않으면서 그 여인은 자신의 체험을 설명해 주었다. 기도회에 초대되어 참석했다는 것이다. 그 여인은 처음부터 기도할 목적으로 가기로 결심한 것이 아니라 다만 나중에라도 핑계로 "자신이 모든 노력, 심지어는 기도회에 참석하기조차 했다고 말하기 위함이었다"고 고백했다.

하여간 그 여인은 기도회를 인도하는 사회자의 개회식사에 대한 마음의 준비가 되어 있질 못했다. 기도회 사회자는 대략 다음과 같이 말했다. "우리는 모두 기도하기 위해서 오늘 밤, 여기에 모였습니다. 그러니 만일 여러분 마음속으로 기도에 참여하고 싶다면 남아 주십시오. 우리는 여러분이 필요하고 또 여러분을 원합니다. 그러나 나는 여러분 가운데 몇몇은 정신적인 피핑 톰즈처럼 기도회에서 무슨 일이 진행되는지 구경하려는 호기심에 이끌려 여기 왔으리라 생각합니다. 만일 여러분이 호기심 때문에 여기 왔고 또 우리와 함께 하나님에 이르는 길을 마음속에서 발견하지 못한다면 나는 여러분에게 정중하게 떠나 주시기를 간청하겠습니다."

여인은 결정했다. "오 하나님! 결정 제 1호가 왔다" 그 여인은 그 자리에 머물러 있기를 결심했다. 자신의 마음을 "출구" 표지로부터 멀리 하여 하나님에게로 돌리도록 애썼다. 그때 그룹 지도자 한사람이 참가자들에게 마음을 하나님에게 "열어야 한다"고 말하는 소리가 들렸다. "여러분은 영혼의 창문과 출입구를 모두 주님께 활짝 여십시오. 방문을 잠그지 마십시오. 예수님께서 여러분 영혼의 방을 차지하게 하십시오. 하나님의 권능을 작용하게 만드는 깊은 신앙은 여러분이 하나님에게 여러분 삶의 지도를 위탁하는데 달려 있습니다. 자신을 그분께 선물로 봉헌하십시오. 여러분의 마음과 삶을 모두 그분께 바치십시오."

## 하나님의 시간

인류의 역사와 한 개인의 일생 가운데 닥치는 하나님의 "시간"에 관하여 신약성경에 기록되어 있다. 주님이 오시는 시간과 그 날은 아무도 모르니 깨어 기도하라고 예수님은 우리를 격려한다. 나 자신의 삶에 개입하셨던 그 분의 시간을 여러 번 체험했기 때문에 나는 이 말을 확고하게 믿는다. 또 나는 그 여인이 자신의 영혼에 깃든 하나님의 시간을 체험하였음을 확신한다.

그 여인은 자신의 삶을 성공적으로 영위하는데 대한 자신감을 완전히 상실한 상태에 있었다. 그래서 기도그룹 지도자의 권고에

1부. 하나님에 대한 갈망

따라 진지하게, 그리고 거의 절망적인 생각으로 예수를 자신의 영혼, 삶, 세계 속으로 맞이해 들였던 것이다. 무조건 항복이었다. 예수님은 그 여인의 말을 믿고, 그 여인의 선물을 수락하여 그 여인의 주님이 되었다.

그 여인은 이렇게 내게 말을 이었다. "지난 여러 해 동안 하나님과 나 사이에는 높고 견고하며 뚫을 수 없는 벽이 있었습니다. 나는 작은 선물들을 벽 너머로 던지면서 그 벽 저쪽에 누군가가 있어서 내 선물을 받아 주기를 희망했지요. 상대방이 누군지 모르는 일이었고 그래서 만족스럽지도 못했습니다. 그러나 내가 할 수 있는 최선의 일, 또는 희망을 걸 수 있는 것이 고작 그것이었다고 생각했지요." "그런데 바로 그 무렵, 아마도 기도 그룹에서 서로를 위해 기도해 주던 다른 모든 사람들 덕분이었겠지만, 그 벽이 허물어져 버렸답니다! 예수께서 두 팔을 벌리고 거기 서서 나를 포옹해 주신 거예요. 난 처음으로 실재하는 예수를 생생하게 알게 되었지요."

그 여인이 자신이 체험한 하나님의 은혜를 이야기하고 있는 동안에 하나님은 이상하게도 나와 함께 그리고 내 안에서 또 다른 그의 "시간"을 마련하고 있었다. 내 손에서 나의 삶에서 빠져나가 버린 모든 사물과 일을 그때 나는 생각하고 있었다. 무릎받이를 제자리에 놓던 밤, 나의 세계가 완전히 전도돼 버리던 밤, 그의 손길이 내게 "닿던" 밤을 기억했다.

그 여인와의 대화가 끝나자, 나는 그날 밤 대학생들 그룹과 회합이 예정되어 있는데 참석해 주지 않겠느냐고 그 여인에게 요청했다. 그 여인은 기꺼이 승낙했다. 나는 학생들에게 줄 그녀의 영향력을 고맙게 여겼다. 나의 요청에 따라 그 여인은 학생들에게 경험한 기도회에 대해 설명하였다. 그리고 놀랍게도 예상 밖의 제안을 했다. 우리 모두에게 그런 기도를 하자는 것이었다.

그 요청을 거절하기란 마치 어머니날을 반대하는 일같이 어려운 일이었다. 우리는 모두 눈을 감고 고개를 숙인 뒤 기도를 시작했다. 우리는 교대로 큰 소리로 기도했다. 하나님에게 이야기하고, 그렇게 하나님과 이야기하는 내용을 딴 사람들이 듣도록 했다. 학생들이 이런 통성 기도, 또는 중보 기도를 해 보기는 처음이었다. 그래서 뭔가 대단히 거북스러웠다. 어색했다.

회합이 끝나자 그 모임에 참석했던 학생 한 사람이 찾아와 이렇게 말을 했다. "우리가 뭘 하고 있었는지 아세요? 그 부인을 제외하고는 우리 모두가 서로 연극을 하고 있어요. 그 여인은 정말 예수 그리스도를 알고 있어요. 안 그래요?" 나는 이렇게 대답했다. "그렇지, 그런데 왜 그런지 넌 알아? 그 여인은 바로 예수를 만났던 거야" "뭐라고요?"

## 영혼의 봄

그 다음날부터 나는 새로운 각오로 기도를 하기 시작했다. 새벽에 샤워를 할 때부터 잠자리에 들어 잠을 청하는 깊은 밤에 이르기까지 내 집의 많은 방으로 예수를 초대했다. 나 자신의 파산상태, 나의 삶을 이끌어 나가고 평화와 기쁨을 발견하는데 대한 자신의 무기력을 솔직히 시인하겠다고 끊임없이 그에게 다짐했다. 오랫동안 쌓아두었던 장벽과 장애물을 모두 제거해 주기를 성령에게 쉴새없이 간청했다. 완고한 경쟁의 습관, 채워지지 않는 성공의 갈망, 아침의 욕구로부터 나를 해방시켜 주기를 성령에게 요

## 1부. 하나님에 대한 갈망

청했다.

그 때 즉시 나의 내면세계에 일어나기 시작한 일을 오직 봄에 비유할 수 있을 뿐이다. 그것은 마치 꽁꽁 얼어붙은 긴 겨울을 지내온 것과 같다. 내 영혼과 정신은 겨울의 황량함과 적막함에 시달려 왔다. 이제 성령의 봄을 맞이하여 내 영혼의 혈관이 해빙하고 혈액이 다시금 영혼의 혈관으로 통하기 시작하는 것과 같았다. 새로운 잎새들, 새로운 아름다움이 나의 내부와 주위에 그 모습을 드러내기 시작했다.

정말 필요했던 새 안경을 쓰고 희미했던 모든 사물을 똑똑히 보는 것과 같은 느낌을 다시 한번 체험했다. 살아 있는 신앙이 없다면 이 세상은 아주 낯설고 위협적인 것으로 보인다. 인생이 인내심의 시련, 적자생존으로 보인다. 그러나 신앙의 눈으로 보면 세상은 따뜻하고 친절하다. 그것은 하나님의 세상이다. 타인은 위협적인 존재가 아니다. 하나님이 우리 아버지이고 예수가 우리 형제이므로 타인들은 정말로 나의 형제, 나의 자매인 것이다!

나의 내부에서 일어난 일은 모두 정말로 하나님으로부터 오는 일이었는가, 아니면 아주 자연스러운 심리학 이론으로 모두 설명될 수 있는 일이었는가? 하나님의 손길이 어떤 인간에게 닿으면 그 체험은 세 가지 시련을 견디어 내는 것이라고 나는 늘 믿는다.

첫 번째로 시간의 시련이다. 하나님의 손길이 닿은 사람은 결코 예전의 인간으로 되돌아갈 수가 없다. 변화가 설령 극적인 것이 아니라 해도 하나님의 체험은 영속적인 흔적을 남긴다. 과열된 감정이나 무의식적 주장이 오락가락 한다. 하나님의 시간은 뚜렷하게 알아볼 수 있도록 지속되는 것이다.

두 번째로 현실성의 시련이다. 하나님의 손길을 체험한 사람은 내세만을 추구하거나 개인적 황홀감의 상아탑으로 도피하거나 하아, 내안에 하나님이 있다.

지 않고 오히려 자기 주위의 세상을 더 깊이 인식하게 된다. 그는 새로운 눈으로 이 세상의 아름다움을 보고, 이 세상의 음악과 시를 들으며, 참 아름다운 세상임을 깨닫는다. 그러면서도 그는 사람들의 가슴속에 깃든 슬픔과 보다 깊이 만나게 된다. 주위의 모든 환경의 현실성을 새롭게 깨닫고 새로운 삶의 활력을 발견한다.

서기 2세기 경 노년기에 든 성 이레네우스(St. Irenaeus)는 다음과 같이 말했다. "하나님의 영광은 삶을 마음껏 살아가는 인간 바로 그것이다." 하나님의 진실한 손길을 삶에 대한 새롭고 활력 있는 "네!" 하는 대답을 낳는다.

세 번째로 박애의 시련이다. 하나님의 손길에 자아를 활짝 열어준 사람은 그 손길에 닿았기 때문에 더욱더 하나님과 비슷해진다. 그는 사랑의 증가를 보여 준다. 사도 요한은 하나님이 사랑이며 사랑하지 않는 사람은 하나님을 알 수 없다고 말한다.

하나님을 따르는 사람은 사랑을 따른다. 하나님의 기적과 같은 모든 관여 가운데 가장 위대하고 가장 영광스러운 관여는 항상 사랑하는 인간의 탄생, 받으려고만 하던 사람을 주려고 하는 사람으로 변모시키는 것이다. 이것은 본질적으로 하나님의 시간 또는 하나님의 손길이 하는 일이다. 이것은 하나님의 일이다. 사랑의 선물은 성령의 가장 고귀한 선물이다. 처음 사제후보생 시절에 겪었던 하나님의 친절함과 같이 그 당시 몇 년 동안 내가 새로이 하나님을 체험한 것은 이 세 가지 시련을 다 이겨낸 것 같다. 나는 이 체험이 참으로 하나님에게서 오는 것이라는 확신과 평화를 얻었다.

## 시간의 시련

신경 쇠약에 걸린 그 여인이 내게 와서 치유되고, 또 나 자신의 치유를 위한 매개체가 된지도 7년이 지났다. 그 당시의 생생한 순간, 그리고 나의 "두 번째 봄"의 체험은 황홀감의 극치에 잠깐 나타났다 사라지는 격정처럼 그렇게 사라지는 것이 아니었다.

하나님의 손길은 내가 사랑을 받고 있다는 사실을 전기 충격처럼 깨닫게 해 주었다. 밤하늘의 어두움 속에서 찬란한 광채를 발하는 혜성과 같은 순간이 있었지만 그 순간 뒤에 이어지는 광채는 없어지지 않았다. 자기 체험을 가장 잘 아는 사람은 역시 스스로 하나님을 체험한 바로 그 사람이다. 아마도 체험자만이 알 수 있을 것이다.

무의식 속에 억압된 욕망, 자기만족의 추구, 자기암시의 능력 등 이 모든 것을 나는 안다. 그러나 나는 또한 사랑하는 나의 하나님의 손길이 내게 닿았다는 사실을 확고한 내면적 확신을 가지고 말할 수 있다. 이 모든 신앙의 문제에 있어서 주도하기 시작했고 또 계속 주도하는 분은 하나님이다. 우리는 은혜의 작용에 따라 움직이고, 그의 장소에서 그의 시간에 그를 발견한다.

## 현실성의 시련

앞에서 설명한 체험의 결과 나는 주위의 세상과 보다 깊이, 보다 의미 있게 접촉하게 되었다. 다그 함마슐드 유엔(UN) 사무총장의 다음과 같은 말을 기억한다. "내가 처음으로 신앙을 갖게 되던 날, 이 세상은 비로소 뜻을 가지게 되고 삶은 비로소 의미가 있게 되었다."

대부분의 신학자들이 신앙생활의 가장 큰 장애물은 "부주의"라고 믿는다는 글을 읽은 적이 있다. 세상은 하나님의 현존과 영광으로 가득 차 있는데도 사람들은 그를 보지 않는다. 우리는 너무나, 우리 자신에 몰두해 있고, 우리의 요구에 관심을 가지고 우리 자신의 즐거움만 찾는다.

하나님이 날마다 단 한사람의 거주자만이 사는 황량하고 격리된 작은 세상에서 나를 끄집어내려 하고 있음을 나는 느낀다. 그는 나를 인간의 무대 위에 더욱 깊이 개입시키려 하며 내 마음과 입술에 삶에 대한 새로운 "네"라는 대답을 담아 주려 한다.

## 박애의 시련

나는 사랑과 박애에 관하여 저술도 하고 설교도 했다. 이러한 테마에 관하여 쉽사리 해답을 제시하는 사람이 되었다. 그러나 그것은 실천에 옮기는 일보다 말이 더 쉽다는 식에 지나지 않았다. 말과 실천 사이는 고통스러운 격차가 있다.

사람들은 집요하게 나의 시간을 뺏어가고, 내 힘을 모조리 소모시키며, 점점 나를 자신에게서 멀어지게 만들고 있었다. 한때는 전화통을 응시하면서 그것이 고문하는 기구가 아닌가 생각한 적도 있다. 끊임없이 전화벨이 울리면 수화기 저쪽에 있는 사람은 항상 이런 문제 아니면 저런 문제를 가지고 있었다. 편집 광적인 고독감이 나의 내부에서 증가되고 있었다. 그래서 나는 다른 성직

1부. 하나님에 대한 갈망

자들에 대해 속으로 화를 냈다. 그들은 도대체 무엇을 하고 있는가? 다른 사람들은 왜 메시아가 되질 못하고 있는가?

그렇지만 오, 친애하는 부르투스(Brutus)여, 별들이나 인간의 끝없는 요구에 탓이 있는 게 아니다. 진짜 장애물은 우리 안에 있다. 기본적인 질문은 다음과 같은 것이다. 여러분은 정말 사랑하기를 원하는가? 여러분은 기꺼이 "공공의 도구", 마을 사람들이 누구나 사용하는 공동펌프가 되려고 하는가? 여러분은 참으로 예수를 자신의 인격 안에 재현시키려 하는가? 예수님은 전적으로 '타인'을 위한 사람이셨다.

만일 당신이 자아를 예수님께 바친다면, 예수는 즉시 당신이 이 방법 또는 저 방법으로 타인을 위해 봉사하도록 만들 것이다. 당신은 진실로 이 사랑의 삶을 자원하여 살아가려 하는가? 이것은 당신 혼자서 할 수 있는 일이 아니다. 그가 당신 안에서 이 일을 하지 않으면 안 된다. 당신은 그의 권능이 당신 삶으로 확산되도록 할 충분한 신앙이 있는가 이러한 질문들만이 핵심을 찌른다.

이제 나는 사랑의 능력은 하나님으로부터 오는 것이라는 깊은 확신을 가지고 있다. 하나님이 안에서 작용하지 않는다면 아무도 진실한 사랑을 할 수 없다고 나는 믿는다. 예수님은 이렇게 말씀하셨다. "나 없이는 너희는 아무 것도 할 수 없다. 너희는 열매를 맺지 못할 것이다. 나는 포도나무고 너희는 그 가지다. 내게서 잘려 나가면 너희는 죽은 가지이다."

하나님을 아는 사람만이 사랑의 의미를 안다고 한 사도 요한의 말이 지금도 내 귀에 들린다. 사랑은 성령의 가장 고귀하고 위대한 선물이라고 한 사도바울의 말도 들린다. 사랑을 발견하는 곳이라면 어디서든지 나는 하나님, 인간의 영혼과 마음 그리고 육체적 힘 안에서 일하고 있는 하나님의 현존을 느낀다. 하나님의 체험은 나의 내부에서도 이러한 변모를 일으키고 있었다. 아아, 나는 여태껏 너무나도 이기적인 인간이었다. 하나님은 아직 내게 할 일이 남아 있다.

지금 딴 사람들이 나를 별로 열성적으로 사랑하지는 않는 사람으로 볼지도 모른다. 그러나 그들은 과거와 미래를 모르며 마음속에 숨겨진 동기를 알아내지 못한다. 하나님의 과정, 우리를 더욱 더 하나님과 비슷하게 만드는 교화과정은 서서히 점진적으로 그리고 고통스럽게 진행된다.

나는 지금도 순례자이다. 그러나 하나님의 손길이 내게 닿았으므로 내 일부분은 변화될 수 있었다. 이것이 바로 내 희망의 기초이다. 예전에 내게 손길을 보내준 하나님은 거듭거듭 내 삶 속에서 작용할 것이다. 또 다시 나는 그의 손길을 느끼어 그를 발견할 것이다.

## 하나님과 교제

나를 어디로 인도하는가? 이 모든 것을 통하여 하나님은 나를 어디로 인도해 가고 있는 것인가? "사랑의 관계 속에 상호 교류하는 일" 진리와 신뢰 안에 "이야기하고 또 듣는 일"이 바로 기도라고 나는 이제 깨닫고 그곳으로 가까이 가려하고 있다. 하나님에게 정직하게 이야기하는 것이 기도의 시작이며, 그렇게 해야 하나님 앞에 서 있게 된다.

사랑에 있어서 초기단계의 "주는 일"은 자아폐쇄를 통하여 자

# 1부. 하나님에 대한 갈망

아를 주는 일이다. 이러한 자아폐쇄 없이는 진실로 주는 일도 없는데 그 이유는 자아가 폐쇄된 상태에서만 우리는 비로소 진정한 자아를 살펴보게 되고, 받아들여지거나 배척되거나, 칭찬을 듣거나 비난받을 각오를 하게 되어 거기서 사람과 사람사이의 만남이 시작된다. 사랑은 선물이 아니라 현존을 요구하기 때문에 우리는 이러한 방법으로 자아를 헌신하지 않고서는 헌신한다고 할 수가 없다. 내가 정직하게 자신을 들어냄으로써 진정한 자아를 주지 않는다면(현존이 없다면) 나의 모든 선물은 공허한 동작에 불과하다.

모든 인간관계에 있어서도 그러하지만 하나님과의 관계에 있어서도 내가 누구인지를 하나님에게 밝히지 않고서는 내가 나 자신을 그의 손에 위탁한다거나, 또는 그의 선택의 자유 즉 나를 받아들인다거나, 배척한다거나, 사랑하거나 싫어할 자유와 맞서는 것이 될 수 없다. 내가 누구인지 밝혀주고 나서야 비로소 "당신은 나의 것이 되겠습니까?"라는 질문을 하나님께 할 수 있다.

종교개혁자인 마틴 루터(Martin Luther)의 성공적인 기도의 첫째 규칙은 "하나님에게 거짓말을 하지 말라!"는 것이었다. 기도의 대화 속에 하나님에게 이야기를 할 때 우리는 진정한 자아, 벌거벗은 자아를 들어내야 한다. 우리의 생각, 욕망, 감정을 있는 그대로 그에게 털어놓아야 한다. 털어놓기가 곤란한 내용일수도 있겠지만 그것은 옳고 그름, 진실이나 허위로 분류될 일이 아니라 바로 나 자신의 모습이다.

이렇게 적나라한 나의 감정을 그대로 털어놓으며 하나님에게 기도하게 되자 나는 무슨 이유로 하나님이 앞에서 언급된 대화의 모임으로 나를 인도하였는지 하는 걸 깨달을 수가 있었다. 하나님은 나로 하여금 변화하는 감정과 욕망을 통제하고 진실을 타인에

아, 내안에 하나님이 있다.

게 말하도록 가르쳐 주었다. 여기서 나는 여러 가지 도움을 많이 받은 것도 사실이지만 무엇보다도 하나님께 보다 더 정직하게 말하게 되었다는 것은 큰 성과이다. 그래서 나는 진정한 대화식 기도를 망치게 하는 기성의 경건한 상투적 기도문구의 위선에서 벗어날 수가 있었다. 신앙과 불신 안에 내가 정말 어디에 위치하고 있는지를 하나님께 고백했다.

그의 부르심에 응답하는데 지쳐 있는 상태, 공동기구처럼 이용되는 것이 싫다는 감정, 당연히 대중의 하인으로 취급되는 것이 언짢다는 속마음도 털어놓았다. "진실"을 간직한다고 주장하는 게 아니라 "나의" 진실을 항상 이야기하려는 자세로 신경질적인 감정에 돌출구를 마련했던 것이다.

하나님이 나를 창조한 그날을 저주할 때는 구약성경의 욥과 같았고, 나를 예언자가 아니라 바보로 만든 그를 저주할 때는 예언자 예레미야와 같았다. 다윗 왕처럼 나는 그의 자비와 용서를 노래했는데 이것은 길고 긴 순례의 길에서 항상 내게 필요한 것이었다. 하나님에게 "모든 걸 다 들어내 보이는 일"은 이렇게 치유의 효과를 낸다.

정신병학자 융은 신경질환을 내면적 균열, 내적 전투, 파열과 분열의 현상으로 정의를 내렸다. 사도바울이 말한 대로 "나의 몸 안에 또 다른 싸움이 있다"는 것을 우리는 모두 알고 있다. 우리가 나약함이라는 이 인간의 조건을 수락할 용의가 있는가 하는 문제에 닥치게 되면 정말로 그것은 심각한 문제가 된다. 악에는 늘 선이, 또 선에는 늘 악이 깃들고 있는 그런 상태로 분열되고 애매모호한 존재로서는 우린 내면적 안정을 유지할 수가 있겠는가?

이러한 인간조건에서의 안정은 하나님이 나를 이렇게 받아들일 것인가, 아닌가 하는데 달려 있다고 믿는다. 그의 눈에 인정되는

1부. 하나님에 대한 갈망

가치밖에는 내가 다른 가치를 나의 내부에 가질 수 가 없다. 나머지는 모두 수수께끼이다. 그러니까 있는 그대로의 나 자신을 맡겨야 한다. 하나님과 수수께끼를 하는 것은 시간 낭비이다. 그의 위대함, 그의 넓은 이해심에 신뢰하는 마음으로 나를 위탁하는 것이다. 이것이 기도 시작의 본질이다.

## 하나님의 말씀을 경청하라

하나님께 이야기하는 일이 쉽지 않다고 한다면, 기도의 대화 속에서 하나님의 말을 듣는 일은 더 어렵다고 하는 것을 나는 체험을 통해 확신하게 되었다. 하나님은 어떤 식으로 나와 대화를 하는가? 내가 자신을 그에게 다 밝히고 나면 그는 어떻게 자기를 내게 열어 보여 주는가?

모든 것을 열어 보인 내게 그가 무엇을 할 것인지를 얼마나 기다려야 하는가? 한시간, 하루, 일주일, 한달 또는 여러 해 동안? 아니면 보다 즉각적이고 직접적인 응답이 있는가? 나는 있다고 생각한다.

스스로 이런 질문을 해본다. 하나님은 직접 그리고 즉시 나의 "마음"속에 새로운 아이디어를 넣어 줄 수가 있는가? 그는 내게 새로운 인생관을 주어 나의 삶에 깃들 성공과 실패, 고통과 환희를 내다보게 할 수 있는가? 그는 내 "가슴"속에 새로운 욕망을 내 "의지"안에 새로운 힘을 줄 수 있는가? 그는 소용돌이치는 나의 "감정"을 어루만져 가라앉게 해 줄 수 있는가? 그는 내 영혼의 귀에 "상상력"의 내적 기능을 통하여 실제로 말씀을 속삭여 줄 수아, 내안에 하나님이 있다.

있는가? 그는 인간의 두뇌 속에 축적된 어떤 "기억"을 필요할 대 자극 시켜 줄 수 있는가?

이 질문은 모두 내게 아주 중대하다. 만일 대답이 "그렇다"가 된다면 하나님은 적어도 다섯 개의 통로를 가지고 내게 다가올 수 있으며, 다섯 개의 안테나를 가지고 직접 그리고 즉시 그 손길을 내게 "닿게 할 수 있다."

만일 대답이 "그렇다"가 된다면 현재의 내 기도가 의미를 가진다. 그러나 만일 대답이 "아니다"가 된다면 그때에는 내가 엄청난 착오를 범하고 있는 셈이 되어 여러분에게 더 이상 말할게 없다.

물론 나는 하나님이 이러한 길을 따라 우리에게 도달할 수 있고 또 실제 도달하고 있음을 확신한다. 나는 성경 전체가 이러한 종교적 체험, 인류의 역사와 삶에 개입하는 하나님, 인간에게 말씀하는 하나님에 대한 체험을 기록한 것에 지나지 않는다고 생각한다.

또 나는 이러한 하나님이 여러분과 내게로 말할 수 있고 말하기를 간절히 원하고 있음을 확신한다. 그렇다, 그는 아브라함, 이삭, 야곱, 이사야 그리고 예레미야에게 말하였듯이 우리에게도 이야기해 주려고 한다.

나보다 앞서 살아간 사람들에게 그분이 이야기했음을 나는 믿으며, 그분의 입김이 하나님과 인간을 위한 수많은 아름다운 생애와 행위 안에 나타나 있음도 믿는다. 사울을 다메섹 도상 가운데서 멈추게 한 것도 그분이고, 망설이는 아우구스티누스를 인간의 나약함의 밑바닥까지 따라간 것도 그분이며, 내가 속한 수도회의 창시자인 로욜라의 이냐시우스(St. Lgnatius Loyola)에게 군도(軍刀)를 버리고 오직 하나님의 나라를 위해 싸우라고 고취한 것도 그분임을 나는 항상 믿는다. 그렇다. 하나님은 이 위대한 사람들

1부. 하나님에 대한 갈망

에게 위대한 일을 이룩하도록 했던 것이다.

그러나 그는 내게 올 것인가? 이것은 알아듣기 힘들다. 그릇된 질문을 그치고 의미 있는 질문을 하기 시작할 때 비로소 파악되는 것이다. 이렇게 질문을 하고 있었다. 오 나의 하나님, 내가 무엇이라고 당신이 부드럽고 친밀하게 내게 오는 것인가요? 내가 어떻게 당신에게 그렇게 중요한 사람이 될 수가 있습니까? 나는 바칠 것이 무엇이 있습니까?

나는 또 예전처럼 자아에 몰두하는 버릇에 갇혀 있었다. 실제 질문의 내용은 다음과 같았다. 나의 하나님, 당신은 누구신가요? 당신이 누구인데 내게로 와서 이야기를 하며, 내 유한하고 빈약한 정신에 당신 생각과 시야를 주고, 당신 눈을 통해서 나로 하여금 이 세상을 바라보게 하고, 내 연약한 의지에 새로운 힘과 욕망을 불어넣어 주고 이 진흙 그릇에 당신의 거룩한 은혜를 부어 주시는 것입니까? 내 생명의 떡과 물고기를 받아 온 세상의 배고픈 사람들을 먹이시는 당신은 누구입니까? 당신은 누구입니까? 얼굴을 보여 주십시오. 나와 내 생명을 당신 사랑의 품안에 품어 주십시오. 내 갈망하는 영혼의 얼굴 위에 당신의 불길과 위로의 부드러운 손길이 미치게 해 주십시오.

나는 기도할 때 하나님에게 내가 누구인지 이야기하고, 그리고 하나님이 자신이 누구인지 뿐 아니라 내가 누구인지 내 생애와 이 세상이 하나님에게 무슨 의미가 있는지를 말하는 것에 귀를 기울인다. 나는 다섯 가지 인식의 기능 또는 능력을 그를 향하여 조용히 열어 귀를 기울인다. 다섯 가지의 인식 기능을 통하여 그가 내게 온다는 것을 나는 진심으로 믿는다.

## 나의 마음

나 자신을 주님께 바치자 그는 나를 도와주러 온다. 나는 그의 눈, 그의 영원한 시선으로 사람들과 여러 문제를 바라보게 된다. 그는 자신의 생각을 내 마음속에 넣어 주며 특히 사물을 바라보는 방법을 가르쳐 준다. 나의 시야를 넓게 해 주어, 삶에 있어서 실질적으로 중요한 것이 무엇인지 보도록 해주며, 본질적으로 중요한 것과 중요하지 않은 것을 구별하게 해준다. "착오"란 것은 인생에 있어서 중요한 것과 중요하지 않은 것을 혼동하는 것이라고 나는 늘 정의해 왔다.

그러나 나는 완고한 태도를 취하고 일을 뒤죽박죽으로 만들기도 했다. 특히 나 자신의 에고가 자극을 받을 때는 더욱 그러했다. 장소를 잘못 택하여 싸우고 공연한 문제를 둘러싼 논쟁도 하였다. 이 모든 것에 관하여 나는 그에게 이야기했다. 그러자 그는 내게 다가와, 내 마음속에 그의 생각과 비전을 은근히 넣어 주었다. 그는 나의 망상을 깨우쳐 주었다.

## 나의 의지

지난 4년 동안 삶의 과정을 거쳐오는 가운데 내가 깨달은 단 한 가지 사실은 자신이 약한 존재라는 점이다. 일부러 하는 말도 아니고 부끄러워 할 일도 아니다. 위장된 겸손의 말도 아니다. 나는 정말로 나약한 인간이며, 구원이 절실히 필요한 사람이다. 신학교 입학 이후 하나님을 열심히 섬기던 시절에는 아침에 눈을 뜨자마

자 하루를 하나님께 봉헌했다. 그에게 완전한 하루, 완전한 사랑과 봉사의 하루가 되도록 하겠다고 약속했다. 그러나 저녁기도에서는 겨우 그에게 후회스런 마음만을 친다. 오랜 세월이 지나서야 나는 자신의 힘을 아주 불신하고 내 삶을 그에게 위탁하게 되었다.

자신이 아무 것도 아니라는 사실을 솔직히 시인해야만 하나님은 나를 그 어떤 것으로 만들기 시작한다. 나의 연약함 속에서 그의 힘이 나타난다. 값비싼 대가를 치르는 사도의 직분에 알맞게 시련을 극복하도록 나의 의리를 단련하는 것뿐만 아니라 그는 기도 속에서 내게로 다가와 나의 의지 안에 새로운 열망을 불어넣는다. 욕망을 지닌 인간이 된다는 것은 심리학적으로는 물론 영적으로도 매우 중요하다. 인류역사의 위대한 업적은 모두 특정인간의 마음속에서 발생한 욕망에서 시작되었다고 나는 확신한다.

귀를 기울일 때, 기도 중 수동적 자세를 취할 때 그는 찾아와서 자기의 힘을 내 안에 주입시켜 준다. 그래서 나로 하여금 다시 그의 사람이 되고, 그의 아들이 우리 가운데서 생전에 그러했던 것처럼 나도 하나님의 나라를 위한 공동의 물건, 마을 공동펌프가 되려는 열망에 불을 지펴 준다.

## 나의 감정

원한 또는 낙담의 순간, 지루한 고독에 시달리고 있거나 또는 실패에 대한 비판에 속이 상할 때 그는 위로해 주기 위해 내게로 온다. 이것은 마치 나의 신경감각에까지 그의 치유의 힘이 와 닿아, 내안에 하나님이 있다.

는 것과 같다. 나병환자를 깨끗이 할 수 있는 그는 신경질환도 정상으로 만들 수가 있다. 게네사렛 호수 위에 다시금 높이 들어줄 것을 나는 가끔 예수께 요청한다. "나도 고요히 가라앉게 해 주십시오." 그러나 나는 하나님이 고통을 당하는 사랑을 위로해 주러 올뿐만 아니라, 안락한 사람에게 시련을 주기 위해 오기도 한다는 것을 굳게 믿는다.

또 어떤 때는 그가 내게 시련을 주기 위해 오는 것이 아니라, 다만 가치의 재조정, 또는 도움 받아야 할 타인을 알아보도록 내게 자극을 주기 위해서 온다. 그래서 늘 나의 성장을 위한 도전을 마련한다. 나는 아무런 문제가 없는 삶, 또는 평면적인 평온함을 그에게 요청한 일은 없다. 중요한 것과 중요하지 않은 것을 구별하는 평화상태, 나 자신이 사랑 받고 있으며 또 나는 사랑에 부름을 받은 자라는 사실을 깨닫게 하는 평온 상태를 구한다.

### 나의 상상력

하나님이 그 아이디어와 시야를 가지고 마음에 능력과 욕망을 가지고 의지에 평화를 가지고 감정에 접촉할 수 있음을 믿는 사람이라 해도, 하나님이 상상력을 자극하여 내면적으로 본질적인 말을 듣고 실질적인 비전을 보게 한다는 점은 받아들이기에 주저한다.

어머니는 자신 있는 음성으로 내게 속삭여 주었다. 하나님이 자기에게 말을 하고 앞으로의 삶에 대한 구체적인 지시까지 해 주었다고. 그리고 이렇게 말했다. "이 얘기는 딴 사람에게 절대 안

## 1부. 하나님에 대한 갈망

할거야. 왜냐하면 그들은 내 머리가 좀 돌지 않았나 의심할 테니까."
  나는 집안끼리 얘기니까 안심하라고 말했다. 내 경우에 있어서도 하나님의 말씀을 듣고 내면의 눈으로 자비로운 시선을 보내는 예수의 모습을 보았다. 이것이야말로 상상력을 자극해 주는 하나님의 손길이라고 믿는다.

  이것은 물론 성녀 잔다르크의 경우에도 마찬가지다. 아래의 대사는 죠지 버나드 쇼의 희곡 '성녀 잔'에서 발췌한 것이다.

    로베르 : 음성이라고? 그게 무슨 말이냐?
    잔    : 난 지시하는 음성을 들었지요.
          하나님으로부터 오는 음성을-.
    로베르 : 그건 네 상상력에서 오는 거야.
    잔    : 물론 그래요.
          그게 바로 하나님의 메시지가 내게 오는 방법이죠.

  하나님 은혜의 자극에서 오는 말과 단순한 자기자극이나 자기암시에서 파생되는 말을 구별하기가 곤란하다는 점은 수긍한다고 해도, 우리 안에서 하나님의 은혜가 작용할 수 있다는 이유만으로 사실이 부정되어서는 안 된다. 하나님은 이 상상력의 힘으로 우리에게 닿는다.
  한번은 우리에게 오는 하나님의 이 통로에 관해 기도를 많이 하는 심리학자와 논의한 일이 있다. 그때 그 심리학자는 "뭔가 놀라운 것, 분명하고 지속적인 것"이 항상 하나님의 교류에는 있다고 하는 의견을 제시했다. 그 말이 옳다.

#### 아, 내안에 하나님이 있다.

하나님이 내게 말하려고 하는 것, 내게 요청하려는 것이 무엇이냐고 그에게 질문하던 일이 생각난다. 치열한 열정이 솟구치는 순간 나는 뭔가 들리는 것 같았다. 조용히 저를 기울이며 기다리자 내면에서 "나는 너를 사랑한다"고 하는 말씀이 들렸다. 나는 실망했다. 그건 이미 아는 내용이었기 때문이다.

그러자 이번에는 내 정신의 통로를 통해 그가 다시금 왔다. 갑자기 나는 한번도 하나님의 사랑을 받아들이지 않았다는 사실, 내게 대한 그의 사랑을 내면화시킨 일이 없다는 사실을 절실하게 깨닫게 되었다. 하나님은 나를 참아주시고 용서해 주었지만 나는 한번도 그이 사랑을 향해 나 자신의 마음을 열어 주지 않았다. 은혜의 섬광으로 이것을 깨닫자 나는 큰 충격을 받았다. 하나님은 항상 옳다는 사실도 천천히 깨달았다. 그의 사랑의 메시지를 이전에는 들을 줄 몰랐다. 하나님이 말씀을 할 때는 항상 "뭔가 놀랍고 분명하고 지속적인 것"이 있다.

### 나의 기억력

하나님이 말씀을 인간이 받아들이는 마지막 통로역할을 하는 안테나는 기억력이다. 사랑은 기억과 직감 속에 똑같이 존재한다는 말이 있다. 잘못을 저지르고 거기서 아무 교훈도 배우지 못한다면 그것이야말로 정말 잘못이다.

하나님이 축적되어 있는 우리의 기억을 자극함으로써 우리와 교류할 때, 그는 과거에 베푼 친절과 호의를 회상시켜 주고 그렇게 함으로써 우리로 하여금 현재에 충실하고 미래에 대해 희망을

1부. 하나님에 대한 갈망

갖도록 힘을 주면서 우리의 사랑을 불러일으킬 수 있다.

또 그는 우리의 과거를 회상시켜 낡은 잘못을 반복하지 않도록 예방해 준다. 나의 신앙과 감사의 터전은 적어도 내 생애에 있어서 하나님의 "호의에 대한 기억" 즉 그의 시간, 그의 손길이다. "내가 너를 사랑하고 있음을 항상 기억해 줄 것을 네게 요청한다."

## 하나님과의 교류

대화라고 할 때 내가 의미하는 바는 이 대화의 통로를 거쳐서 우리는 직접적이고 즉각적인 하나님과의 교류를 정기적으로 할 수 있다는 것이다. 하나님의 말씀을 예민하고 깊이 있게 듣는 일은 물론 어렵다. 여태껏 나도 이렇게 듣는 일을 배우고 있지만 그 동안의 많은 체험을 통해서 나는 진실한 자세로 주의를 기울이고 내향적인 사람이 지닌 가능성은 이해하고 있다.

하나님의 발아래 조용히 앉아 귀를 기울이고 그의 사랑스런 현존 안에 안주하게 되면 그는 위에서 말한 여러 가지 길 가운데 하나 또는 여러 길을 따라서 그가 누구인지, 우리는 누구인지 그리고 우리가 그를 위해 우리 서로를 위해 무엇을 하고 어떤 사람이 되어야 하는지를 말해 줄 것이다. 이것은 나의 확신이다.

사람마다 체험이 다르듯 기도의 형태도 여러 가지다. 아름다움 속에서, 음악 속에서, 무용 속에서, 찬양 속에서, 대인관계 속에서 하나님을 발견하는 기도도 있다. 명상의 기도, 침묵의 기도도 있다.

#### 아, 내안에 하나님이 있다.

　그러나 하나님이 대화의 상대자가 되는 기도, 서로 속을 열어 밝히는 기도가 내 기도 생활의 골격을 이루어 왔다. 나는 자연 속에서, 음악 속에서, 시에서, 형제자매 속에서, 나의 시나이산 위에 치는 천둥번개 속에서, 시카고의 불타는 덤불 속에서 하나님을 발견하고 섬겨왔다. 그러나 대화하는 기도를 통하여 그를 알게 되지 못하였더라면, 여러 종류의 장소에서의 그의 현존, 특히 내 주위로 거의 알아보기 힘들 정도로 부드럽게 조용히 속삭이며 흐르는 은혜의 강물 안에 있는 그의 실재를 나는 깨닫지 못했을 것이다.
　신학적 이론으로 하나님의 모습을 정확히 파악해야만 이 대화하는 기도를 시작할 수 있는 것은 아니다. 만일 꼭 그래야만 한다면 아무도 기도할 수가 없을 것이다. 하나님을 점차 알게 되는 일이 대화의 과정이다.
　처음에는 우리는 잘못된 인상, 왜곡된 개념, 근거 없는 두려움 그리고 개인적 편견에서 시작한다. 그러나 점차 우리가 자신을 열어 보이고 하나님이 자기를 우리에게 밝혀 주면서 우리는 예전의 잘못된 인상을 수정하고 새로운 시선을 얻고, 또 어머니가 낳은 아이를 잊어버린다 해도 우리를 결코 잊지 않는 신비롭고 자애로운 하나님의 새로운 면모를 체험하게 되는 것이다.
　하나님을 잘못 알았다는 것은 반드시 우리가 그에게 이야기를 해오지 않았다는 뜻은 아니다. 오직 이러한 대화의 기도를 끈기 있게 함으로써 우리는 조금씩 더 그를 잘 알게 되고 언젠가는 우리가 알려진 것과 똑같이 우리도 그를 알게 될 것이다.
　그 순간에 도달하는데 내게 가장 필요했던 것은 하나님이 나와 아주 긴밀한 관계를 맺고 싶어한다는 사실을 아는 일이었다. 하나님은 내게서 아주 먼 존재, 나 자신과, 나의 인간적 능력에 대해 무관심하고 아무 관련이 없는 그런 존재로 보는 자연신론적 개념을 버려야 했다. 그렇지만 무엇보다도 나는 이 대화하는 기도를 잘 해야만 했다. 하나님의 손길을 느끼고, 내 의지를 움직이는 그 이 생각을 체험하고, 그의 힘과 강인함과 내 의지 안의 열망을 느끼며, 그의 음성을 듣고 나의 어둠 속에서 그의 빛을 보며, 내 고통의 시간에 그의 위안을 체험하는 일이 필요했다. 이러한 체험이 있은 뒤 온화하고 현존하며 항상 가까이서 도움을 주려 하는 하나님을 향해 가는, 이러한 미궁을 거친 뒤에야 비로소 나는 그가 진실로 나를 원하며 그 자신이 영원히 내 영혼의 한구석을 차지하려고 한다는 사실을 깨닫게 되었다.

이러한 체험이 있은 뒤, 대화의 기도에서 성공한 뒤 나는 비로소 하나님이 결코 예전과 같이 보일 수 없고 또 나도 예전의 내가 될 수 없음을 알게 되었다.

## 나의 두가지 고백

기도에 관한 나 자신의 체험을 기술함으로써 순례 이야기를 끝맺으려 한다. 하나는 담배 피우는 습관에 관한 이야기이다. 담배를 피우기는 참 오래되었다. 부모들의 감시로 담배 피워도 좋다는 시기가 지연되긴 했지만 나는 8세 때 흡연을 해 본 일도 있다.

니코틴의 횡포와 싸우는 동안 짧은 승리를 여러 번 기록하기도 했다. 그러나 마음이 약해져서 "딱 한 개피만" 피우자고 작정했다면 영락없이 다시금 옛 습관의 사슬에 얽매인 포로가 되곤 했다.

의학적 자료와 연구가 축척 되어 폐암, 심장질환, 기종(氣腫), 호흡기 질병 등이 흡연의 결과라는 것이 밝혀짐에 따라 나는 수차아, 내안에 하나님이 있다.

에 걸쳐 담배를 끊으려 노력했으나 늘 수포로 돌아갔다. 날이 갈수록 나는 무기력한 흡연의 노예가 되었다. 이것은 자존심과 스스로의 힘에 대한 헛된 신화에 비추어 가장 수긍하기 어려운 일이었다. 보다 깊은 차원에서 나는 자신의 나약함에 대한 강한 죄의식조차 느꼈다.

어느 날 아침 기도하고 있을 때 나는 커피 한잔과 함께 담배 한대를 피우고 싶다는 생각이 간절했다. 그때 나는 이 일에 관해서 하나님은 내가 이야기해 주길 원한다는 생각이 들었다. 그래서 그에게 나의 부끄러운 부분을 고백하고 드디어는 "나는 힘이 없는 것 같습니다"라는 고통스러운 말로 수긍했다. 나는 자아를 그의 발 밑에 모두 던져버렸다. 그리고 거듭된 실패, 자아극복에 대한 실패의 중압감에 짓눌려 있었다.

그때 내면의 소리가 들렸다. "내가 너를 위해 그 힘을 가지고 있다. 네가 청하기만 하면 그 힘은 너의 것이다." 나는 이렇게 대답했다. "좋습니다. 당신의 힘을 내게 주십시오. 그리고 한번 기다려 보세요."

그 체험의 순간이 있은 몇 년 전부터, 나는 일체 담배를 피우지 않는다. 물론 단기간의 소위 '금단현상'이라는 것이 있었지만 담배 피우고 싶다는 욕망이 말끔히 사라져버렸다. 더욱 신비스러운 것은 하나님은 담배 피우는 일이 무엇인지에 대한 나의 기억을 모두 지워버린 것 같다.

'기억은 슬픈 특권'이라고 말했던 성 아우구스티누스의 탄식은 내가 담배를 끊으려는 이전의 모든 노력에서 확실히 적용되었다. 식사 후마다 누가 담뱃불을 붙이는 걸 보면 슬픈 특권인 기억력이 나를 괴롭히곤 했다. 이것이 모두 사라져버린 지금 나는 한번도 담배를 피운 적이 없는 사람처럼 느껴진다. 현재의 나의 태도

1부. 하나님에 대한 갈망

와 자유스러움은 금주자 클럽의 회원들의 태도와 자유가 비슷한 것 같다. 그들은 자기 힘보다 더 우월한 힘, 하나님이 그들에게 주입해 준 그 힘에 의해서만 금주에 성공했음을 잘 알고 있다.

여러 달이 지난 뒤 하나님의 손길이 다시금 내게 닿아 내게 말을 걸어 왔다. 그가 내 의지에 힘을 불어넣어 주는 걸 느꼈다. 나는 기도 속에서 그의 말에 귀를 기울였다. "금연하는 힘보다 더 큰 다른 힘을 네게 주려고 한다. 사랑하는 힘, 평화로울 수 있는 힘, 일상생활에서 의미를 발견하고 진실로 기뻐할 수 있는 힘, 이 위대한 선물을 가지고 있다."

나는 이렇게 대답했다. "그 선물들을 주십시오. 나는 완전히 열려 있습니다. 은혜를 모두 내게 부어 주십시오." 나는 그의 사랑의 부드러운 미소를 느꼈다. "아니 지금은 안 된다. 그러나 네가 금연할 때 한 것처럼 깨달으면 너 자신의 힘만 가지고는 사랑할 수 없다는 것을 깨닫게 될 때, 네 힘으로는 평안을 얻을 수 없음을 알 때, 네 원칙만 가지고는 삶의 의미를 발견할 수 없음을 자각할 때, 내가 기쁨을 주기 전에는 네가 진실한 기쁨을 가질 수 없음을 알게 될 때, 그리고 이 모든 일을 네가 깨닫게 된다면 그 때 나는 모든 은혜를 네게 주겠다."

물론 하나님은 나의 허영이나 인간적인 자만심을 북돋우는 일은 하지 않는다. 그는 나의 자기 충족의 신화를 칭찬하지 않는다. 나는 이 의미를 안다. 자만심이 모든 악의 근원이 되는 이유, 완고한 나의 자만심이 지금도 내 삶 안에서 하나님의 작용을 제한하고 있음을 안다. 나는 늘 진실한 겸손의 은혜를 청하며, 내가 아무 것도 아님을 솔직히 받아들여 그가 나를 가지고 무엇인가, 그의 무엇인가를 만들 수 있게 하려고 한다.

두 번째 이야기는 꼭 1년 전에 일어난 일이다. 나는 수도회에

아, 내안에 하나님이 있다.

속해 있다 "지역 책임사제"가 세 명의 신학자를 지명하여 우리 구역의 여러 지역을 순회하면서 "예수에 대한 현대의 신심"이란 제목에 관해 토론회를 주관토록 했다. 마지막 토론회는 내가 가르친 대학교에서 있었다. 학교에 있는 사람들은 내가 생활도 같이하고 가르쳤던 사람들이다. 나는 대중 앞에 서서 너무나 많이 강연을 해왔기 때문에 별로 흥분하는 일이 없었는데 그날 밤만은 대단히 들떠 있었다. 나는 이유를 알고 있었다. 예언자는 자기 고향에서 대접을 받지 못하는 법이다. 그래서 다른 두 사람이 먼저 강연하는 동안 나는 조용히 기도를 했다. 예수님이 태풍을 고요하게 하는 팔을 들어주기를 간청했다. "당신의 평화를 내게 주십시오. 내 마음을 안정 시켜 주십시오."

아무런 일도 일어나지 않았다. 정말 아무 일도 없었다. 이제 나는 증상들이 참으로 의미 깊은 메시지라는 것을 굳게 믿는다. 두통은 내가 어떤 긴장상태 아래 있다. 그러니까 원인을 추적해보면 나 자신에 관해 뭔가를 알 수 있다는 것을 가르쳐 준다. 아스피린을 찾기에 앞서서 나는 그 고통이 내게 무엇을 말해 주려고 하는지를 먼저 물어본다. 그래서 나는 영혼의 의사인 예수의 도움을 청하여 나의 초조감을 분석해 보았다. 그는 처방을 들려주었다.

그날 밤 내면에서 들린 말씀은 나의 일생에 심원한 영향을 미쳤다. 그는 이렇게 말했다. "연극 준비가 되어 있으니까 넌 초조해 하는 것이다. 너는 형제들을 감동시켜 그들이 너를 '보석' 처럼 존중해 주길 바라고 있다. 나는 연극을 원하지 않는다. 내가 원하는 것은 사랑의 행동이다. 네 형제가 원하는 것은 네가 그들을 감동시키는 게 아니라 사랑해 주는 데 있다."

이 대화를 통해 예수님은 내 삶의 밑바닥에 이르렀다. 갑자기 나는 내 삶이 연극을 보여 주어 사람들에게 감명을 주려고 한 것

1부. 하나님에 대한 갈망

이었음을 분명히 깨달았다. 대개의 경우 나는 이 초조감의 김청을 통제해 왔다. 그런데 이러한 개인적 자기중심적인 야망은 항상 피와 살을 대가로 요구하는 샤일록 같은 것이다. 자기중심적 생활의 기생충은 인간의 힘을 너무나 많이 소모시키고 평안을 크게 해친다.

가수이며 여배우인 메리 마틴이 공연 전에 늘 무대 한구석에서 관객을 향해 팔을 벌리고 서서 "나는 여러분을 사랑합니다. 여러분을 사랑합니다."라고 반복한다는 글을 읽은 적이 있다. 공연개시의 신호가 나면 그 여인은 사랑하는 사람들을 위해 연기하고 노래한다. 그것은 바로 사랑의 행위이기 때문에 메리 마틴은 언제나 푸근한 마음에 젖어 있을 수 있다.

강연하던 그날 밤 나는 말없이 사랑의 행위를 보여주었다. 나는 사랑하는 행위들에게 강연했다. 끝에 가서 나는 다음과 같이 말하고 싶었다. "여러분에게 내가 무슨 지식을 주었는지 또는 도움이 되는 이야기를 했는지는 잘 모르겠습니다. 그러나 형제 여러분 나는 지금 이 순간까지 여러분을 사랑해 왔습니다!"

사랑하는 독자여, 나는 이 말을 당신에게도 하고 싶다. 지금까지 내가 한 이야기가 당신에게 무슨 도움이 되었는지 나는 잘 모른다. 당신이 나보다도 더 대화의 기도에 조예가 깊고 나보다 더 고차원적인 기도를 하는 사람인지도 모른다. 여기서 내가 수긍한 일 특히 나 자신의 나약함과 신앙부족에 대한 고백은 내게 참 어려운 일이었다. 더욱 인쇄물을 통해 공적으로 고백한다는 것은 나의 내면에 어떤 긴장감조차 조성했다. 그러나 나는 당신을 위해 고백했다. 참된 사랑의 선물은 자아를 열어 보이는 것이다. 그 선물을 주지 않는다면 우린 아무 것도 주는 게 없다. 내가 의도했던 그대로, 즉 사랑의 행위로서 나의 선물을 당신이 받아주길 원한다. 하

• 61 •

아, 내안에 하나님이 있다.

나님의 축복이 당신 위에 내리기를….

# 2부. 오늘날의 인간의 주체성

2부. 오늘날의 인간의 주체성

# 오늘날의 인간의 주체성

30년간의 방황,
그리고 줄기찬 모색 끝에 성 아우구스티누스는 결국 귀의의 순간에 이르러
예전에는 미처 알 수 없었던 모든 사실을 깨닫게 되었다.
그는 다음과 같이 부르짖었다.
"오, 하나님. 우리 영혼은 당신을 위해서 창조되었으니
당신 안에 쉬기까지는 안식이 없습니다."

**현대의** 가장 우수한 과학자들이 하나님의 존재에 대해 가장 정확한 해답을 내릴 수 있는 컴퓨터를 제작하라는 프로젝트를 받고 모였다. 기존의 어떠한 컴퓨터보다도 복잡하고 정교한 컴퓨터를 완성한 뒤 그들은, "신은 존재하는가?"라는 질문을 기계에다 집어넣었다. 한참 동안 기계는 푹푹거리고 찌지직거리다가 대답이라고 내 놓은 것이 "현재는 존재한다"라는 것이었다.

### 삶의 복합적 사실

신앙에 대해 이야기하려는 책이 맨 처음 우리가 살고 있는 이 세상의 충동에 대해 서술하는 것이 어떻게 보면 이상하게 느껴질

아, 내안에 하나님이 있다.

지도 모른다. 그러나 인간은 진공상태에서 사는 게 아니다. 크게 보면 인간은 자기가 살아 숨쉬고 또 자기 존재를 담고 있는 세상에 의해서 대개 형성되는 법이다. 이 세상의 상황은 종교적 신앙의 가능성을 크게 좌우한다. 세상의 상황은 개인 상호간의 인간적 관계는 물론 우리와 신과의 관계에까지 질적으로 영향을 미치고 있다. 인간 각자의 불가피한 접촉을 무시하는 일이란 마치 장님이 코끼리 코 만지기 식이던지, 나폴레옹(Napoleon)이 그의 비판자들에게 가한 해결책 또는 캘빈 쿨리지옹(Coolidge, Jone Calvin)가, "쳐다보지 말라, 그건 그냥 지나가 버릴 것이다"라고 우체통에 넣지 않은 편지에 쓴 말과도 같다.

여러분과 내가 살고 있는 이 세상에서는 하나님에 대한 신앙의 문제를 어떻게 해서든지 풀어야 하는데 여기에 간략한 문구가 많이 등장한다. 흔히 우리는 "기술의 시대", "세속적 인간의 시대" 또는 "그리스도문명 이후의 시대"에 살고 있다고 한다.

이러한 별칭들이 어느 정도 적절하다고 해야 할는지 잘 모르겠지만 분명한 것은 우리의 시대 그리고 우리가 사는 이 세상에 있어서 자동화와 기술이 한때 평온했던 지구의 표피를 변형시켰고 근본적으로 인간 생활의 속도를 뒤바꾸어 놓았다. 과거의 코미디 이야기라던가 쥘 베르느(Jules Verne)의 소설이 우리 시대에 있어서는 현실이 되고 만 것이다.

과거의 인간의 눈은 텔레비전, 컴퓨터, 인터넷, 엑스레이, 전자망원경 렌즈, 레이더 카메라 그리고 전자 현미경에 의해서 엄청나게 그 시야가 넓어졌다. 인간의 귀는 청진기, 심전계(心電計), 지진계, 그리고 CD나 오디오 등에 의해 그 청각 영역이 과학적으로 예민해졌다. 또 인간의 근육은 각종역학 기계 즉 동력을 이용한 기계, 동력조정장치, 동력 브레이크, 대형 크레인, 레이저광선, 유도예배일 등에 의해서 어마어마하게 강력해졌다. 허약한 기억력은 폴라로이드 카메라, 디스켓, 하드디스크, CD Rom, 마이크로필름 도서실에 의해 말할 수 없이 확대되었다. 인간은 트랜지스터 라디오, 텔레비전, 무선전화, 인공위성, 인터넷 등의 형태로 전파를 이용해 인간관계조차 맺을 수 있게 되었다.

인간은 점점 더 하나님의 속성에 깊이 참여하고 있다. 과학기술의 진보에 따라 인간은 자신이 무소부재(無所不在)하고 전지전능한 존재라고 하는 희미한 느낌을 가지게 되었다. 자기 자신에 대한 새로운 낙관주의와 우월감, 심지어는 자기의 새로운 힘에 도취되기까지 한다. 물론 인간이 올림포스 산에 만든 거처는 감정적인 것에 지나지 않는다. 이 세상과 물질에 대한 지배가 자기 희망에 미치지 못할 때 인간에게는 비극적 순간이 닥치게 마련이다. 홍수, 화재, 질병이 전쟁이나 기타 다른 형태의 살인을 제외하더라도 때때로 인간의 자만심에 대해 잔인한 복수를 퍼붓는다. 그러나 인간의 진화의 전진적인 경향은 아주 분명하다. 즉 인간은 이 세상을 통제하는데 대해 책임을 지고 있으며 언젠가는 그 수단과 전략을 소유할 것이다.

인간이 "빛이 있어라!"라고 말할 때, 많은 양의 빛을 생산하는 댐과 발전기가 있을 것이다. 이것은 점차 가속되는 인간의 이 세상 정복이다. 인간의 모든 혁신은 언제나 그러했고 또 우리 시대에 잘 맞는 일이지만 인간에게 이익뿐 아니라 문제를 낳는다. 기술은 인간에게 변화를 겪게 할 뿐 아니라 도전도 받아들이게 한다. 미리 계획된 것은 아니라 해도 너무나 신속하게 이루어지는 상품의 폐기 때문에 엄청난 경쟁 정신이 생긴다. 연구소와 시장개척 사무실들은 온 세상 천지에 새로운 상품을 깔아놓는다. 인간 생활의 충동과 리듬이 너무나 갑자기 빨라져서 거기 따라가려면

아, 내안에 하나님이 있다.

　누구나 달음박질하지 않으면 안 된다. 어디를 향해 달려가고 있는지는 우리 자신도 확신할 수 없지만 하여간 시간을 기록하고 있다. 리듬은 새롭지만 운(韻)이 없다. 예를 들면 컴퓨터과 인터넷 등 그 외의 신기한 전자제품 덕분에 새로운 교육 방법이 이제 가능해졌다. 그러나 진짜 도전은 "우린 무엇을 가르치길 원하는가?" 하는 문제다. 교육의 내용이 확실하지가 않다. 교육이 끝나기도 전에 이미 낡은 것이 되어 버릴 내용을 우린 어떻게 기술적으로 가르칠 수 있겠는가? 생활방식이나 스타일이 근본적으로 달라질 텐데 어떻게 구세대가 새로운 세대에게 생애 교육을 시킬 수 있단 말인가? 뒷 세대에게 물려줄 불변의 가치를 지닌 것이 과거의 것 가운데 무엇인가? 인간이 건전하고 인간적인 존재로 남기 위해서는 인간의 유산 가운데 무엇을 잃어 버려서는 안 되는가?
　철학자들이 이런 문제들과 씨름하고 있는 동안에도 삶은 지속된다. 새로운 고속도로망이 전국으로 확산되어 기동성을 증가시켜주고 있다. 교통전문가들은 졸면서 운전하는 경우에 닥칠 위험에서 우리를 보호하기 위해서 고속도로에다가 계산된 커브를 군데군데 만들어 놓는다. 많은 도로표지판들이 우리들의 여행 도중에도 없어져 버릴 것이므로 우리는 그 표지판을 찾아내려고 할 필요는 없고 다만 시야에서 번쩍거리는 푸른 신호등만 계속 쳐다 보면 된다. 또 우리는 우주 시대의 항공기를 타고 우리들의 은하계에서 벗어나지 않도록 하면서 현대의 아스팔트 리본을 따라 곧장 달리기만 하면 그만이다. 신호가 제대로 켜질 때 우린 질주한다. 자동차 기술자들은 우리에게 질주하는 말들을 주었으며 우리는 오른쪽 발로 이 말들의 옆구리를 부드럽게 차주기만 하면 되게 되어 있다.
　귀가하면 높이 올라가는 엘리베이터를 부르기 위해서 단추를

누르기만 하면 된다. 현대 기술 덕분에 우리는 어느 특정한 층에 신경을 쓸 짬도 없이 26… 27… 28층까지 올라갈 수 있다. 우리가 거주하고 일하고 있는 거대한 빌딩에는 출입구와 화재비상구가 있어서 우리는 고래 뱃속에 든 선지자 요나와 같은 느낌을 가질 필요가 없다. 안내판에 기록된 대로 불켜진 화살표의 방향으로 계속 움직이면 된다. 기술자들이 모든 일을 미리 계산해 놓았고 우리를 자기네 통로의 총구에다 집어넣어 버렸기 때문에 우리가 해야 할 일이라 마치 인간 유도 예배일처럼 겨냥된 방향으로 계속 가기만 하는 것이다. 아마 우리는 모든 전기 표시와 계기들을 신뢰할 수 있을 것이다. 딴 사람들을 불러 세워 방향을 물어볼 필요도 없다.

어떤 때는 이 고도로 기계화되고 제트엔진으로 추진되면 빠른 템포로 움직이는 "기계도시"가 인간을 점차 전국적인 정신분열증으로 접근시키고 있다. 그러면서도 기존체제는 이런 문제에 대해서도 미리 대비하고 있는데 그 거대한 건축계획 속에서 모든 국민이 90분 이내에 도달할 수 있는 정신병원을 배치해 놓을 것이다. 현대의 "복지국가"는 모든 사람들에게 이렇게 친절한 보증까지 제공해 주고 있지만 오늘날의 이 사회의 문제는 인간이 인간답게 되는 바로 그 점에 있다. 매년 19,741억불 상당의 재화와 서비스를 생산해 내는 나라에서 살고 있는 우리지만 개개인으로서는 풍요하다거나 또는 중요하다는 느낌을 별로 경험하지 못하고 있다. "세속도시"의 광대함과 스피드, 그리고 모든 인간이 적응해야 할 총체적인 경쟁이 심리적 안정성을 위협한다. 우리는 흔히 펩토 비스몰(Pepto Bismol)에 맞춰 밤늦도록 귀가하지 않고, 자극에 피로해진 위장을 달래거나 또는 녹초가 된 정신을 풀기 위해 위스키를 조금 마시거나 한다.

아, 내안에 하나님이 있다.

현대 도시의 아스팔트에서는 깊은 뿌리가 쉽게 내리지 못한다. 고전적 예술이 사이키델릭 디자인(Psychedelic Design)에게 자리를 뺏기고 셰익스피어는 박물관 진열품 정도로 전락하며 그 뒤를 캐포트, 메탈리어스, 헬렌걸리 브라운 그리고 잭클린 수잔이 잇는다. '나는 호기심이 많아요' 같은 책(어떤 종류든지)이 싸구려 보급판으로 해서 무진장 팔려나간다. 영웅은 하나도 없다. 문학적이든 과학적이든 종교적이든 하여간 예전에 있던 영웅들을 우리는 진보과정에서 모조리 잃어 버렸다. 그래서 어쨌다는 건가? 인간적이 도전에 대한 개인적인 해답이 이제는 있을 수 없다. 문제의 해결책은 조직이나 체제를 통해야만 비로소 가능해지는데 그 체제는 여러 가지 인간을 괴롭히는 문제들을 연구시키는데 돈을 뿌리고 있다. 솔크, 새빈, 텔러, 또 폰 브라운 같은 사람은 땅콩 농사를 짓지 않는다. 기존의 체제만이 그들을 지원할 만큼 거대한 기구를 가지고 있다.

## 세속화

청년기에 예언자들이 경고하기를 서른이 넘은 사람들은 절대로 진정한 의미에서 이타적이거나 진지한 사람이 못되기 때문에 그들을 한 사람도 신뢰하지 말라고 했다. 그들은 게임을 즐기는 "이중인격자"들일 뿐이라는 것이다. 이것은 청년기의 시초부터 우리 사회에 대해 가지고 있는 관점이다. 개인에 대해서 공격하기는 좋아하면서도 문제 자체와 씨름하려고는 하지 않는 것이 나이를 불문하고 젊은 사람들 가운데 보편적인 오류이다. 오늘날의 젊은 세대를 비난하는 일은 일종의 보호 의도 없이 "생략에 의한 죄"라는 결론을 내서는 안 된다. 오늘날 이 사회에서 겪는 대부분의 일은 인간의 진보과정에서 불가피한 결과이다. 사회철학자들은 이것을 "세속화 과정", 인간이 소속 부락에서 떠나 "기술도시"로 이행해 가는 길에서 체험하는 진화라고도 부른다.

세속화는 그 정의가 여러 가지 있을 수도 있겠으나 지금 여기에 현존하는 이 세상을 향해 인류의 주의가 쏠리는 것을 의미한다. 라틴어라 "seculum(세속)"이란 단어는 문자 그대로 바로 여기 있는 지금의 이 세상이란 뜻이다. 세속화 시대의 의식구조는 지금 여기 있는 것에 대한 집중 때문에 "지붕 위에서 깽깽이 켜는 자"의 노래 서두에서 찬미되는 "전통"을 대수롭지 않게 여기는 경향이 있다. 세속적 인간은 사변적인 진리 또는 최종 목적 등에 대해서 흥미를 느끼기가 어렵다. 그는 실용주의적이며 코앞에 닥친 일에 몰두하려 한다. 그는 전시대 인간들보다 육체적 정신적으로 기동성이 풍부하며 따라서 어떤 일정한 장소나 전통에 깊은 뿌리를 내리지 못한다. 아주 먼 훗날의 세계와 미래의 생활에 대해서 가지는 그의 희망이란 단지 부수적인 것에 불과하며 그의 중력의 중심은 지금 여기에 있다.

우리 세대에서 가장 많이 팔린 신학서적의 하나인 『세속적 도시』의 저자이며 하버드대학 신학교수인 하비 콕스(Harvey Cox)는 우리 시대의 이러한 현상을 설명하려고 시도를 한다. 그의 테마는 인간의 문화적 진화(도시화)와 종교적 진화(세속화)는 필연적으로 병행되는 발전형태라고 하는 것이다. 부족이란 것이 인간 사회의 최대 단위이며 자연조건을 극복하는 인간의 원천이 대단히 원시적인 시대에는 인간의 필요성과 공포가 "주술적"인 형태의 종교를 낳았다. 자아에 대한 신뢰도 별로 없고 우주에 대한 지식도 아주 빈약하였기 때문에 인간은 자신이 모르는 것을 알고 자신이 할 수 없는 일을 할 수 있는 단일한 또는 다수의 위대한 신에게 귀의하지 않을 수 없었다. 인간이 부족으로부터, 콕스 (Harvey Cox)가 "기술도시"라고 부르는 오늘날의 고도로 지식과 기술이 발달된 문명으로 이행하는 것이 불가피하게 됨에 따라, 인간은 태양, 달, 비의 신을 만들어내 이 세상을 신성화시켰던 그 주술적 종교에서 인간과 인간의 능력을 믿는 종교로 자연스럽게 이행하였다.

우리 시대의 이러한 현상을 깊이 탐구해 온 철학자들과 사회학자들은 그 과정을 셋으로 분류한다. 첫 단계는 "인간이 획득하는 지식과 기술의 불가피한 가속도"이다. 현재 우리가 경험하는 지식과 기술의 폭발은 앨빈 토플러(Alvin Toffler)가 말하는 "미래의 충격"이라고 하는 당면 과제를 수반한다. 미래는 우리가 거기 적응할 충분한 시간적 여유가 없는데도 우리에게 닥친다. 이 세속화의 첫 단계를 이해하기 위해서는 지식과 기술이 마치 돈과 같다는 사실을 먼저 깨달아야 한다. 돈은 많이 가지고 있을수록 더 큰 돈을 벌기가 쉽게 된다. 과거 10년 동안에 얻은 것보다도 앞으로의 1년 동안에 인간이 더 많은 기술과 지식을 획득할 수 있는 능력을 소요하고 있다는 사실을 설명해 주는 게 바로 이 가속화의 공학이다. 인간은 과연 그러하다. 우리는 자연과학과 인간기술의 거의 모든 분야에 걸쳐서 급속도로 극적인 진보를 이룩하고 있다.

지식과 기술 획들의 가속화가 낳은 직접적인 효과는 세속화의 두 번째 단계인 "전문화"이다. 인간의 지식과 기술의 분량이 점점 방대하게 증가함에 따라 그와는 반대로 한 개인이 자기의 전문적인 영역으로 통제할 수 있는 분야가 그 만큼 생겨나게 마련이다. 그 결과 개개인은 인간의 지식과 기술의 거대한 분야 가운데 아주 제한된 범위의 분야 또는 일부분의 "전문가"가 되지 않으면 안 된다. 현대의 의학도는 의학 지식과 기술의 모든 분야에 통달하겠다는 야심을 이젠 가질 수 없게 되었다. 그는 의학교육 중에 보다 세분된 분야를 한가지 전공해야한다. 이것은 법률가, 문학도, 기타 현대 사회의 모든 직업에 대해서도 마찬가지다.

 지식과 기술 분야에서의 전문화가 이루어지면 그 분야에서는 필연적으로 외과의사, 내과의사, 정형외과 의사 등등의 집단처럼 "봉사하는 집단"이 생긴다. 이러한 전문화를 규율하는 법칙은 중력의 법칙처럼 불가피한 것이다. 우리는 중력의 법칙이 우리에게 방해가 되어 우연한 추락 같은 걸 야기하는 일은 싫어할지 모르지만 일반적으로 우리의 불평은 불가피성에 대한 생각으로 조절된다. 이와 같이 어느 분야에서 지식과 기술의 획득을 많이 하면 할수록 전문화의 필요성이 커지며 그 결과 이러한 봉사하는 집단의 수효가 증가된다. 더욱 이러한 사회에서는 날이 갈수록 길어지는 교육기간 때문에 축적되는 지식과 기술은 개개인으로 하여금 사회적 인정과 지위 그리고 경제적 자립의 기초를 제공해 준다.

 세속화 과정의 세 번째이며 마지막 단계는 "사회화"이다. 여기서 말하는 사회화는 전문화의 필요성에 따라 생겨난 여러 봉사하는 집단 상호간의 관계를 말한다. 이 집단들은 보통 상호 보완적이고 상호 의존하며 협동한다. 이 의존과 협동이 사회화의 원칙을 낳는다. 예를 든다면, 화학은 의사에게 새롭고 보다 효과 높은 약품을 공급한다. 물리학은 그에게 더욱 성능 좋은 현미경을 주고 더 우수한 외과기구와 개량된 엑스레이 기계를 제공한다. 미시원자물리학 또는 핵물리학은 방사성 동위원소를, 심리학은 정신신체학적 질병에 대한 연구결과를 치료방법으로 제공한다. 철학과 신학은 기관이식, 생명의 연장 그리고 죽음의 시기의 결정에 관련되어 있는 의사들에게 도덕적 지침을 준다. 정치학은 의학연구와 메디케어 및 메디케이드 같은 정부계획에 관한 범국민적 지원과 선전을 의사에게 해 준다. 보도기술은 암증상 발견에 관한 상업방송의 선전과 같이 의사의 개인적 지식을 보다 효과적으로 보급시키는 방법을 제공함은 물론 폐쇄회로식 텔레비전처럼 의학교육의 보다 효과적인 수단도 만들어 준다.

 현대 사회에 있어서 이 봉사하는 집단의 협동에 의해서 하늘 높이 솟는 마천루와 거대한 공장시설이 설립되고 있으며, 이 괴물 같은 존재 속에는 항상 노동과 경영간의 긴장이 문제로 등장한다. 우리는 비행기 조종사, 쓰레기 치우는 사람들 또는 교환수들의 파업이 사회에 미치는 마비효과를 경험할 때마다 봉사하는 집단 사이의 미묘한 균형을 절감하게 된다. 사실 어느 하나의 집단이 사회 전체의 연결 관계를 순식간에 혼란시킬 수가 있다. 중재위원회라는 것들은 세속적 도시를 한데 묶어 지탱하고 있는 이 필수적이면서도 미묘한 긴장과 균형에 대해 항상 편견을 가지고 있다. 결과적으로는 정부가 컴퓨터로 처리된 통계를 근거로 결정을 내리는 일이 더욱 많아진다.

## 세속화의 효과

 지식과 기술 획득의 가속화에서 결과되는 이 세속화 과정이 인류에게 많은 혜택을 가져다 준 것은 분명한 사실이다. 어떤 것은 새로운 의학적 진보처럼 생활이 표면적으로는 혜택이 뚜렷하지만 또 어떤 것은 좀 더 고찰해 볼 필요가 있다. 인간이 자연의 비밀을 더욱 많이 통제할 줄 알게됨에 따라 자연히 자기의 능력과 위엄에 대한 인식도 더 깊어졌다.

세속화 과정은 우리에게 충족된 성취감을 주고 미래에 대한 건전한 낙관론을 심어 주었다. 우리는 우연과 운명의 결과 앞에 전전긍긍하고 질병, 죽음, 파괴의 위험 가능성에 벌벌 떠는 그런 고독하고 슬프고 미신적인 존재를 탈피하여 희망의 존재로 변신했다. 그리하여 인간은 이러한 진보가 있은 뒤 이 세상과 인류의 운명에 대한 자신의 책임감을 새롭게 인식하기에 이르렀다.

전문화의 필요성 때문에 세속화 과정은 인간을 경쟁의 분야로 몰아 넣었고, 연구와 인간이성의 능력에서 나오는 세속적 지식과 신앙에서만 나오는 종교적 지식과의 차이를 구별하도록 요구했다. 복음을 설교하는 사람이 이제는 사회 경제학적 제반 문제에 대해서 오류 없이 선언할 의무를 지지 않아도 된다. 이와 같이 세속화는 과거의 낡은 미신과 망상으로부터 많이 인간을 해방시켰다. 간질병이 이제는 사탄의 짓이라고 여겨지지도 않고, 정신병 때문에 마녀 재판을 하는 일도 거의 없다. 세속화는 인류전체를 보다 긴밀히 교류하게 만들었으며 아니면 적어도 그러한 교류의 수단을 인간에게 제공해 주었다.

세속화의 효과 중에서 우리가 이해하고 있는 여러 효과는 다만 파생적 효과라는 사실을 지나칠 수 없다. 이런 효과는 세속화 과정 자체에서 나오는 것이 아니라 인간이 세속화 과정을 기피하거나 성공적으로 수행하지 못하는 무능력에서 오는 효과들이다. 여러 파생적 효과 가운데 "빈곤"을 그 하나로 예시할 수 있다. 지식과 기술이 있는 자와 없는 자 사이의 격차가 점점 커지고 장기간의 교육을 뒷받침할 재정능력이 있는 사람들만이 세속 사회에서의 경제적 자립과 우월한 위치를 가능케 하는데 필요한 교육과아, 내안에 하나님이 있다.

전문 과정을 이수할 수 있다. 적극적인 예방조치가 취해지지 않는 한 "가진 자"와 "못 가진 자" 사이의 격차는 벌어지기만 할뿐이다.

"교육"에도 전혀 새로운 형태의 문제들이 발생하고 있다. 즉 방대한 양의 지식과 기술을 흡수되기 위해서는 조기교육 착수와 장기간의 교육과정이 필요하다는 것이다. 교육의 기본적인 문제는 앞으로 다가올 세상에 젊은이들을 대비시키기 위해서 무엇을 가르쳐야 할지 결정하는 일이다.

"인종" 관계의 문제도 이와 마찬가지로 세속화 과정에 의해 악화되었다. 소수인종 그룹은 이 세속화 사회에서 여러 가지 손해를 받기 쉽게 되어 있다. 그 이유는 개인적인 출세에 절대로 필요한 지식과 기술을 얻을 수 있는 수단 또는 시간이 그들에게는 결핍되는 것이 일반적 현상이기 때문이다.

그러나 이러한 문제들을 포함한 다른 여러 가지 이 세속화 시대의 딜레마들은 유능한 사회학자들에게 맡겨 두어야 한다. 여기에서 지금은 이 문제들이 불가피한 악이 아니라는 사실, 이 문제들은 인간이 진화과정에서 직면하게 된 도전으로 분류되어야 한다는 사실을 지적하는 것으로써 충분하다.

다음 장에서는 종교적 신앙의 분위기로서의 세속적 사회에 대하여 이야기 해보려 한다.

## 다원(多元)주의와 신앙의 상대성

세속화 현상이 우리가 알고 있는 바와 같이 이 세상과 인간생활을 대부분 형성했다고 한다면 인간 사회는 또한 다원(多元)주의 현상에 깊이 물들어 있기도 하다. 원래 다원주의라는 말은 이 세상의 최종 실체가 여기 있다고 하는 철학체계에 대해 사용되어 왔다. 이 본래의 의미로 다원주의와 반대되는 개념은, 세상의 실체가 물질이든 정신이든 단 하나뿐이라고 주장하는 "일원(一元)주의", 또는 최종적 실체가 정신과 물질의 두 가지라고 주장하는 "이원(二元)주의"이다. 그러나 현재의 다원주의는 일종의 객관주의인데 그 이유는 행위의 사회적 차원이 축소되거나 제거되기 때문이다.

각자는 "자기의" 일을 하도록 강요된다. 한 개인의 실체는 반드시 타인의 실체가 되는 것은 아니다. 한 인간에게 옳은 것이 타인에게는 옳지 않을 수도 있다. 한 때 옳거나 진실이던 것이 세월이 바뀌면 그렇지 않을 수도 있다.

현대의 다원주의는 진리의 상대성에 근거를 두고 있으며 세속적 도시의 시민들의 눈으로 볼 때는 건강의 징표로 보인다. 이 진리의 상대성은 실제로 옳거나 그른 것이 아무 것도 없다는 그런 명백히 잘못된 이론이 아니라 그것은 당신이 그걸 보기에 달린 것이 된다. 다원성의 정신 그리고 여러 가지 관점의 수용을 가능하게 하는 진리의 상대성은 아무도 혼자서는 모든 진리를 보유할 수 없다는 것, 아무도 혼자서는 절대적인 진리를 가지지 못한다는 데 그 근거를 두고 있다.

우리는 모두 절대적 진리의 약간을 알고는 있으나 그 전체를 아는 것은 아니다. 절대적 진리를 아주 조금 알고 있을 뿐, 그것을 완전히 소유한 사람은 하나도 없다. 여러분이나 내가 진리에 대해 가지는 관념은 각자가 어떤 유리한 고지에 서 있느냐 하는데 달려 있다. 하나의 석상을 반대방향에서 보는 두 사람은 동일한 실체에 대한 두 가지 견해를 가질 것이다.

교육받은 사람의 특성은 자기가 가지고 있는 실질적 지식의 고백에 있는 것이 아니라 자기 무지의 인정에 있다고 하는 말에도 일리가 있다. 실재 또는 진리는 특히 오늘날과 같은 지식 폭발시대에 있어서 그 총 규모가 너무나 방대하기 때문에 어느 한 개인 또는 우리 전부가 그 전체를 포용하기란 불가능하다. 각자가 바라보는 진리는 각자의 유리한 고지에 따라 달라진다는 것은 자명한 일이다. 그래서 만일 어떤 사람이 자기 견해가 옳은 것이고 총괄적인 것이라고 주장하게 된다면, 우리는 끝도 없는 무익한 논쟁에 휘말려들 뿐이다. 우리는 이 사회에서 공개된 대화를 통하여 각종 의견들로부터 진실한 것을 추출해 내고, 개인적인 견해들을 종합하여 보다 충실하고 보다 완전한 지식체계를 만들지 않으면 안 된다.

세속화 도시에서는 다원주의가 인간이 관심을 가진 거의 모든 분야에 침투되어 있다. 정치에 있어서는 다수의 정당, 철학에 있어서는 다수의 체계, 사회 안에는 여러 조직이 있다. 이데올로기에 있어서는 민주주의, 공산주의 등등의 이론이 있다. 이것은 모두 크고 작고간에 세속화 과정에 따른 것인데 그 주요 가설은 아무리 진리의 전체를 소유하고 있지 않고 또 소유할 수도 없다는 것이다. 세속화 도시에서는 우리가 "봉사하는 집단"이라고 부르는 각 집단은 그의 위치에서 현실을 본다. 여기서 자명해지는 사실은 제반 분양에서 전문화의 필요성이 증가함에 따라 이러한 집단이 확산되면 그 결과, 보다 광범위하게 다원주의가 발생하고 진리의 상대성은 더욱 더 기정 사실화되어 간다는 것이다.

개개인의 차원에서 본다면 한 개인의 생활방식과 또 다른 사람의 선택의 여지와는 서로 충돌할 수도 있다. 피터 버저가 쓴 『성

2부. 오늘날의 인간의 주체성

스러운 성공』이라는 책에서 지적한대로 한 개인의 가치관이 타인의 가치관에 의해 도전을 받기도 할 것이다. 다원주의 원칙을 신성하고 불가침의 원칙으로 선언하는 세속화 도시에서 의견과 가치관들 상호간의 충돌을 피한다는 것은 불가능하지는 않다고 해도 아주 어려운 일이다. 교황이 그의 교서에서 카톨릭교회의 구체적인 가치관과 철학을 밝힐 권리와 자유를 보유하는 것과 마찬가지로 휴 헤프너(H. Hefner)는 "플레이보이 철학"에서 자기자신의 가치관과 인생철학을 전개할 수 있다.

다원주의는 어느 한 개인의 인생관이나 가치관을 타인들이 인정하지 않는다는 바로 그 이유 때문에 그에게 그것을 포기하도록 요구하지도 않는다. 인간은 비록 한정된 범위이기는 하나 상호 합의의 기초 위에서 함께 살아가고 함께 일하지 않으면 안 된다. 무신론자인 휴머니스트와 크리스천인 휴머니스트는 인간 생명의 가치에 대해 그들의 의견이 일치하는 한도 내에서 인간의 고통을 경감시키는 일에 서로 협력할 수 있다. 미국 의회 내의 민주당의원과 공화당의원들은 미국의 국가 이익을 위한 그들의 공통된 주장과 관심 때문에 어떤 법안들에 대해 의견의 일치를 볼 수가 있다.

세속화 사회에서 생활의 한 양식이 되어 버린 다원주의와 진리의 상대성은 분명히 계속해서 존재할 것이다. 세속적 지성은 진리에 대한 사람들의 모든 주장을 폭넓은 관용과 수용태세로 대해주지만, "나의 주장이 진실하기 때문에 나의 반대되는 입장은 모두 허위다"라고 하는 입장은 격렬하게 배척한다. 인간의 생활권이라는 실험실에서 이런 종류의 교조주의에 대해 결론이 나오는데 꽤 오랜 시간이 걸린다.

신앙과 종교에 미치는 세속화와 다원주의의 효과는 뒤에 논의

아, 내안에 하나님이 있다.

되겠지만, 여기서 유의해 두어야 할 점은 대부분의 직업종교인들의 자세가 특히 이 다원주의 정신에는 지나치게 예민하다는 것이다. 합리화가 되었든 되지 않았든지 간에, 절대적인 진리를 신도들이 신앙해 왔다고 하는 것이, 역사적으로 종교신도들이 주장해 온 것이다. 하나님이 우리에게 그의 진리를 주었다. 따라서 다원주의적인 사회는 종교가 거기 하나님의 말씀의 씨를 뿌리기에는 적합하지 않은 땅으로 보인다. 이러한 관점은 세속화 도시에서 출생하여 진리의 상대성과 다원주의 원칙을 단순한 "삶의 사실"로 받아들인 젊은 세대에게 특별한 타당성을 지닌다.

앞에서도 언급한 것처럼 개인주의 정신은 세속화 과정의 초기에 해당한다. 세속화 사회에서 점증하는 지식과 기술획득은 사람들이 모든 전제조건에 대해 의문을 가지기 때문에 비로소 가능해진다. 아무 것도 확실하지가 않고, 알고 있는 것은 모두 잠정적으로 그럴 뿐이다. 우리는 누군가가 고의든 고의가 아니든 지구의 평면성에 대해서 도전했기 때문에 비로소 지구가 평평하지 않다는 사실을 알고 있다. 무생물체가 생물체 속에 존재할 수 없다는 명제에 누군가가 도전했기 때문에 생화학(生化學)이 비로소 탄생했다. 이러한 질문 때문에 갈릴레오, 다윈, 그리고 에디슨이 사후에 유명해졌다. 여기에서 새로운 학문들이 나오게 되고 회의론과 비판주의의 건전한 정신이 탄생하게 되었다.

다원주의 사회의 정신은 각종 견해, 심지어는 반대 견해까지도 인정할 수가 있다. 진리는 상대적인 것이 되고 절대적인 것은 될 수 없다. 이것은 전부 또는 그 대부분이 좋은 일이다.

문제가 발생하는 것은 이런 종류의 회의주의가 과학 실험실에서 빠져 나와 인간의 생활 및 존재의 모든 영역으로 침투할 때이다. 세속적 인간이 자연과학의 신전에서 경배한다는 사실, 그리고 인간이 과학을 모델로 해서 모든 체제와 모든 진리에 대해 의문을 제시할 때 그는 갑자기 매우 고통스러운 실존적 진공상태에 빠지고 만다는 사실에 대해서는 이론의 여지가 없다. 그는 살아야 될 명분 또는 죽어야 할 이유도 가지고 있지 못하는 자아를 갑자기 발견할 것이다. 그의 무모한 의혹이 모든 확실성을 무너뜨릴 것이다.

이러한 현상이 대단히 건전하게 보이는 반면 인간은 방법론적이며 전반적인 회의를 품고서는 오랫동안 마음 편하게 지낼 수 없는 것도 또한 사실이다. 합리적인 인간의 존재는 어떤 확실성에 기초해야 한다. 모든 명제에 질문을 던지고 모든 지식을 잠정적인 것으로 여긴다는 방법론이 과학의 진보에 도움이 되었다는 것이 증명되었지만, 같은 방법론을 인간생활의 모든 분야에 적용시키면 인간이 인간으로 존재하는데 결정적인 해독을 끼친다.

## 세대격차와 문화 충돌

우리가 사는 그리고 믿으려 노력하는 이 세상은 우리 세대를 대변해 주는 표어 즉 증대되는 세대격차라는 표어가 없이는 제대로 설명될 수가 없다. 우리 시대의 진지한 학생들 대부분의 젊은 세대가 말하고 행동하는 바에 따라 시작되고 새로운 가치체계의 급속한 형성으로 촉진되는 깊고 중대한 변화에 우리가 직면해 있다고 느낀다. 인간의 과학에 대해서 보다 이지적으로 관찰하는 어떤 사람들은 주장하기를, 오늘날의 인간사회는 과학기술이라는 날뛰는 기차에 받혀서 정신적으로 파산했으며, 불가피한 파멸, 과아, 내안에 하나님이 있다.

　거와 더욱 깊은 단절, 인간적 가치와 행위의 격심한 변화를 겪지 않으면 안 된다고 한다. 젊은 세대가 늙은 세대로부터 완전히 격리되고 단절되는 위기의 분기점에 도달했다는 것이 공통된 견해이다. 그리고 어떤 사람들의 귀에는 젊은 세대의 원한 섞인 목소리에 포함된 동정심 어린 간청의 소리 즉 "그런 일이 일어나지 말도록 해 주세요"라는 소리가 들린다.
　이상한 일이겠지만 어떤 사람들은 아직도 세대격차의 존재, 그리고 우리가 문화적 충돌 직전에 놓여 있다는 사실을 인정하려 하지 않는다. 이러한 맹목적이고 눈이 먼 상태는 다른 모든 사람들이 자기와 똑같을 것이라는 가정에서 나온 것이다. 이들은 세상이 실제로 딴 세상이 되어 버렸다는 사실, 그 딴 세상이 인간 자체 내에 깊은 변화를 초래했다는 사실을 부인한다. 오늘날의 세상은 "노도 같은 20년대"나 "불황기의 30년대", "전쟁 중 그리고 전후의 40년대", 또는 "무사안일주의의 50년대"가 아니다. 아무런 사전 경고도 없이 "세속적인 60년대와 70년대", "급속한 경제발전의 80년대" "고도의 과학기술과 대중문화의 90년대", "위성, 컴퓨터와 인터넷의 2000년대"는 새롭고 전혀 다른 세대를 낳았다.
　의심할 것도 없이 세속화 과정은 다른 여러 가지 영향력과 함께 작용하여 이 지구상에 존재했던 그 어느 세대보다도 자의식이 강하고 자기의사를 당당히 발표하고, 더욱 비판적이고 현실 참여적인 "새로운 종족"을 만들어냈다. 오늘날의 젊은 세대는 들어 준 사람들에게 뭔가 말해 줄 매우 중요한 것을 가지고 있을 뿐만 아니라 자기들이 아는 것보다 더 많이 이야기하고 있다. 젊은 세대의 반항은 인간이 진화되고 있다는 징표이며, 이 새로운 세대는 신화적인 시계 또는 달력을 거꾸로 돌려서 과거의 세대와 "똑같이"되기를 거부한다.

## 2부. 오늘날의 인간의 주체성

인간은 그 진화의 역사적 순간에 있어서 이미 새로운 시대를 맞이하였고 또 새로운 인간이 되었다. 최근의 신문 사설이 이러한 점을 잘 지적해 주었다.

"대학에서 배우는 것이 자기 부모의 인생과 똑같은 삶을 살아가기 위해 준비하는 과정이며, 그것을 원하지 않는다는 이유 때문에 많은 대학생들이 학교생활을 포기한다. 이 젊은이들은 사회의 여러 가지 실패, 과거에 존재 가능했던 것과 현재 존재하고 있는 것 사이의 공백상태를 늘 생각하고 있다."(시카고 Sun Times)

콘라드 로렌츠(Conrad Lorenz)라는 작가는 다음과 같은 글을 발표했다.

"인간생활의 모든 분야에 걸쳐 맹위를 떨치고 있는 산업화는 두세 대간에 거리를 생기게 했는데 이 거리는 아무리해도 좁혀질 수가 없다. 우리 사회에는 1900년을 전후해서 태어난 세대와 그 이후의 세대 사이에 놀라울 만큼 전통적 연속성이 단절되었다. 과학의 계몽은 어떠한 기존 관습이, 낡아 빠진 미신인지 또는 사회규범 체제의 불가결한 일부인지를 결정하는데 필요한 몇 가지 통찰력을 길러 주기에 앞서서 전통적 신념들의 가치에 대한 회의부터 심어주는 경향이 있다."

이러한 고통은 누구나 겪는 것이지만 우리 시대에 있어서 특별한 종류의 예언을 가지고 일어선 것은 바로 젊은 세대이다. 그들은 일체의 보상행위를 떠맡을 만한 능력이 없을지도 모르며, 또한 우리가 이해할 일, 가야할 방향을 제시해 주지 못할지도 모른다.

그러나 젊은이들이 제공하는 기능과 봉사가 대단히 가치 있는 것 일지도 모른다. 칼럼니스트 시드니 제이 해리스가 관찰한대로 우리는 달리는 과학기술의 말의 철제 늑골 속에 갇혀 있다. 그리고 해리스의 말대로 젊은 세대는 우리에게 기존 가치관의 목록을 요구함으로써 단 하나의 가능한 해결로 우리를 인도하고 있는지도 모른다.

이제, 앞서 말한 문화적 충돌에 관해 좀 더 자세히 살펴보기로 하자. 웹스터(Webster, John)는 문화를 "문명진보의 어느 특정된 단계, 또는 이러한 단계나 상태의 특징들"이라고 정의한다.

예수회사제이며 고생물학자인 삐에르 떼이야르 드 샤르뎅 (Pierre Teilhard de Chardin)은 새로운 문화의 도래, 점진적인 이행도 아니고 고립된 새 요소들이 낡은 문화 속으로 단순히 도입되는 것이 아니라, 과거와의 근본적인 단절 그리고 완전히 새로운 가치 체계를 믿으며 과거와는 전혀 다른 우선 순위의 목록을 만들어내는 새로운 문화의 도래를 예견한 사람의 하나이다.

『고독의 추구』라는 저서를 쓴 필립 슬레이터(Philip Slater), 그리고 그와 같은 사회학자들은 우리에게 닥치는 이 새로운 문화가 과거의 문화 또는 "중용"의 입장과의 타협이 절대로 아니라는 점을 강조한다. 새로운 문화의 문을 열어주는 진화의 과정은 그 자체를 유지하기 위해서 가속적이 되지 않으면 안 된다는 것이 이들의 주장이다. 원천적 동기와 가치를 그대로 둔 채 기존 체제를 자유롭게 개혁한다고 해도 아무 소용이 없다. 그들은 또 장기간에 걸친 무계획한 변화는 오히려 문화적 자살행위로 그치기 쉽다고 경고한다. 낡은 문화는 새로운 문화의 증가하는 힘을 억제 또는 저지하지 못한다.

낡은 문화와 새로운 문화가 각각 양극단을 대표한다고 믿는 슬

## 2부. 오늘날의 인간의 주체성

레이터는 이 두개의 문화가 상반되는 가정에 각각 그 기초를 둔다고 말한다. 최근까지 우리가 경험해 온 낡은 문화의 기초가 되는 가정은, 인생에 있어서 재화는, 적어도 금전적 가치를 가진 재화는 희소하기 때문에 한몫 차지하기 위해서 경쟁하지 않으면 안 된다는 것이다.

큰 몫을 차지한 사람은 "성공"의 부류로 분류되고, 만일 그들이 재화 쟁탈의 치열도를 규율하고 억제하는 사회의 기존 규범을 위배하지 않고 그 큰 몫을 차지했다고 하면 그들은 "인격"과 "도덕심"을 구비한 사람이라고 불린다. 그렇지만 축구선수들이 치열한 경기를 벌이면서 규칙을 위반하고 싶은 유혹을 받는 것처럼 낡은 문화 속에서 더 큰 몫을 차지하려고 경쟁하는 사람들은 너무나 자주 사랑과 전쟁과 그리고 경제적 안정을 위한 경쟁에 있어서는 모든 것이 공정하다고 합리화해 왔다. 여기서 쉽게 거짓말하고, 약간만 훔치는 일, 이해가 가는 사기, 수긍할 만한 뇌물, 그리고 필요한 타협이 생기게 마련이다. 사래들은 타인의 어깨를 밟고서라도 최고의 위치에 기어오르려고 한다.

새로운 문화가 그 기초를 둔 가정은 앞의 것과는 반대로 자원은 풍부하며 인생에 있어서 재화가 희소한다는 생각은 잘못되었다는 것이다. 미국인들은 한 사람이 차지하기에는 너무나 많은 음식을 타인에게 나누어주지 않으려고 속이고 발로 차고, 폭력을 구사하고 있다. 일반적으로 공격을 낳는 그런 종류의 경쟁은 필요없다. 인간의 정력은 인간의 기쁨과 평화를 배양하는데 사용되어야 한다. 새로운 문화는 낡은 문화가 무진장한 만족을 감춘다고 비난하며, 이 풍요로움을 속박에서 풀어놓기 위한 세력을 규합한다. 따라서 이단이 생기고 문화 사이의 충돌이 일어난다.

희소성의 논리 속에서는 낡은 문화의 사람들이 전투태세를 갖아, 내안에 하나님이 있다.

추고 충족을 뒤로 미루며 감정 표현을 일종의 수용할 수 없는 사치로 본다. 이들은 의복과 색채에 있어서 자제하고 일반적으로 자극에 대한 뿌리깊은 공표를 나타낸다.

낡은 문화는 기아, 욕망, 끝없는 노동, 그리고 항상 손에 닿을 듯 매달린 당근을 향해 손을 벌리는 일을 그 기초로 삼는다. 그와 반대로 새로운 문화는 충족이 삶의 불가결한 일부라고 본다. 자원은 얼마든지 있고, 자극은 두려워할게 아니라 경험해야 할 것이다. 따라서 요란한 색채, 시끄러운 소리, 금지된 책, 영화, 번쩍이는 의상, 맛있는 음식, 진한 언어, 그리고 저속한 풍자 등이 홍수를 이룬다.

낡은 문화의 "희소성의 가설"에서는 많은 구조적 불평등이 파생한다. "가진 자들"은 수간과 방법을 동원해서라도 자기들의 이익을 합법적으로 오래 보장하게 되고 자기들의 전략을 합법화시키는데, 예를 들면 하층민들, "못 가진 자들"이 보통 저지르는 절도와 폭력의 위형만을 범죄로 규정하는 방법이 그런 것이다.

여기 대해 새로운 문화는 논박하면서 평등을 요구한다. 이 문화는 낡은 문화가 목적을 수단화하고 수단을 목적화 한다고 비난한다. 사람들은 재화를 획득하기 위해 노동하고 그 결과 행복해질 수 있는 게 아니라 오히려 사람들이 먼저 행복해져야만 그 결과로 재화를 얻기 위해 더욱 노동에 열심일 것이다.

"희소성의 가설"은 낡은 문화에 속하는 미국인들이 사회적 신분의 상징을 추구하게 했다. 타인과 타인의 소유물에 대한 선망은 "당신도 그와 같이 멋지게 될 수 있다. 만일… 하기만 한다면"이라는 식의 광고의 기초가 된다.

충돌하는 두 가지 문화의 우선 순위를 요약하면 다음과 같다.

| 낡은 문화 | 새로운 문화 |
|---|---|
| 재산권 | 인격권 |
| 기술요건 | 인간적 필요 |
| 경쟁 | 협동 |
| 폭력 | 성 |
| 재화의 집중 | 재화의 분배 |
| 생산자 | 소비자 |
| 수단 | 목적 |
| 비밀주의 | 공개주의 |
| 사회개혁 | 개인의 표현 |
| 절약 | 향유(충족) |
| 와디푸스적 사랑 | 공동체적 사랑 |

윌리엄 브레이든(William Braiden)은 『나는 누구인가? 자아 주체성을 찾아서』라는 책에서 다음과 같이 말한다.

인본주의 혁명은 사실상 아무 곳으로도 도약하지 못하고 있는지도 모른다. 가속도를 증가하는 과학기술에도 불구하고 사람들은 균형을 되찾으려고 한쪽발로 서는 대신 두 다리로 서 있음으로서 뱅글뱅글 돌려질 때로 돌려진 머리에 한방 결정타를 얻어맞지 않으려고 한다. 우리가 목격하고 있는 것은 혁명이라기보다는 혁명에 대한 자연적이고 또 필요한 "반동"인지도 모른다. 개인의 자유와 개체성에 대해 자꾸만 강조하는 것은 최종적으로 단일성의 개념 즉 우리는 실제로 모두 같은 인간이라는 개념을 배척할 것이다. 그러나 새로운 인본주의는 우리 모두가 일종의 공통된 동일성으로 함께 연결되어 있다는 즉, 좀 이상한 의미일지는 몰라도 한 사람이 상처를 입으면 우리 모두가 피를 흘린다는 것을 제시아, 내안에 하나님이 있다.

해 주고 있다.

## 결 론

이것은 강력한 원자력으로 추진되는 기계에 올라탄, 신경이 불안한 인간이 공포에 떨며 고개를 숙이고 인생 길을 달려가고 있는 이 세상의 모습을 생각나는 대로 적어본 것이다. 그는 인간을 인간답게 하는 반성을 위해 여가와 평화를 찾기가 대단히 어렵다. 미래의 충격과 문화의 충돌은 고통스러운 것이다. 그렇지만 인간은 강인하고 굳세며 적응력이 강하다. 인간들은 틀림없이 살아남을 것이며, 이 생존을 위한 투쟁에서 받은 상처는 언제나 영광의 훈장이 될 것이다. 현재의 불안한 위치에 선 인간에게는 과거에 확신을 주던 부드러운 찬미와 조용한 기도소리가 희미하게 기억되는 옛 시절의 아득한 메아리처럼 들릴 뿐이다. 그는 현재의 순간이 결코 자기를 과거로 되돌아가게 내버려두지 않을 것임을 알고, 인간의 존재에 대해 지금 품고 있는 영혼 내부의 무수한 의혹이 언젠가 확실성으로 대체되기를 간절히 희망한다. 그는 또 길을 따라 계속 가다보면 자기의 하나님을 다시 만나게 되지나 않을까 생각해본다. 다음 장에서는 그의 정신과 마음을 좀 더 깊숙이 고찰해보기로 하자.

# 3부. 오늘날의 세계

3부. 오늘날의 세계

# 오늘날의 세계

오늘날 세속화 도시 한가운데서 우리는
불가피한 것들의 파도와 싸우는 인간의 모습을 보고 있다.
인간이 건설한 거대한 세상이 이제는 인간을 잡아먹고 있다.
세속화 시대는 그 특징이 지식과 기술획득이 더욱 가속되는 것뿐만 아니라
더 크고 더 좋은 조직, 자본통제계획, 시장개척노력, 광고, 연구계획, 실험실들, 더 빠른 인터넷 등
더 크고 더 좋은 것을 향한 지속적인 경쟁요구에도 있다.
작은 것은 소멸하기 때문에 가장 큰 것만이 남는다.
그래서 세속화 도시의 계율은 '확장하라 아니면 소멸하라'라고 하는 것이 된다.

**앞에서** 서술한 세속화 과정 및 문화적 진화의 효과는 그 자체로는 환영할 발전이기는 해도 이러한 효과들 때문에 인간은 위기에 직면하게 되었다. 삶의 과정 가운데 놓여 있는 오늘날의 인간을 이해하기 위해서는 그의 상처들을 바라보아야 한다. 세상만사가 다 잘 되고 있는 듯이 위선의 가면을 쓴다면 좀 더 유쾌한 것처럼 보일지도 모르지만 그러나 인간 사회에는 낙오자들이 있게 마련이다. 깊은 상처에다가 겨우 반창고 정도를 붙인다고 한다면 그것은 심각한 문제들에 대한 임시방편적인 해결책을 찾는 것과 마찬가지다. 필요한 것은 왜 사람이 피를 흘리는지 질문하는 일이다. 우리는 인간이 겪는 여러 가지 증세, 고열, 그리고 통증에 대해서 전면 전쟁을 치르고 있는 것 같다. 그렇지만 증세들에 대한 전면 전쟁은 아무 소용이 없다. 우리는 인간의 가슴속에 숨어 있는 암과 열심히 싸우지 않으면 안 된다. 현재 과학의 놀라운 성과에 직면한 인간이 자기 자신의

신성(神性)에 대한 몇 가지 암시를 받기라도 한다면 그와 동시에 인간은 자기가 창조한 힘이 자신의 권좌 위에 짙은 그늘을 드리운다는 사실도 고통스럽지만 잘 알고 있다.

"우주의 주인"인 인간은 자신이 철저하게 패배했다는 느낌을 가질 수도 있고 또 실제 그런 느낌을 가지고 있다. 인간의 지혜를 가지고 언젠가는 이 시대의 문제들을 해결할 수 있으리라는 막연한 희망과, 당장은 그런 문제들을 안고 살아야 한다는데 대한 절망 사이에서 방황하는 인간의 감정은 확고한 근거를 찾지 못하여 불안정하다. 인간의 본성은 진공상태를 두려워한다. 그런데 인간의 내부에 존재하는 오늘날의 고통스런 공허함은 미국전체의 정신건강에 관한 충격적인 통계를 보면 명확하게 드러난다. 미국 내의 모든 병원침대는 그 3분의 2가 정신 질환자로 가득 차 있다. 미국인 10명 가운데 1명 이상이 이미 어떤 형태로든지 정신과 치료를 받았다. 대학생 10명 가운데 1명 이상이 정서적으로 너무나 불안정하여 대학과정을 마치기가 불가능할 정도이다.

기술도시가 인간 본성의 도덕 규범들을 무시한다면 자기 파멸의 위기에 봉착할 따름이다. 이니시어티브, 개성, 참여 그리고 약속에서 우리가 알고 향유하는 자유가 나왔다. 지금 이 순간에도 이러한 도덕규범들은 우리의 자유를 계속해서 규정하고 보호하고 있다. 복잡한 인간문명을 이유로 내세워 여러 가지 가치를 포기해 버린다면, 그것은 우리가 지금 가지고 있는 모든 것 그리고 앞서 지나간 모든 것을 희생시킬 것이다. 그건 자살의 길이다.

현대인의 재앙은 한 두 가지가 아니다. 그의 질병에는 여러 가지 측면이 있다. 이 장에서는 "소외", "주체성의 부재" 그리고 "개성상실"이라는 3개의 소제목 아래 고뇌하는 인간의 본질을 고찰해 보려 한다.

3부. 오늘날의 세계

## 소 외

　우리시대의 가장 비극적인 역설은 다음과 같은 것이다. 인간은 자기 세계에 대해 너무나 많은 걸 발견해 냈기 때문에 오히려 이 세상과의 의미 있는 접촉을 할 수 없게 되었다는 것이다. 그는 자연의 힘에 대한 지배를 강화하고 있지만 그와 동시에 자연으로부터 더욱 더 소외되고 분리된다. 인간은 주인인 동시에 추방된 자가 된다. 이 문제를 정직하게 시인하는 일이 급하다. 그 이유는 인간은 다만 우주의 비밀을 이제 막 파헤치기 시작했을 뿐이기 때문이다. 우리는 앞에서 인간의 과학지식과 기술이 증가하는 가속도의 정신공학을 살펴보았다. 과학은 벌써부터 미래에는 인간이 기후, 온도, 인구, 그리고 심지어는 인간행위조차도 통제할 것이라고 예고한다.
　동시에 인간은 이세상의 점진적 상실 도는 그로부터의 소외를 경험하고 있다. 인간의 손아귀에 점점 더 장악되고 있다고 보이는 세상은 사실 그에게서 떨어져나가고 있다. 인간은 마치 자녀 교육법을 배우면서 동시에 자녀와 의사 소통하는 방법을 잃어버리는 그런 권위주의적 부모와도 같다. 현대의 우주 선조종사가 이러한 인간의 곤경을 어느 정도 상징해 준다. 그는 우주를 탐사하러 외계로 나가지만, 과학적으로 또 위생학적으로 보호를 받아 우주와 실질적 접촉은 할 수가 없다.
　과학 기술을 통한 인간의 지배는 역설적이지만 인간을 노예화했다. 인간은 자기의 세계로 뛰어들었지만 또 거기서 후퇴했다. 에어컨 덕분에 우리는 한낮의 뜨거운 열기에 시달리지 않게 되었아, 내안에 하나님이 있다.

고, 방부제로 처리된 병원은 출생, 고통, 질병, 그리고 불가피한 죽음 등과 같은 수많은 인간 실재의 기적을 없애 버리던가 아니면 적어도 눈에 보이지 않게 만들었다. 오늘날 생산되는 수많은 상품에 대해 가장 많이 쓰이고 또 자랑스러운 듯 내세우는 구호의 하나는 그 상품들이 "사람의 손이 전혀 가지 않은 것"이라는 말이다. 인간의 손이 과거에는 아주 강력하고, 활발하고, 다양한 역할을 했고 또 건설적이었다. 그 손은 만지고, 쓰다듬고, 심고, 거두고, 바느질하고, 먹이고, 달래 주고, 운반하고, 보호하는 일을 했다. 그러나 오늘날의 인간의 손이 고작 한다는 일은 단추 누르기, 줄 잡아당기기, 스위치 켜기, 그리고 운전하는 일 정도에 불과하다.

이것은 이 세상을 상실하는 일이고, 자기 주변의 현실로부터 인간이 소외되는 것을 의미한다. 세상을 지배하는데 있어서 인간은 자신과 자기의 세계 사이에 전적으로 효과적인 기술의 장벽을 쌓아 놓았다. 인간이 만들어낸 기계들은 인간을 생명 그 자체와 분리시켰다. 우주여행자, 과학자, 기술자, 냉방기, 또는 병원만이 이런 것은 아니다. 혼잡한 군중 속을 걸어가는 젊은이가 이어폰을 귀에 꽂고 워크맨에서 자기가 좋아하는 음악에 심취하면서 자기만의 독립된 세계에 몰두하는 일도 그것이다. 저녁식사에 모인 가족들이 텔레비전만 쳐다보는 일도 그것이다. 운동경기장에서 운집한 주변의 군중을 무시한 채 중계방송만 이어폰으로 듣는 스포츠팬도 그것이다. 현대인은 전자기계에 너무 익숙해 있으면서도 사실은 귀머거리인 셈이다. 타인의 필요와 고통에 귀를 막고, 시인과 철학자의 음성에 귀를 막고, 바람소리, 빗소리, 조잘거리는 시냇물 소리, 격량의 바다, 밤의 침묵에도 귀를 막고, 하늘과 땅에 가득한 영광의 하나님에게도 귀를 막고 있다.

인간이 자아를 의식하는 것이 주변 환경과 타인과의 관계를 통

3부. 오늘날의 세계

해서만 이루어진다고 할 때 이 세상으로부터의 소외가 궁극적으로는 자아로부터의 소외가 된다고 하는 것은 조금도 놀라운 일이 아니다. 자아로부터의 소외, 이것은 현대 인간의 가장 깊은 상처이며 또한 인간정신의 중심에 자리잡은 암이다. 이러한 소외에 대해 파스칼(Pascal, 팡세의 저자)은 인간이 자기 자신과도 화해하지 못하도록 하는 것, 방안에 혼자 들어앉아 있어도 불안해지게 만드는 것이라고 말한 적이 있다. 그러니까 현대인이 수면제를 엄청나게 많이 복용하고 있다는 사실은 조금도 놀라운 일이 못된다. 불면증의 고통은 우리가 자기 자신의 생각 그리고 자아와 홀로 씨름하지 않으면 안되기 때문에 증대된다. 세속화 도시의 시민은 새벽 5시에 혼자 길거리에 나가 만나게 될 쓸쓸한 거리 풍경을 견디지 못한다. 밤을 밝혀주던 불빛이 모두 사라지고 낮에 보이는 사람들은 아직 나타나지 않고 있다. 텔레비전이 제공하는 규격화된 애정 스토리와 잡다한 오락프로도 즐길 시간이 아니다. 이야기 상대도 없고 해야 할 일도 없으며 사고 팔고 하는 일도 없다. 자기 하나뿐이다. 그의 생각과 느낌에서 그를 분리시켜 주는 것도 없고 그와 그의 자아 사이에 완충지대도 없다. 기술도시의 순환기구가 잠시나마 일체 정지해 있다. 이러한 고독이 생존을 위해 훌륭한 테스트이며 재미있는 경험이라고 한다. 만일 여러분이 새벽녘의 시간에 여러분의 자아를 잘 견디어낼 수 있다고 한다면 나머지 시간은 문제도 되지 않는다.

에릭 죠세프슨과 메리 죠세프슨은 『인간 홀로』라는 제목으로 소외된 자들의 글을 편집하여 책을 낸 일이 있다. 죠세프슨은 서문에서 인간은 그가 자기 운명을 형성할 수 있고 우주의 비밀을 파헤치기 시작하는 하나의 개인으로 등장하는 바로 그 순간에 현실적인 문제들과 새로운 위협에 직면하게 되었다고 말한다. 인간아, 내안에 하나님이 있다.

은 그러한 순간부터 거대한 기계를 무수히 생산하고 거대한 도시를 건설하기 시작했다. 동시에 그는 자연계의 견실한 진행, 계절의 완만한 리듬, 파종과 추수, 긴 겨울에 대비한 저장, 정신과 육체를 형성해 주는 비옥한 들판을 조용한 만족감으로 응시하는 일 등을 경험하지 못하게 되었다. 산업혁명의 난폭한 힘 때문에 과거의 사물에게 가치를 부여해 주던 낡은 저울이 모두 파괴되었다. 인간중심의 사고체계는 대량생산의 조립대위에서 조금씩 조금씩 무너지기 시작했다.

이러한 산업혁명의 여파로 인간은 그 속도가 완만하기는 해도 하여간 자기의 기술과 지식을 인류의 발전, 그리고 타인의 기술, 지식, 노력과 관련시키는 능력을 조금씩 상실해 왔다. 인간은 자기의 업적과 인격을 스스로 평가절하 했다. 자기 생명 자체의 의미와 중요성에 대한 자신감도 상실했다. 일단 인간으로부터 내적인 가치와 헌신의욕도 일체 없어져 버렸다. 세상은 외부 장식, 신분의 상징 그리고 게임에 불과하게 된다. 그리고 이러한 장식 등은 옷깃에 꽂은 꽃처럼 금새 시들어 버린다. 인간은 사는 이유와 죽는 이유뿐만 아니라 일체의 자기만족과 자아에 대한 의식조차 상실하게 된다.

산업혁명으로 시작된 기술시대에 있어서는 한 인간 또는 다수의 인간이 기계로 대치되는 일이 자주 일어난다. 해고되는 근로자와 그의 가족에 관련한 경제적인 문제를 제외한다 해도 기계에 대한 대치는 인간의 자존심, 보람과 가치의식을 파괴한다. 기술은 심리적으로 파탄된 정신 세계로 인간을 조금씩 밀어 넣고 있다.

오늘날 세속화 도시 한가운데서 우리는 불가피한 것들의 파도와 싸우는 인간의 모습을 보고 있다. 인간이 건설한 거대한 세상이 이제는 인간을 잡아먹고 있다. 세속화 시대는 그 특징이 지식

3부. 오늘날의 세계

과 기술획득이 더욱 가속되는 것뿐만 아니라 더 크고 더 좋은 조직, 자본통제계획, 시장개척노력, 광고, 연구계획, 실험실들, 더 빠른 인터넷 등 더 크고 더 좋은 것을 향한 지속적인 경쟁요구에도 있다. 작은 것은 소멸하기 때문에 가장 큰 것만이 남는다. 그래서 세속화 도시의 계율은 "확장하라 아니면 소멸하라"라고 하는 것이 된다. 기술도시에서 세력과 명성을 다투는 것은 이미 개개인이 아니라 조직이다. 한때는 인격적이고 개인적이었던 도덕적 선택 중 그 대부분이 이제는 회사 또는 조직 구조의 측면에 한해서만 이루어질 수가 있다. 개인은 구조조정이라는 시대의 흐름을 통해 권력을 박탈당하여 그가 속한 사회의 정책결정에 중요한 영향을 미칠 수가 없게 되었다.

이렇게 개인적인 참여의 길이 막히게 되자 인간은 주변 여건에 대해 싫증을 느끼게 되었다. 만일 삶이란 것이 재앙에 부딪쳐야만 해소되는 그런 권태로부터 벗어나기 위해서라면 개인적인 자극과 창의력을 회복하는 어떤 수단이 강구되지 않으면 안 된다고 일찍이 버트란드 러셀(Bertrand Russell)이 말한바 있다. 러셀은 삶의 최종적 가치는 사회 전체 속에서가 아니라 사회를 구성하는 개개인 속에서 찾아야 한다고 주장한다. 러셀의 주장이 옳다고 한다면 (사실 그의 말에는 타당성이 있다) 오늘날의 젊은이들이 의미를 발견하고 희망을 발견하기 위해서는 어떤 가능성이 남아 있겠는가?

사람들은, 조상들이 그토록 열렬하게 건설하려고 했던 현대 기술도시의 "경제기적", 시민사회의 유토피아 속에 갇혀 있다는 자의식을 가지고 있다. 현대 복지국가는 개인적인 이상주의를 조금도 허용하지 않으며, 일체의 꿈과 자아 확립의 시도를 묵살해 버린다. 거기서는 중년층의 심리적 불안이 사회보장제도를 통하여

아, 내안에 하나님이 있다.

해소되지만 그와 반면에 젊은 세대의 창조적 에너지가 맥을 못 춘다. 결과적으로 대다수의 젊은 세대는 미국의 민주주의가 하나의 위선이며, 권력구조가 그 자체의 즐거움, 흥미, 이익을 위해 벌이는 게임에 불과하다고 본다. 사람들은 아무 것도 할 수 없는 자기의 무능력에 대해서 분노를 느낀다. 오늘날의 인간사회에서 가장 심각한 문제인 자기소외는 바로 이러한 분노에서 나오는 것이다.

양식 있는 심리학자라면 누구나 주장하는 바와 같이 한 개인이 만일 자기의 무능력과 무가치에 대해 눈을 뜨게 되면 자연히 자아소외와 자아증오의 감정을 품게 된다. 자아 소외된 인간은 자기 자신뿐 아니라 이 세상에 대해서도 이방인이 되며, 이러한 상태에서는 자아증오가 뿌리를 내리게 된다. 그는 자기자신이 아무 쓸모 없다는 사실과 무가치성뿐 아니라 자기자신조차도 경멸하게 된다. 또 자아증오의 다음 단계, 거의 자동적으로 이어지는 단계는 타인에 대한 증오, 특히 자기에게 왜소감을 심어준 제도와 기존체제에 대한 증오이다. 사람은 커다란 그릇과 같아서 뭐든지 거기 가득 차게 되면 그릇은 넘치고 내용물은 다른 데로 흘러가게 되는 것이다.

자아소외의 위협은 시커먼 비구름처럼 세속화 도시 위를 뒤덮고 있다. 무대의 비극적 주인공은 인간자신이다. 파괴력이 강한 불행이 그의 육체와 정신을 잠식한다. 정확한 소외의 의미는 정의 내리기가 어려우며, 서술하기는 비교적 쉽다. 최근 10년 동안 이 소외현상을 연구해온 사회학자 멜빈 시이먼은 소외된 인간의 특징이 다음중 한 가지나 여러 가지가 된다고 주장한다.

3부. 오늘날의 세계

1. 개인적 무력성 :

　　나는 나의 삶에 대해 통제하지 못한다. 나의 미래는 내 힘으로 결정되는 게 아니다. 운명은 재수나 운수 또는 정부와 같은 외부세력에 달려 있다.

2. 무의미성 :

　　나의 삶은 모순 투성이고 도무지 알 수가 없는 것이다. 내가 하는 일은 아무 것도 의미가 없는 것 같다. 사회를 변경시키려 한다고 해도 나는 세상만사가 왜 그렇게 돼 가는지 모르겠다. 누군가 어디에서든지 해답을 가지고 있을 것이다.

3. 비정상적(자조적 성격) :

　　정상적 방법으로는 일이 안 된다. 살아가는 동안 어딘가 도달하고 싶다면 몇 구비 구비의 골목을 돌아가야 한다. 열심히 일한다고 해서 부자가 되거나 유명해지는 건 아니다(이러한 회의는 폭력, 윤리, 충실성 등에 관한 기준이나 인정된 행위 양식에 소극적인 개인의 언행, 또는 타인의 행동 동기와 방식에 대한 그의 전반적인 불신감에서 나타난다).

4. 문화적 소외 :

　　인생에 있어서는 돈보다도 더 중요한 것이 있다. 우리 사회에 가치의 우선 순위를 설정하는 사람은 그가 누구이든 지능지수 또는 그의 서적들을 검사해야 한다. 미국에서 성장해야 하는 아이들이 가련하다(이러한 소외는 자기가 속한 공동체의 목표와 가치를 무시하는 예술가 또는 혁명가의 소외의 대표적인 경우다).

5. 자아소외 :

　　나는 내 삶에 충실하지 못하다. 나는 내가 원하는 또는 되어야만 하는 그런 인물이 못된다. 나는 내가 하는 모든 일에 실제 관여하는 게 하나도 없다.
6. 사회적 고립 :
나는 외롭고, 추방당한 느낌이 강하다. 친구들을 좀 초대하고 싶은데 몇이나 올지 자신이 없다. 딴 사람이 나를 한 개인으로 정말 여겨 주는지 모르겠다.

시이먼 자신의 말을 빌리면 "소외는 이러한 몇 가지 유형의 태도에 그치는 것이 아니라 하나의 중대한 역사적 현상"이다. 현대문학을 들추어보면 수많은 소외의 묘사가 발견된다. 고 알베르 까뮤(A. Camus)는 그의 소설 『이방인』에서 마치 거미줄에 걸려 잡아먹히기를 기다리는 무기력한 파리처럼 삶의 테두리 안에 갇혀 꼼짝달싹 못하는 인간의 모습을 섬세하게 묘사하고 있다.

미국의 故 존. F. 케네디 대통령은 미국과 세계에 대한 자신의 희망을 피력하는 가운데 자기자신은 "우아함과 미를 두려워하지 않는 미국… 그리고 민주주의와 다양성뿐만 아니라 각 개인의 특성도 존중해 주는 세계"를 염원한다고 말한 적이 있다. 여기서 말하는 각 개인의 특성이야말로 기술도시가 포용할 여지가 없는 대상일 것이다.

전직 보건교육복지장관이며 카네기재단의 전직회장인 존 가드너(John Gardner)는 다음과 같이 말했다.

"우리 사회는 개인의 깊은 참여를 요청하지도 않고 또 그것을 수용하지도 않을 뿐 아니라 기묘하게도 이러한 개인의 참여를 방해한다. 아마도 우리 모두가 참가하고 있는 공동사업의 엄청난 규모와 그 복잡한 양상에 비하면 개인의 창의적 노력을 억압하는 일처럼 쉬운 게 없을 것이다. 특히 젊은 세대에 대해서 그러하지만 우리 사회의 거대하고 원활한 기구가 참으로 멋지게 움직이고 있는 듯이 보이는 바로 그 점 때문에 소외감은 더욱 심화된다. 사회기구가 순조롭게 돌아가는 걸 보면 소름이 끼칠 지경이다. 개인이란 어디에 소용이 있겠는가?… 젊은 세대가 무관심을 가장한 채 다른 이야깃거리를 찾아다니는 것은 조금도 이상하지가 않다".

개인적으로 쓸모 없는 인간이라는 의식과 무가치하다는 의식에서부터 감정적으로 발생하는 인간의 소외는, 기술사회가 개인에게 각 개인의 특성의 의미와 기회를 부여해 주지 못하는데 따라서 증대된다. 하비 콕스(Harvey Cox)는 기술도시의 상징은 "클로버 잎"이며 거기 사는 주민들의 주요 특징은 "이동성"이라고 주장한다. 개인이 콘크리트의 기하학을 따라 초스피드로 움직이면서도 깊은 뿌리를 내려 영양을 섭취하고 개인적 성취감과 가치를 개발하는 일이 바로 생존의 문제인데 이 콘크리트의 기하학은 인간화물을 마천루 도시들 안으로, 그 주변으로 또는 그 도시를 통과하여 이리저리 이동시키면서 미국 전역으로 끌고 다니고 있다. 개성은 제도적 위기의 제단에 바쳐진 희생물이 되고 만다.

## 주체성의 부재

에릭·H·에릭슨(Erik H. Erikson)은 대학에 다닌 일이 없는 세계적으로 유명한 행태학자인데 그는 2차대전 기간중 포격에 충격을 받고 방향감각을 잃은 군인, 개인적인 동일성과 역사적 계속성을 상실한 군인에 관해 딱 들어맞는 말을 만들어냈다. 그는 이 살아 있는 전쟁 피해자들이 "주체성의 위기"때문에 시달리고 있다고 말했다. 에릭슨과 다른 학자들이 그 후에도 사용했지만 그 결과 주체의식 또는 주체성의 결핍은 "나는 누구인가?", "나 자신과 나의 삶의 가치는 무엇인가?", "나의 삶은 타인을 위해 어떤 가치가 있나?"라는 질문에 대해 답하는 과정에 나타난다. 이 질문들에 대한 확고하고 일관성 있게 의미 있는 대답을 하는 것은, 에릭슨에 따르면 인생의 기본적인 도전이며 충족한 인간의 삶을 향하는 첫걸음이 된다.

주체성에 대한 인식은 각자가 가정 내에서 차지하는 위치와 관련이 있다고 오늘날 대부분의 심리학자들이 수긍한다. 예를 들면 첫째 아이가 지식면에서 뛰어나려고 작정하면, 둘째 아이는 운동선수가 되는데서 개성과 주체성을 추구하려 한다. 셋째 아이는 이 두 가지 분야가 이미 선정되어 있으므로 만담가가 되기로 작정한다. 만일에 어떤 자녀가 자기에게는 개성을 발휘할 수 있는 재능이 없다고 느끼는 경우 소위 "소극적"인 주체성을 추구할 것이다. 그는 불량 소년이 되거나 또는 집안의 "잃어버린 양"이 된다. 소극적 주체성은 부정적인 "자아의 이미지"를 나타내 준다. 어느 젊은이나 아이가 자기 자신에 대해서 스스로 너무 과소 평가하기 때문에 적극적인 요구사항들을 도저히 충족시킬 수 없다고 판단하는 경우 그는 어떤 사고를 일으킴으로써 주체성을 찾으려 할 것이다. 그는 참 "착한 아이"인데 남들이 몰라주고 인정해 주지 않았다고 누가 얘기해 주기라도 하면 질색을 한다. 만일에 그의 주체성의 원천이 "나쁜 아이"로서의 평판밖에 없다고 한다면 그 아이는 나쁜 아이가 되는 길로 계속 갈 것이다.

주체성의 본질적 조건은 내가 생각하는 나와 타인이 내게 재투사해 주는 나 사이에 동일성과 연속성이 있어야만 한다는 것이다. 내가 나 자신에 대해 가지고 있는 이미지는 나에 대한 타인의

3부. 오늘날의 세계

반응에 의해서 확인되어야 한다. 주체성을 추구하는 사람에게 그가 전적으로 나쁜 사람이라고 말해 주는 것이 유해한 것이라면 역설적으로 그가 전적으로 선한 사람이라고 말해 주는 것도 파괴적인 결과를 낳는다. 우리는 자신의 취약성을 잘 인식하고 있기 때문에 기초가 불안정하다. 어느 누가 우리에게 우리 자신이 전적으로 악하다거나 전적으로 선하다고 말해 준다면 그 두 가지 경우 모두 우리의 내적인 자아 인식과 반사된 자아의 이미지 사이에는 동일성과 연속성이 사라져 버리고 만다. "성인아동" 또는 "문제아"의 어느 경우에 비유된다고 해도 우리는 우리 자신이 거기 맞는 인간이 될 수가 없다는 것을 알고 있다.

주체성의 모색이 정말로 일생을 두고 꾸준히 이루어지지 않으면 안 되는 것인 반면에, 성장추구 과정에서 흔히 모호한 감정 상태를 경험하는 젊은 세대에게는 이 주체성의 모색이 대단히 고통스럽고 복잡한 문제이다. 젊은이들은 복합적인 정서 가운데 어느 것이 정말 자기 자신의 감정인지 잘 모르고 있는데도, 어른들은 그들에게 결단을 촉구함으로써 내면적 갈등을 악화시킨다. 또한 젊은 세대는 자기에 대해 타인들이 가지고 있는 공적 이미지가 설사 내면적인 자아의 이미지와 일치하지 않는다 하더라도 그 공적 이미지를 그대로 받아들이려고 하는 수가 많다. 젊은 세대의 주체성 추구라는 문제가 복잡해지는 이유도 바로 여기 있다.

운동선수로서 박수갈채와 인정을 받는 소년, 또는 미모에 대해 사방에서 칭찬을 듣는 소녀의 경우, 이들은 운동 선수 또는 미인이라는 외부적인 이미지를 그대로 받아들이려 할 위험이 있다. 이들은 나이가 듦에 따라서 상처를 입게 된다. 운동선수와 미인은 일반적으로 자기의 외모는 정성 들여 가꾸지만 내면은 신경 쓰지 않는다. 그리고 35세가 지나면 그것으로 그들의 인생도가 끝나 버리는 게 보통이다. 이러한 타협의 유혹에 젊은 세대가 쉽게 넘어가는 이유는 아마도 성년기에 있어서 기초적인 공포가 배척, 조소, 그리고 무시당하는 일이 있기 때문일 것이다. 젊은이들은 일반적으로 너무나 빨리 "어떠한" 형태의 인정과 각광이든지 거기 쉽게 빠져 버린다.

성년기의 타협의 위험은 정도의 차이는 있을지 몰라도 기술도시에 사는 우리에게 모두 해당된다. 우리는 단 한가지 능력, 외모 또는 업적에 대해서라도 인정받고 자기를 내세우고 싶어 안달을 한다. 이것은 물론 모든 사람에게 적용되는 이야기가 아니지만 오늘날 한 개인이 인정을 받는 일이란 좀처럼 쉽게 이루어지는 게 아니다. 우리는 지방의 볼링대회 우승자, 모든 여성의 선망의 대상이 되는 남자, 의상을 가장 잘 차려입은 여인, 제너럴모터(GM)의 사장과 악수해볼 인물이 되려고 한다. 이런 건 별건 아니지만, 요즈음 다른 건 또 뭐 신통한 게 있는가?

주체성의 본질적인 조건이 결여되어 있을 때, 말하자면 내가 생각하는 나와 타인이 인식하는 나 사이에 동일성과 연속성이 없을 때 나는 배우가 되고 이 세상은 무대가 되며 인생은 끊임없이 이어지는 수수께끼가 된다. 이러한 배우의 인생에 대해 단 한가지 확실한 것은 있다. 자기 주체성과 가치에 대한 감각은 있을 수 없다는 것이다.

앞에서 말한 내용은 아마도 직업 배우의 주체성에서 잘 집약되어 나타날 수 있을 것이다. 그는 외롭게 극장으로 간다. 햄릿이 된다. 16세기 덴마크 왕자의 의상으로 갈아입는다. 얼굴은 분장기술자의 손에 맡기고 자기의 말은 천재적인 셰익스피어(William Shakespeare)의 말에 맞춘다. 무대 한가운데 나가 찬사를 발하는 관객들 앞에 선다. 왕자의 위엄은 자기 것이 아니다. 의상도, 표정

### 3부. 오늘날의 세계

도, 대사도 자기의 것이 아니다. 그러면서도 그는 "사느냐 죽느냐"를 읊조린다. 끝나면 박수, 인정, 보상이 온다.

사진촬영과 파티가 끝나고 그는 쓸쓸하게 집으로 돌아간다. 그를 알아보는 사람은 하나도 없다. 그는 멍청한 시선을 하고 앉아서, 그가 흉내냈던 감정의 기복을 재생하고, 박수갈채로 인정받던 일을 회상한다. 선망의 눈초리로 응시하던 사람들, 그의 팬들은 그가 햄릿 자신처럼 이중성격으로 찢겨진 인간이라고는 꿈도 꾸지 않는다. 그는 실제로 자기가 아닌 다른 존재가 됨으로서 그 자신에 대한 인정과 타인의 인식을 모두 획득하였다. 그는 다음날 밤에도 무대에 서서 연기하기를 갈망한다. 또 다시 햄릿이 되고, 또 다시 인정받고 다시 한번 뜨거운 조명을 느끼고 박수갈채를 듣기 위하여…. 이 모든 것은 실제로 자기가 아닌 다른 존재가 되는데 대한 것이다.

우리의 기술사회의 수많은 낙오자들은 살아있는 동안 타인에게 장애가 되고 있는데 이들은 배우처럼 제 1막에서 자의반 타의반 주저앉으려 하기 때문에 주체성을 상실했다. 우리는 모두가 불안, 죄의식, 열등감, 컴플렉스 등 몇 가지 유아기의 상처를 간직한 채 성년기에 이른다. 우리는 자신의 과거 감정과 역사를 수없이 무의식 속에 처박아 두었는데 이런 것들은 삶 밑에 깊숙이 묻힌 실처럼 무의식적 정신세계 속에서 곪는다. 우리는 통증이 오는 부분의 주위에 모든 종류의 방어망을 치고, 고통이 표면으로 나오지 못하게 하려고 가면에 칠을 새로이 한다. 우리의 "게임"관습이 뿌리박으면 우리 자신이 우리를 전혀 못 알아보게 되고 또 타인도 우리를 알지 못하게 되는 때가 온다. 우리는 주체성과 타인과의 상호관계를 추구하는데서 완전히 이탈해 버렸다. 인간의 삶의 충족을 기만했다. 이것은 비주체성의 비극이다.

아, 내안에 하나님이 있다.

## 개성상실 : 실존적 진공

사람에 따라 주장이 다르겠지만 현재의 기술시대는 완전하게 개성을 상실한 시대는 아니다. 그러나 개성상실의 사회에 있어서 개인적인 측면은 "사업-시장조작-판매"라는 구조에만 남아 있다. 이 구조는 인간정신을 현금 계산기로 둔갑시키기는 해도 사람들을 경제라는 단일명분으로 결합시킨다. 업종별 조합 조직, 회사는 어디든지 있다. 개인적 관계를 갖고 싶어하는 내심의 갈증은, "행복한 시절이 다시 찾아 왔다"는 식의 상투어와 피상적인 대화나 나누는 클럽, 친선단체, 모임에서 완화된다. 이것은 죽기 아니면 살기 식의 경쟁, 범죄보도, 인종간 긴장, 신뢰도 격차, 빈곤, 마약, 그리고 격증하는 정신적, 정서적 질환의 발생 등을 잠시 웃어 잊어버리는데 불과하다. 뭐든지 돈으로 살 수 있다는 신념에 친숙해진 이 광증시대의 인간은 정신분석 코치, 감수성, 강좌, T 그룹으로 몰려가서는 돈을 내고, 타인에게 자기 얘기를 들어달라고 사정하며, 자기를 잃어버린 정신, 잃어버린 주체성, 잃어버린 자아를 회복시켜 달라고 애걸한다.

하늘을 소리, 빛, 스모그로 가득 채우기는 하지만 인간의 정신은 조금도 가득 차게 만들지 못하는 풍요한 물질의 시대에 살면서도, 인간이 자기 내부에 이토록 고통스런 진공상태를 느낀다는 것은 역설적이다. 세속화의 항목에서 우리는 기술사회 모든 전제에 대해 질문을 던지고 다양한 견해가 존재하는 세계를 만들어내는 것이 기술사회의 경향이라고 말한 바 있다. 또 우리는 인간이 방법론적이고 보편적인 회의를 품고는 오랫동안 평온하게 지낼 수가

### 3부. 오늘날의 세계

없게 되어 있다는 점도 고찰했다. 인간의 안전과 인격의 소유는 어떤 확실성들 위에 그 기초를 두지 않으면 안 된다. 모든 전제에 대해 질문하고 모든 지식을 감정적인 것으로 보는 세속화 도시의 방법론이 과학발전에는 도움이 되었다고 하지만, 인간의 삶을 살찌게 해주는 인간의 확실성의 뿌리를 갉아먹어 버렸다.

확실성의 결여와 다원주의의 존재는 사람들 가운데에 가치부재를 야기시키는 경향이 있다. 어떠한 가치체계이든지 널리 수긍된 확실성에 기초를 두어야 한다. 그런데 극단적인 회의주의는 이러한 가치체계의 일부 또는 전부를 파괴한다. 확실성에 대한 합의가 없는 사회는 천사들조차 여행하기 꺼리는 땅이다. 지금은 텔레비전 대담(對談)쇼와 단체 토론의 시대가 되어, 이러한 프로그램에서는 참가자들이 타인의 의견은 물론 기본가치 체계까지 서로 부정한다. 얼마 전에는 여배우 수잔 스트라스버그, 풍자적인 희극배우 빅터 보르쥐, 그리고 우스꽝스러운 희극배우 패트 해링톤이 텔레비전 대담 프로그램에 출연했다. 여배우 스타니 슬라브스키 풍으로 어린아이들의 천진난만을 주장함으로서 인간은 본질적으로 선하다고 선언했다. 우리가 아이들의 가치체계를 혼란시키고, 그들에게 이기주의, 탐욕, 부정직을 가르쳐 준데 대해서 여배우는 여류전체의 이름으로 참회하는 장면도 보여 주었다. 풍자적인 희극배우는 "어린아이들을 미워하는 사람이라고 철두철미 악한 사람은 아니다"라는 W·C·필즈의 시 구절을 아주 엄숙하게 인용하면서, 여배우가 얘기하는 것들을 즉석에서 웃음거리로 만들었다. 그는 "아이들이란 잘 요리돼야 내가 좋아하지"하는 필즈식 자세를 취하기도 했다. 여배우와 풍자가가 서로 열심히 공방전을 벌이면 다른 희극배우는 청중의 반응을 듣는 척 능청을 가끔씩 떨면서 공방전이 너무 격화되는 일이 없도록 열기를 식히려고 했다.

아, 내안에 하나님이 있다.

　위에 말한 프로그램은 아마도 심각하거나 기억할 만한 것이 못 될지도 모른다. 그러나 그 프로그램은 이 시대의 긴장, 확실과 회의 사이의 긴장을 가장 잘 나타내 주고 있는지도 모른다. 우리는 대부분이 우스꽝스런 희극배우처럼 딜레마라는 것이 실제로 우리 코앞에 다가와 있는 건 아니라고 허세를 부리며 그냥 웃어넘기려 한다. 세속적 사회에서 개인적인 확신을 가지면, 그게 무슨 문제가 되느냐고 허세를 부리는 사람들의 조소를 받게 뻔하다. 최저한도의 평화의 조건으로써 모든 사람이 아무 것도 믿지 않기로 합의한 그런 사회는 흔들리게 마련이다.

　절대적인 것에 대한 어떤 믿음, 인간의 삶에 대한 어떤 확실성이 없다면 평화로운 죽음은 고사하고라도 삶을 지탱해 줄 가치가 하나도 남아 있지 못하게 되고 만다. 과학적 회의주의 원리를 보편적인 것으로 인정하고, 의심할 여지가 조금도 없는 진리란 존재하지 않는다고 우리 모두가 수긍하면, 참으로 옳은 것도 없고 참으로 그른 것도 없다고 인정한다면 우리 가운데 아무도 확신에 찬 헌신을 할 수가 없다. 사는 이유도, 죽는 이유도 없게 된다. 보편적 회의론이 일단 발생한 뒤에는 그것을 억제한다는 건 불가능하다. 비엔나학파 정신분석학자인 빅토르 플랭클이 자신의 정신요법 이론에서 주장한 바와 같이 인간의 가장 절박한 욕구는 삶의 어떤 의미를 발견해내는 것인데 이 의미는 확실성과 확신 위에서만 성립할 수 있다. 개인의 와해와 비인격화는 결국 그가 가진 절대적인 것, 확실성, 헌신을 와해, 부정하고 만다. "최선의 시대이자 최악의 시대"인 현대에 있어서 인간의 가슴 속 깊은 곳에는 이런 문제들이 도사리고 있다.

　세속화 과정에서 수반되는 전문화는 인간의 능력발휘와 안락획득의 분야를 더욱 좁혀 준다. 광범위한 지역사회 봉사체제, 지

### 3부. 오늘날의 세계

식과 기술의 엄청난 축적을 한 개인으로서는 도저히 소화할 수가 없다. 한 개인이 자기의 삶을 종합적으로 또는 전반적으로 파악함으로써 완벽한 개성을 성취하는 일이란 날이 갈수록 더욱 더 곤란해진다. 우주적 차원에서 사물을 파악하기란 개인 능력범위 밖이다. 여기에서 비인간화, 비인격화의 고립이 치명적인 세균처럼 인간에게 침입해 들어온다. 모든 새로운 지식에도 불구하고 삶은 너무나 복합적인 것이기 때문에 인간이 그 실체를 알 수가 없다. 만일 인생에 있어서 매일 필요한 양식이 "의미"라면, 개인이 사회와 세계 전체에 적응하는 방식이라면, 타인과 관계를 맺는 방법이라면, 가치 있는 일을 하는 바로 그 행위라고 한다면, 우리는 대부분이 오래된 기아에 시달리고 있는 셈이다.

물론 다원화 사회는 각종 전반적 견해의 존재를 허용한다. 중국식 또는 러시아식의 마르크스주의, 정통파 또는 개혁파의 유태교, 카톨릭, 정교, 프로테스탄트 각파의 기독교가 있다. 무정부주의, 무신론적 휴머니즘, 진화론적 상대주의, 선불교, 천태종불교, 원불교도 있다. 또는 세속화 도시에 정신요법이 종교와 비슷한 지위를 차지하게 되었으므로 사람들은 정신요법의 여러 가지 형태 가운데 한가지를 선택한다. 위에 열거한 모든 것은 그렇지 않아도 혼란을 느끼고 있는 평범한 인간에게 도움을 주기는커녕 혼란만 가중시키는 경우가 보통이다. 이성적 선택기준에 의해서 어느 한가지를 받아들이기 위해서는 각 견해를 철두철미 연구해야만 한다. 이러한 연구는 엄청난 과제이며, 날이 갈수록 연구에 바칠 시간이 줄어드는 인간에게 있어서 그것은 더욱 불가능한 과제가 된다.

그렇지만 어떤 전체적인 인생관, 개인존재에 관한 어떤 종합적인 견해가 없다면, 아무도 인생의 깊은 의미를 발견할 수 없고 자신의 개인적 의미와 특성을 믿을 수가 없다. 어떤 인생관이든지 아, 내안에 하나님이 있다.

확립하지 못한 사람은 자기가 이 세상에 등장하고 퇴장하는 참된 이유를 깨닫지도 못한 채 사라져 버린다. 그의 삶은 구슬에 꿰어 놓은 실과 같아서, 모든 사물, 행위, 그리고 그의 삶에 등장하는 사람들은 한 올의 실에 꿰어져 있지만 일치 또는 합치상태로 융해되지 못한다. 삶은 일관된 의미를 가지지 못하는 수레바퀴에 불과하게 된다.

프랭클이 말하는 바와 같이 이 실존적 진공에서는 인간의 삶은 의미를 갖지 못하고 와해되고 비인격화된다. 이러한 진공 속에서 인간은 "자극", 정체적 실존의 정체된 수면 위에 찰나적인 파문을 추구하기 시작한다. 그는 무의미한 언어, 무의미한 일, 무의미한 동작의 악순환에서 벗어나려고 탈출구를 찾는다. 세상을 정지시키고 떠나 버리려고 할 수도 있다. 그는 절망 끝에 마약의 화학적 낙원세계 또는 알코올의 안개 속으로 들어가 방황하게 될지도 모른다. 위험을 초래할 의도 없이 그저 진탕 먹고 마시는 일 정도로 생각하면서 말이다. 다른 것은 모두가 인위적이고, 억지로 하는 것이며 쓸모 없는 것이 되고 만다. 위압적이고 광대한 세계와 의미 깊게 소통하기 위한 노력은 마치 공허한 인생길에서 빈깡통을 발로 차는 것처럼 보인다.

## 젊음 : 최후의 파멸에서의 희망

젊음은 항상 인간 조건의 확성기이며 우리 모두가 느끼는 바를 행동에 옮기고, 우리 모두가 이미 체념해 버린 것을 부르짖는다. 우리가 이미 논의해 온 세계, "초대형 폭탄"의 무시무시한 그림자

### 3부. 오늘날의 세계

에 뒤덮인 삶의 현장에서 오늘날의 젊은 세대가 형성되었다. 이 세상이 원자 전쟁으로 갑자기 찬란한 불기둥 속에서 종말을 맞게 되는 날 인간의 생존율은 2% 밖에 안 된다고 학자들이 말하고 있다. 그런데 젊은 세대는, 라디오의 경계신호, 한 달에 한번씩 실시하는 민방위 연습에서의 지역별 위급 사이렌 소리를 들으면서 이 생존율 2%의 문제를 기억한다. 따라서 젊은 세대는 이러한 확률에도 불구하고 인간적 또는 종교적 전통의 탐구에 별로 열의를 보이지 않고, 장기적인 사명에 헌신하려고도 하지 않는다. 급격하게 변모하는 이 세상에 있어서 역사적 맥락이 젊은 세대에게 중요한 것이 될 수 없다. 그들은 새로운 현상, 변화, 격동의 세계에 그냥 부딪친다. 기성 세대는 사회제도, 문화적 가치, 그리고 시행되어 온 삶의 정형(定型)들이 소멸되는데 대해 경계심을 일으키지만 젊은 세대는 변화를 당연한 것으로 받아들인다. 젊은이들은 안일 무사한 "가진 자"와 저항하는 "못 가진 자"가 공존하는 이세계 속에서 초대형 폭탄뿐 아니라 항구적인 냉전체제에도 익숙해졌다.

비인간화된 사회의 일원이 되기를 거부하고 자기들끼리 뭉쳐서 인간적인 따뜻함을 추구하려고 함으로써 수많은 젊은이들이 자신들의 상처를 노출시켰다. 그들은 학업, 이상추구, 완고한 종교 그리고 "시끄러운 것들"과 같은 과거의 세계와 인연을 끊고 일반적으로 점성술, 관상, 선(禪), 부우두교, 환생, 최면, 마술 등으로 빠져 들어갔다. 젊은 세대는 "법과 질서"에 관한 모든 주장이 일종의 함정이라고 본다. 하여간 모든 법률은 이제 기성 사회를 건설했던 사람들의 손에서 떠났다. 그들의 손은 세속화 도시를 만들었고, 뇌물, 커미션과 리베이트, 정치적 혜택, 더러운 뒷거래 등 부패로 더럽혀져 있다. 젊은 세대에게는 법과 질서에 대한 헌신이 우

스꽝스러운 위선으로 보인다. 이제 그들은 더 이상 정치놀이에 관심을 가지지 않을 것이며 정치 코미디에 분노대신 웃음으로, 정치 종사자들에게는 무관심하게 될 것이다.

## 탈출시도

　소외되고 주체성을 찾지 못하고 비인격화된 인간에게 기대를 걸 수 있는 것이 무엇이든지 간에 그는 자신의 구제를 찾기 위해 일체의 외계를 떠나 "자기 내부"로 숨어 들어가려고 한다. 세속화 사회의 시민들에게는 명백하고 새로운 내부지향성이 있다. 실제로, 특히 젊은 세대에게는 이 새로운 내부지향성이 "내재적(內在的)인 것"으로 보인다. 외부에 있는 거대하고 복잡한 세계는 개인을 전혀 필요로 하지 않는 듯이 보이며 아마도 자기 개성에 집착하는 사람은 아무도 받아들이지 않을 것이다.

　외부세계는 험악한 경쟁, 조립대, 자료처리 그리고 대량 조작의 장소이다. 문제는 전자 공학적 황야로 들어갈 것이냐 아니면 자기 내부로 들어갈 것이냐에 달려 있다. 외부세계에서는 자기가 아무 쓸모도 없다는 것을 확실히 깨달은 인간이 갈 곳은 자기 내부밖에 없다. 외부 세계로 가면 그는 흡수되고 대량체제와 폭발적인 지식에 압도되고 만다. 그래서 내부로 들어가게 되면 자기와 타인으로부터 더욱 깊이 소외되고 만다. 이 단계에 이르면 분노 또는 폭력이 여러 가지 형태의 행동으로 분출된다.

　현대문학과 현대철학은 소위 "개인주의"정신으로 가득 차 있다. 개인주의는 다원주의처럼 그 정의가 쉽지 않다. 그것은 현대의 사

## 3부. 오늘날의 세계

고방식과 생활양식 전반에 걸쳐 침투한 일종의 인생철학이다. 개인주의는 그 자체로 가치가 있으며 요즈음과 같은 비인간화 시대에는 더욱 중요하다. 개인주의는 물질보다 인간의 가치를 우선시키며 타인들, 그리고 인간의 능력, 가치, 존엄성을 사랑하려는 인간의 개방적 의도를 강조한다. 비록 모든 올바른 이론에 대해서 여러 가지 반론이 제기될 수 있는 것이긴 해도, 진정한 개인주의에 대해서 논리적으로 이의를 제기하기는 어렵다. 수많은 세속화 도시의 사람들이 개인주의로 도피하려고 하는데 이 개인주의에는 다음과 같은 잘못된 형태가 있다. 즉 주관주의, 낭만주의 그리고 경험숭배가 그것이다.

주관주의는 인간의 사회적 측면을 무시하기 때문에 개인주의의 참된 속성을 왜곡시킨다. 타인에 대한 책임, 그리고 타인과의 관계를 떠나서는 인간이 인간으로서의 참된 존재를 가질 수 없다. 현대의 각종 주관주의의 변형은 "넌 네 일이나 해!"라는 구호가 잘 말해 준다. 약간 변덕스럽고 자기 중심적인 형태를 의미한다. 주관주의가 개인의 양심과의 관계에서 고찰되는 경우 각자는 스스로의 법이 되려 하며, 타인의 요구와 하나님의 요구조차 모조리 인정하지 않으려 든다. 주관주의는 복합적인 현실의 모습을 외로운 자아의 좁은 세계로 축소시킨다.

물론 주관주의자는 진리 그 자체가 아니라 "자기의" 진리를 말하며, 선과 악 자체가 아니라 "자기의" 선과 악을 이야기할 것이다. 주관주의자에게는 존재는 형성되는 것이며 진리란 취향의 문제이고, 인간에게 확실한 것은 하나도 없고 있다면 의견과 선택 대상들뿐이다. 진리는 여러분이 거주하고 있는 장소의 문제, 심리학적 분장술의 문제 그리고 여러분의 개인적 기호의 문제가 되려고 한다.

아, 내안에 하나님이 있다.

　진정한 의미의 주관주의에 관한 또 하나의 현대의 잘못된 형태는 현대 낭만주의이다. T·S 엘리어트(T. S Eliot)가 지적했듯이 인간은 때때로 지나친 현실을 견디어내지 못하거나 또는 필요한 어떤 일을 회피하려하기 때문에, 자기의 존재를 영원히 낭만적인 것으로 만들고 있다. 이오네스코의 관찰에 따르면 인간은 실생활을 항상 문학화하려고 노력한다. 소외라는 인간 조건에서 벗어나기 위해서 오늘날의 인간은 우정, 성, 결혼, 그리고 훌륭한 생활등을 낭만적인 것으로 만들려고 한다. 그는 갈등을 통한 성장을 겪지 않으려 한다. 낭만주의는 즉석 사랑과 목가적인 결혼을 주장하며, 흔히 타인의 육체를 잔혹하게 이용하고 학대하는 일조차 낭만적인 완곡한 표현을 써서 "사랑하는 일"이라고 부른다. 낭만주의로의 도피는, 타인의 필요와 요구 때문에 자주 요청되는 희생을 도외시한다. 일년 열두 달이 항상 봄철이며, 낭만화된 세계에서는 "사계절의 사나이"란 필요가 없게 된다.
　끝으로 개인주의의 왜곡된 형태는 "경험숭배"라고 하는 것이다. 이 주장의 전제는, 개인은 가능한 모든 일을 경험해야만 한다는 것이다. 경험이 많으면 많을수록 그의 삶은 더욱 풍부해지고, 그의 인격은 더욱 발전될 것이다. 하기야 경험의 가치나 경험적 지식의 실제를 부정할 사람은 아무도 없다. 반면에 인간의 모든 경험은 인간 내부에서 어떤 식으로든 여과되지 않으면 인간에게 단편적인 지식에 불과하다는 사실도 부정할 사람이 없다. 달리 말하자면 인간은 삶의 목표를 가지고 있어야 하며, 이렇게 자신이 설정한 목표 또는 목적에 맞추어 경험의 가치를 판단해야 한다.
　모든 가능한 경험에 자기를 개방하게 되면 내면적인 혼돈만 초래할 뿐이며 혼돈은 그를 파괴시킬 것이다. 진정한 남편이며 아버지가 되기로, 또 결혼 서약에 충실한 인간이 되기로 작정했으면서도 그가 만일 다른 여인이나 창녀들과 어울리는 경험을 하면 그러한 경험은 그의 영혼과 정신을 분열시킬 것이다. 만일 성장의 유일한 방법인 현실과의 접촉을 경험한다면 그 경험은 그의 인격적 성장에 커다란 장애가 될 것이다. 한 사람이 된다고 하는 것은, 자신의 목적과 연결되고 그 목적달성을 추진해 주는 가치체계들을 더욱 깊이 경험하기 위해서 어떤 부류의 경험은 포기하는 것의 포함한다. 우리가 되려고 하는 것을 일단 결정했다면 우리가 추구하는 경험에 대해 선별력을 적용하여 목표달성에 도움이 되는 경험은 선택하고, 우리를 무기력하게 만드는 것은 거부해야 한다.

현대사회에서는 진실한 개인주의의 그릇된 형태들이 범람하고 있다. 주관주의자들은, "네 일이나 하라"는 식에 따르지 않는 삶의 철학이라면 어떠한 것에 대해서든지 짜증을 낸다. 낭만주의자들은, 인간의 목표 달성에는 어려운 일과 고통이 따른다는 생각을 받아들이지 않는다. 경험주의자들은, 도덕규범에 따르고 악과 죄의 실존을 믿는 윤리라면 어떠한 것에 대해서든지 격렬하게 반발한다.

# 결 론

지금까지 말한 내용이 모두 여러분에게는 좀 벅찬 것인가? 여러분은 이 세상이 해결책도 없는 문제들로 가득 차 있다고 보는가? 인간은 짐만 잔뜩 지고 있다가 결국은 그 짐 밑에 깔려 버릴 것만 같다고 느끼는가? 이러한 생각을 가지고 있다고 해서 꺼릴아, 내안에 하나님이 있다.

건 없다. 그래야만 다른 사람들이 자신의 왜소함과 부적합성에 대한 두려움에 사로잡힐 때 어떻게 느끼는지를 여러분은 조금 알 것이다. 여러분은 그들이 경험하는 것과 똑같은 비인간화에 대한 느낌과 절망에 가까운 감정을 체험할 것이다. 여러분의 감정이입은 현대의 세속화 사회의 가장 큰 도전에 대해서 여러분도 한몫하게 만들 것이다. 그 도전이란 인간을 와해와 고립감에서 구제하는 일, 인간에게 자신의 존엄성과 가치에 대한 의식을 회복시켜 주는 일, 인간에게 독자성과 주체성의 여지를 마련해 주는 일, 인간에게 사는 이유와 죽는 이유를 부여하는 희망의 원천을 발견하는 일이 그것이다.

# 4부. 인간성 상실과 종교적 신앙

# 인간성 상실과 종교적 신앙

놀랍게도 기성종교가 이에 대해 별로 맥을 못 준다.
오늘날 기성종교의 설교를 들어보면
그 내용이 위에서 말한 세속적 관심거리에 집중되는 경향이 있다.
설교자들은 하나님이 없는 인간의 빈곤에 대해서는 거의 언급을 하지 않는다.
성공회 신학자 에릭 매스컬은 그의 저명한 저서 『기독교의 세속화』에서
"우리는 싸워보지도 않고 타락해 버렸다"고 탄식한다.

**이 장에**서는 현대의 인간상황과 종교적 신앙의 전통적 자세 사이의 갈등에 관해 서술하려 한다. 이 갈등을 검토하고 인간 내부에 쌓여 있는 몇 가지 혐오감을 있는 그대로 고찰하기로 하자. 현대인은 자신이 지닌 혐오감 때문에 신앙과 종교의 가치관을 정면으로 배척하지 않는다 해도 거기서 벗어나려고 한다.

신앙과 종교는 물론 동일한 것이 아니다. 신앙과 종교를 구별하는 일은 영혼과 육체를 구별하는 것과 비슷하다. 영혼은 마음, 의지 그리고 감각에 뿌리를 둔 보이지 않는 부분이다. 경험하는 육체는 이 영혼이 밖으로 표현된 것이다. 육체는 생각, 확신, 희망 또는 욕망이 행동화한 것이다. 이렇게 볼 때 신앙은 경험하는 영혼과 같다. 그것은 하나님과 인간 사이에 관계에 대한 내면적 승복이다. 반면에 종교는 육체와 같아서 이 내면적 승복이 밖으로 표현된 것이다.

아, 내안에 하나님이 있다.

하나님과 인간 사이의 관계에 대한 인식이 사람마다 제각기 조금씩 다르게 되는 것은 자연스럽다. 따라서 우리는 자신의 내면적 신앙체험에 상응하는 외부적 표현을 서로 달리하게 된다. 예수 그리스도가 하나님의 아들로서 이 세상에 사람이 되어 왔다고 믿는 우리는 신앙의 영적 체험을 표현하는데 있어서 기독교 계파 가운데 하나를 따르려할 것이다. 그러나 바로 이 기독교적인 전통이 근시안적인 현대인의 눈에는 가끔 가시처럼 보인다.

### 세속적 인간이 보는 신앙

세속화는 사후의 생명으로부터 지금의 생명으로, 앞으로 올 세계로부터 지금 여기 있는 세계로 초점과 현대인의 관심을 이동시켰다. 세속적 사고방식은 천국 어딘가에 있는 신이 이 세상과 자신의 운명에 대해 지는 인간의 책임에 초자연적으로 관여하는 걸 인정하지 않으려 한다. 하비 콕스(Harvey Cox)는 이것을 '실용주의적 사고방식'이라고 부른다. 이것은 최종 진리 문제에는 별로 관심이 없고 "그건 무슨 효과가 있을까?"라는 보다 실제적인 문제에 관심을 기울이게 한다. 이렇게 강조할 초점이 이동했다는 데에는 아무도 이의를 제기하지 못한다.

현세에 대한 관심의 증대는 날 때부터 기술도시에서 거주하고 있는 젊은 세대에게 특히 현저하다. 인간은 영원한 것보다도 일시적인 것에 더 큰 관심을 가지게 되었고, 니케아신경(信經)에서 말하는 "내세의 생명" 보다도 현세에서의 생명에 더욱 관심을 가진다. 평화, 인종문제에 관한 정의, 빈곤, 환경, 교육, 그리고 인구억제 등 현실적인 과제가 영원한 구원 자체보다도 현대인의 관심을 더욱 잡아끈다.

이 세속적 경향은 인간이 새로이 발휘하게 된 힘으로부터 특별한 자극을 받았다. 인간의 지식과 통제의 힘이 커지면 커질수록 그의 세계의 지평선이 자꾸만 작아진다. 그는 자연의 진행과정과 제반문제에 대해 새로운 지배방식을 알게 되었다. 자연의 진행과정에 대한 인간의 조종은 그 폭이 더욱 더 넓어지며, 인간은 이에 따라 대자연이 인간자신에게 봉사하도록 만든다. 한동안 인간을 속박했던 여러 가지 한계, 그리고 인간을 나약한 미신으로 몰아넣던 것들을 인간 자신의 창조적 에너지가 대폭적으로 소멸시켰다. 과거란 것은 이제 지혜와 전통의 보고가 될 수 없고, 오히려 인간이 영원히 결별해 버린, 다시는 돌아오지 않는 그런 빈방에 불과하다.

따라서 세속화 사회에서 종교적이 된다는 것은 제반 인간관계 즉 인종관계, 전쟁과 평화, 정부의 예산지출, 시민조직, 정치운동, 시민의 저항, 그리고 파업과 고(故) 소울 앨리스키의 기술 등에 대해서 관심을 가지고 또 상당히 진지하게 그런 문제를 다룬다는 것을 의미한다. 병역기피, 공개적 점령, 학원의 자유, 물과 공기의 오염, 그리고 소비자 보호문제 등도 종교 문제가 된다. 종교적 신앙은 인간자신에 대한 신앙이며, 세속적인 복음에 의하면 인간이 자기 일을 할 개인의 자유를 제한하는 것만이 유일한 이단이 된다.

놀랍게도 기성종교가 이에 대해 별로 맥을 못 춘다. 오늘날 기성종교의 설교를 들어보면 그 내용이 위에서 말한 세속적 관심거리에 집중되는 경향이 있다. 설교자들은 하나님이 없는 인간의 빈곤에 대해서는 거의 언급을 하지 않는다. 성공회 신학자 에릴 매스컬은 그의 저명한 저서 『기독교의 세속화』에서 "우리는 싸워보지도 않고 타락해 버렸다!"고 탄식한다.

## 종교에 대한 세속적 비난

인간이 최종목적에 대한 문제에 관심을 기울이지 않는 것은 단순히 현재의 이 세상일에 너무나도 분주하기 때문에 그런 것만은 아니다. 분명히 현대인은, 이 세상에 악이 존재하도록 내버려둔 하나님과 이러한 악을 근절시키려는 노력을 아주 등한히 하는 것처럼 보이는 크리스천들에 대한 반감을 무의식 속에서라도 실제 가지고 있다. 신의 죽음을 최초로 선언한 철학자 니체는 이렇게 질문했다. "크리스천들은 우리가 그들의 구세주를 믿기를 원한다면서 왜 그들 자신은 좀 더 구원받은 자처럼 보이지 않는가?"

역사적으로 종교가 지나치게 저 세상에 관한 것이었다는 점이 바로 세속적 인간이 근본적으로 종교 신앙에 대해 제기하는 논점이다. 세속적 인간의 눈에는 종교가 사후의 생명, 저승, 그리고 피안의 시간에 더 큰 관심을 가지고 있는 것으로 보인다. 종교인들은 사회문제에 별로 관심을 나타내지 않는다. 성경과 크리스천 기도서를 조사해보면 이 의심이 더 굳어진다. 사도바울은 "우리의 참된 집은 하늘나라에 있습니다"라고 기록했다. 카톨릭의 미사경본에는 한때 이런 기도문이 적혀 있었다. "우리로 하여금 이 세상의 모든 것을 가볍게 여기고 하늘 나라의 모든 것을 사랑하게 하소서."

역사적으로 기독교는 분명히 때를 기다리는 자세를 견지해 왔

4부. 인간성 상실과 종교적 신앙

다. 세속적 인간에게는 이것이 치명적인 손해다. 세속적 인간은 죽을 때 하늘에서 얻을 떡을 원하는 게 아니라 지금 여기 이 세상에서의 행동과 그 결과를 원하는 것이다.

세속적인 가치기준에서 보면 신앙과 종교의 세계는 미신적인 초자연주의에 의해 왜곡되어 있는 것처럼 보인다. 불켜진 일곱 개의 촛불, 성수(聖水), 메달, 십자가 목걸이, 마술적 효험이 어느 정도 있다고 여겨지는 묵주에 대한 경멸뿐이 아니다. 이미 알려진 이런 과장과 왜곡을 떠나서라도 세속적 인간의 시선은 종교적 신앙의 핵심에까지 도달한다. 세속주의자가 보기에는, 이러한 신앙이 인간의 삶을 인간 자신의 관심대상이 아니라 하나님의 관심대상으로 파악한다는 것이다. 지그문트 프로이드(Sigmund Freud)는 『환상의 미래』라는 책에서 신앙은 희망적인 생각이며 따라서 환상이라고 말한다.

성공회의 "우울한 주교"라고 불리던 인지주교조차 "종교가 성공하는 것은 그것이 진실이기 때문에서가 아니라 신도들에게 만족을 주기 때문이다"라고 말한 적이 있다. 의심나는 것을 억제하려고 할 필요는 없다. 물 속에 든 나무토막은 수면에 떠오르게 되어 있다. 억압된 질문은 다시 제기될 확률이 아주 크다. 신앙자체가 현실로부터의 단순한 도피라는 오래된 그리고 고통스러운 의혹을 오늘날의 세속적 정신풍토가 다시 일으켜 놓았다. 한때 오래된 다음과 같은 성가가 크리스천들에게 확신을 주기도 했다.

"어떠한 일이 일어나든 실망하지 말라
하나님이 그대를 보살피리라
사랑의 날개 밑에 몸을 맡겨라
하나님이 그대를 보살피리라"

### 아, 내안에 하나님이 있다.

　사람에게는 어떤 형태로든 도피 또는 위안이 필요할 때가 많다. 죽은 자녀 때문에 비탄에 잠겨 있는 부모, 사별한 배우자와 다시 만나기를 갈구하는 고독한 남편 또는 아내는 언젠가 우리가 모두 사랑하는 아버지의 집에서 다시 만나, "인간의 눈으로도 보지 못했고 귀로도 듣지 못했으며, 상상할 수도 없는" 행복을 함께 나눌 것이라고 "믿으려" 할 것은 당연하다.
　그러나 스스로 종교인이라고 자처하는 사람들이 종교를 고립된 생활영역, 현실적응의 곤란으로부터 도피하는 장소로 삼는 일이 너무 흔하다. 세속적인 견지에서 보면, 종교인들이 실제적인 삶에서 도피하는 곳이 교회이고, 교회에서 그들은 스스로 구원받은 선민으로 자처하며 따라서 그들은 인류를 위해 봉사하는 하나님의 백성이 아니라 오히려 인류로부터 분리되어 잠적해 버린 사람들처럼 보인다.
　현대의 훌륭한 시인 한 사람이 '예수께서 구원하신다'는 시를 남겼다. 그 시에는 이런 시구가 적혀 있었다. "제기랄, 도대체 여러분은 어디서 필요한 일용품을 구한단 말인가?" 그 자신도 종교를 믿지만 이 시인의 분노는 복음 설교가로 변신한 어느 시시한 야구선수에게 향한 것이었다. 그는 부유한 공장주인들이 엘머 갠트리(Elmer Gantry)와 같은 스타일의 전도사를 고용하여 불황기간 중 공장노동자들에게 엉터리 종교의 아편을 설교하도록 이용한다고 확신했다. 이 시인의 귀에는 사이비 전도사들이 착취당하는 청중에게 다음과 같이 설교하는 소리가 들린다. "뱃속에서 쪼르륵 소리가 난다고 해도, 헐벗었다고 해도, 집에 땔감이 떨어졌다고 해도, 육체가 고통에 짓눌린다 해도, 아이들이 병들었다 해도, 여러분, 조금도 염려하지 마십시오. 예수께서 구원하십니다! 예수께서 구원해 주십니다!" 이에 대해 시인이 반문하는 것이다.

4부. 인간성 상실과 종교적 신앙

"예수께서 구원하신다고? 제기랄, 도대체 여러분은 어디서 필요한 일용품을 구한단 말인가?"

## 성스러운 관심 對 세속적 관심

"성스러운 것"과 "세속적인 것", 그리고 한 인간의 성스러운 활동과 세속적 활동은 서로 구별할 필요가 있다. 사실 인간은 먹고 마시는 일, 수면, 매매, 정치운동, 여가선용, 연구, 사교 활동 등 세속적 관심사항으로 매우 분주하다. 이런 세속적 활동과는 대조적으로 그에게는 성스러운 또는 "종교적" 활동이 있는데 이것은 그와 하나님과의 관계에 직접 연결되는 것이다. 종교적 활동 가운데 가장 핵심이 되는 것은, 숭배, 선교, 성사, 기도, 예배, 금식, 속죄, 구제, 묵상, 피정 등이다. 대부분의 현대인에게는 이 종교적 활동이 세속적 활동에 비하여 허망하고 비현실적인 것으로 보인다. 이 행위는 이곳에 속하지 않는 듯이 보인다.

문화와 학식의 분야에서 세속적 지식이란 인간이 관찰, 기억, 추리하는 이성의 힘을 이용하여 노력 끝에 얻은 것이다. 세속화 도시에서 압도적으로 우월한 위치를 차지하고 있는 자연과학은 철두철미한 경험론적 방법에 의존한다. 과학자들은 실험실에서 작업하면서 고도의 정밀기계를 이용하여 자기들의 가설을 입증한다. 한 걸음 더 나아가, 세속적 지식 추구는 실제적 편리성으로 스스로를 합리화하는데, 이것은 보다 나은 생활수단, 건강, 보다 효과적인 여행수단, 그리고 더 많은 지식을 제공해 준다.

신앙의 방법론은 역사적으로 오래되고 비교적 불확실한 사건들을 통하여, 특히 예수 그리스도라는 유태인 랍비의 생애와 가르침아, 내안에 하나님이 있다.

을 통해 주어진 하나님의 계시에 그 기초를 둔다. 논리학적 전개가 명료한 것도 아니고, 실험실에서 결론을 증명하는 것도 아니다. 따라서 이 초자연적, 비실용적, 증명할 수 없는, 인간적으로 주장할 수는 있는 종교의 제반 이론은 세속적 사고방식의 측면에서 볼 때 모호하고 근거 없는 가능성처럼 여겨진다.

세속적인 관찰에 따르면, 인간은 비록 그 자율성이 절대적이거나 또는 아직 완전히 확립되어 있는 못하다 하더라도 역시 자율적이다. 하나님에 대한 막연한 언급이 허용되는 반면 인간보다 더 우월한 어떤 것의 존재는 실재 인정되지 않는다. 따라서 인간은 자기의 가치체계, 자기의 기준을 스스로 만들고, 자기자신의 세계를 움직이고 목표를 달성하는 것이다. 그의 잠재력 또는 이성을 초월하는 것은 존재하지 않으며, 그의 창조적 상상력과 구체화시키는 힘으로 안 되는 것이 없다. 무엇이든지 그에게는 가능하다고 생각하면 자극을 받고 기분이 유쾌해지며 따라서 전력을 기울여 노력한다. 인간은 불가능한 꿈을 꾸고 있으며 그 꿈을 실현시키려고 발벗고 나선다.

세속적 복음에 따라 인간은 자치적이라고 하는 견해와는 대조적으로 신앙에 따라 움직이는 인간이 있다. 그는 종속적이고 의뢰적이다. 그의 삶은 조금도 자신이 영위해나가지 않고, 오히려 하나님에게 대한 응답이 된다. 그는 하나님 안에서 숨쉬면서 살고, 그의 존재 자체를 보존한다. 그의 삶은, 그의 존재 또는 그의 소유물 전체가 하나님으로부터 온다고 하는 인정의 응답이며, 사랑, 복종, 의탁의 응답이다. 크리스천은 자기가 보다 높은 존재, 보다 우월한 의지에 종속되어 있으며, 언젠가 자기의 삶과 인격에 대한 "정당한 재판"의 날에 그 존재와 대면하게 될 것이라고 믿는다.

세속적 사고방식에 의하면, 이러한 것은 하나같이 인간에게서 자유, 존엄성, 책임수용 등을 박탈해 가는 것으로 보인다. 따라서 세속적 시대, 세속적 사고방식의 현대는 신앙에 빠지지 않는다. 현대에 있어서 신앙이란 과거의 유물처럼 취급되기 쉬우므로 오늘날 신앙을 가지겠다고 결단을 내린 사람은 주변 사람들의 강력한 만류의 흐름을 힘들여 헤쳐 나아가지 않으면 안 된다. 현대의 다원화 정신이 종교적 표현의 여지를 용납해 주겠지만 세속화 사회의 일치된 판단은 지나가 버린 시대의 흔들리는 신앙에 대해 조금도 동정하지 않는다.

## 소외와 종교신앙

신앙은 기본적으로 사랑의 관계이다. 따라서 인간 정신의 핵심을 좀먹는 자기소외는 모든 진실한 신앙을 파괴하는 것이다. 왜냐하면 소외의 조건이 바로 모든 또는 대부분의 관계의 단절을 의미하기 때문이다. 자기의 무용성, 무가치성 때문에 자아를 경멸하는 사람은 사랑의 관계를 가질 수 없다. 그는 인간적 수준에서 또는 인간과 신과의 수준에서 사랑의 관계에 들어갈 수 없다. 자기소외는 수평적 또는 수직적 관계를 모두 파괴한다. 우리는 큰그릇에 사람을 비유한다. 그릇에 무엇이든 가득 차게 되면 그 내용물은 밖으로 넘쳐 주변의 모든 사람과 모든 물건에 영향을 미치게 된다. 자아경멸, 열등감에 가득 찬 사람은 절대로 사랑의 관계를 맺을 수 없다. 그는 자기 자신에 대한 생각을 다른 모든 사람에게 투사하지만 자신의 모습을 이해시키지 못한다. 자신을 미워하는 사람은 하나님도 그를 미워하며 항상 그의 무가치성이란 죄악을 꾸짖고 있다는 생각을 가지는 게 보통이다. 자신의 눈에도 미워할

## 아, 내안에 하나님이 있다.

인간, 비난받을 인간인 바에야 별 수 없는 일이다. 이러한 자의식은 균형을 잃은 것이다. 자아를 증오하는 사람은 다음과 같은 계명 앞에서 몸을 도사릴 뿐이다. "너의 마음과 뜻과 힘과 정성을 다하여 주 너희 하나님을 사랑하라." 떠들썩하게 선전되는 종교의 기본적 원리, 즉 "형제여, 사랑하라, 사랑하라!"가 어떤 때는 하나님, 그의 제자, 그리고 우리를 있는 그대로 받아들이는 그의 대리자들을 정면으로 거부하는 것처럼 보인다. 소외된 인간이 어떻게 이웃 또는 하나님을 사랑할 수 있단 말인가? 이론적으로만 사랑한다는 것은 어머니날을 반대하는 조직을 만드는 것과 같다. 그런 일을 하려고 시도할 사람은 없다. 다시 한번 설교대에서 흘러나오는 목소리, 복음서에서 흘러나오는 목소리, 주일학교에서 들리는 목소리에 귀를 기울여 보자, 그건 정말로 살아 있는 질책이 아닌가? 세련된 설교를 듣고 나면 우린 더욱 희망을 잃어버리게 되지 않는가? 세련되지 못한 설교를 들으면 적어도 옛날 식으로 맹렬하게 비판하기라도 할 수 있을 텐데 우리를 비참하게 만드는 건 바로 세련된 설교이다. 그런 설교는 우리에게 스스로를 경멸하도록 가르쳐 줄뿐이다. 그것은 니체가 크리스천에게 퍼부은 유명한 비난이 바로 우리 자신을 겨냥하는 것임을 깨우쳐 준다. 사실, 우리를 구원받은 자로 보이지 않고, 구원받은 자로서의 자각도 없고, 구원받았는지에 대해서 의혹을 품고 있다. 우리가 알고 있는 것이라고는 우리 자신이 아무 것도 아니라는 사실, 무용지물이며 무의미한 존재라는 사실뿐이다. 그래서 우리에게는 종교도 예수 그리스도도 필요치가 않다. 이것을 칼린 지브란(Calan Gibran)이 이미 지적한 바 있다.

이 밖에도 교회는 다른 모든 사물과 마찬가지로 엄청나게 거대하다. 교회는 조직이며, 조직은 기성체제의 일부이다. 교회는 자기들끼리 서로 경쟁한다. 교회도 다른 회사들처럼 상품선전에 나선다. 일요일 아침에는 잘 다듬어지고 쭉 뻗은 골프 코스에서 골프채를 휘두르는 게 더 유쾌하고 건강에도 도움이 된다. 설교를 듣기보다는 해 떠오르는 장면을 바라보는 것이 훨씬 더 마음을 푸근하게 한다.

## 이율배반의 종합

인류 역사에는 굴곡과 분위기라는 게 있다 한 시대를 풍미하던 세계관이 반드시 다음 시대에도 위력을 발휘하는 건 아니다. 인간에 관한 연구가 지금까지 인간적 충동에 관하여 밝혀 논 바에 의하면, 오늘날의 분위기는 전통적인 기독교 신앙과 상반되는 것처럼 보인다. 현재 풍미하는 세계관은 전통적 신앙의 세계관과 엄청나게 차이가 진다. 오늘날의 인간존재 기간 중에서 신앙과 신학이 인류학과 상충된다고 보여진다. 그 결과 종교적 신앙의 약화와 시련봉착이 아주 현저해졌다. 신앙을 가지고 있는 사람은 자기 신앙이 그 어느 때보다 도전을 받고 있다고 느낀다. 그들은 인류의 무신앙이란 오염에 저항하기 위해 몸부림치지 않으면 안 된다. 신앙을 가지지 않은 사람들은, 다마스커스의 사울(역자 주 : 사도바울이 예수에 대한 신앙을 갖기 이전의 이름)처럼, 종교적 신앙의 뿌리를 제거하는 일이야말로 자기들에 하고 있는 고상하고 보람있는 공헌이라고 확신하고 있다.

다음에 열거하는 것들은 현대인의 분위기와 크리스천들이 주장하고 실천하는 전통적 신앙 사이의 이율배반 또는 상충 가운데 가장 대표적인 것들이다. 그 내용을 비판적 자세로 당신 자신이 검토하고, 문제의 핵심과 범위에 관해 당신 스스로가 판단을 내리기 바란다. 역사만이 최종적인 판결을 내려 줄 것이다. 개인에게는 죽음의 순간만이 해답을 제공해 줄 것이다.

## 전통적 신앙 對
## 현대인의 분위기와 관점 초월 對 내재(內在)

전통적 신앙은 우리가 알고 있는 세계와는 별개의, 또 그 세계보다 상위에 존재하는 초월적 하나님에게 몰두해 왔다. 초월적 존재인 하나님의 계시를 통하여 얻은 지식은 인간에 의해서 만들어진 것이 아니라 바로 인간에게 주어진 것이라는 입장을 견지했다. 신앙의 핵심적인 관심 대상은 지금 여기 있는 세계의 외부에 있고 상위에 있는 실재, "성스럽고" 사후에 존재하는 세계이다. 신앙의 진실은 외부로부터 인간에게 오며, 자기 자신과 자기의 뜻을 인간에게 계시해 주는 초월적 하나님에게서 온다.

이와는 대조적으로 현대인은 내재성(內在性), 지금 여기 있는 세계, 삶의 세속적 측면과 활동 영역에 관심을 가진다. 현대인은 자기가 자기자신의 진리를 창조한다고 확신하며, 그는 개인적 힘이 발휘되는데 따라 점차적으로 획득되는 자기 지식의 주인이다.

## 진리의 객관성 對 개인주의 정신

전통적으로 신앙은 진리의 객관성을 강조한다. 인간이 인정하든 인정하지 않든 상관없이 진리는 진리이고 실재는 실재이다. 모순

4부. 인간성 상실과 종교적 신앙

의 법칙은 실재에 바탕을 두고 창조된 인간정신 밖에 존재한다. 주관주의, 낭만주의, 그리고 경험숭배에 너무 깊이 젖은 개인주의 때문에 현대인은 진리의 객관적 성질을 받아들이기가 매우 어렵다.

전통적 신앙은 인간의 임무가 객관적 진리를 인식하고 그 진리에 따라 생활하며 따라서 자기자신을 풍부하게 만드는데 있다고 주장하지만, 현대인은 자기 재질의 발전 그리고 다양한 경험의 축적을 통해서 자아의 충족이 이루어질 수 있다고 확신한다. 현대인은 큰 접시에 담긴 진리를 만들려고 한다. 현대인에게 있어서 진리란 인간의 창조적 힘의 소산이다. 미리 정해진 진리를 맹목적으로 받아들이는 일, 하나님이 그렇게 말했다는 이유만으로 하나님의 말씀을 받아들인다는 것은, 오늘날, 인간의 존엄과 능력에 대한 모욕이며 수치라고 여기는 게 보통이다.

### 권위주의 對 과학적 비판주의

신앙의 행위에 있어서 본질적이고 확실한 증거를 인간정신에게 제시할 수는 없는 노릇이다. 하나님은 스스로 계시의 주인이며 자기 백성에게 계시한다. 하나님은 자신이 바로 선조들, 예언자들 그리고 예수 그리스도를 통하여 말씀해 왔다는 사실을 개개인의 마음과 정신 속에서 은혜를 통하여 증언했다. 크리스천은 속이지도 않고 속지도 않는 하나님의 권위에 승복한다.

그러나 현대인은 과학의 시대에 태어났다. 그는 과학적 비판주의라는 찬란한 별 아래서 살고 있다. 그는 경험과학을 믿으며, 지성적인 분석과 과학적 논증에 맞지 않는 것이라고 판단되는 진리는 어떠한 것이든 즉시 흥미를 잃는다. 그는 "신비"를 설명해 내려고 하는 정신의 추론작용을 거부하는 신앙 따위는 고려해보려고도 하지 않는다.

크리스천이 하나님은 인간이 아니며 하나님의 길은 인간의 길과 같지 않다는 진리 앞에 무릎을 꿇는 반면에, 현대인은 자기 자신의 길이 바로 인간생활의 규범이라고 주장한다. 알 수 없고 증명할 수 없는 것은 타당성이 결여된 것이라고 현대인은 본다.

### 종교적 체험 對 하나님의 침묵, 부재, 죽음

전통적 신앙은 개인적, 종교적 체험에서 신앙의 확증을 찾는다. 그래서 사랑하는 하나님을 강렬하게 체험한 사람들을 성인(聖人)으로 받든다. "은혜"의 교리는 모두 하나님이 자기에게 마음을 개방해 놓고 있는 사람들의 삶에 참여하기를 원하고 또 실제로 참여한다는 가정 위에서 이루어진다. 역사적인 종교의 기록에는 인간의 삶 가운데 현존(現存)하고 행동하는 하나님의 일로 가득 차 있다. 이것은 초코렛의 맛이나 사랑의 시선처럼 실존적 이해라고 하는 것이다. 이러한 것을 체험해야만 실재를 알 수가 있다. 물론 이 종교적 또는 신비적 하나님의 체험에 대해 심리학적 또는 과학적인 증명을 제시할 수는 없다. 현대인은 다만 자기밖에 있는 세계와는 소통할 줄을 모를 뿐이다. 그는 외계의 초월적 신들을 모두 교신(交信) 대상에서 제외시키려 한다. 자기 주장에 따라 그는 침묵과 부재(不在)만을 체험한다. 그래서 그는 신이 죽었다고 보고한다. 이러한 결론을 내릴 때 그는 아무런 연민이나 비극이라는 감정도 품지 않는다. 그의 관심과 의욕은 더 살기 좋은 세상을 건설하는 것이다. 그는 하나님과 종교를 냉정하게 폐기해 버린다.

## 종교의 기본적인 교리 對 종교교리에 대한 적대감

신앙은 그 교리 내용에 있어서 사랑, 두려움, 죄, 희생 등 네 가지 부산물론 상당히 풍부해지고 또 거기 상응하는 반응을 인간 안에서 그리고 인간으로부터 요구함으로써 발전한다. 우리는 "네 이웃을 사랑하라"는 달콤한 교리에 대하여 성난 세대가 보여준 적대적 반응을 이미 검토했다. 두려움, 죄, 희생이라고 하는 것도 세속적 도시에 있어서 더러운 말은 아니라 해도 역시 낯선 말들이다. 현대인은 자기 자신의 존재에 대한 두려움에 심리적으로 싫증을 내고 있다. 너무 두려움을 많이 겪고 있다. 그는 자신의 무능, 무가치, 급속히 변하는 세계에 적응할 수 없는 무기력이라는 죄로 시달린다. 그에게는 두려움과 죄라는 개념이 마치 머리 속에 든 속담 정도로 필요하다. 어려운 시대에 처한 그에게는 자기 희생의 교리가 마치 자신이 소유하고 있는지조차 확신이 안가는 것들을 포기하라고 명하는 것처럼 보인다.

## 신학적 접근태도 對 인류학적 접근태도

전통적 신앙은 하나님과 하나님의 행위에 대해 일차적으로 관심을 갖고 거기서부터 탐구하기 시작한다. 신앙은 하나님이 자신을 인간에게 계시하는 주도적 역할에 근거를 둔다. 전통적으로 신앙에 따르며 하나님과 인간 사이의 관계에 있어서 하나님이 주도권을 갖고 그것을 계속 유지한다.

 그러나 현대인은 그 접근태도가 오히려 인류학적이다. 인간과 인간의 관심에서 출발한다. 배우는 과정에서 인간은 자기가 아는 것 그리고 자기가 현재 있는 곳에서부터 시작해야 한다는 것은 기초적인 원리이다. 현대인은 최종적 종말론적 문제, 특히 그 문제가 눈앞에 보이는 직접적인 세계밖에 있는 "존재"와 목적에 대한 것이라면, 이런 것들에 대해 접근하거나 관심을 가지려 하지 않는다. 그는 바로 여기 그리고 바로 지금에 대해서 너무나 많은 인간적 투자를 했다. 실용주의적 성향이 너무나 강해서 그는 철학이나 신학의 사변적 문제에 별로 관심을 두지도 않는다.

## 최고의 진리 對 진리의 다원적 개념

 전통적 크리스천 신앙은 항상 다른 모든 형태의 지식보다 월등하고, 가장 힘있는 실재라는 입장을 취해 왔다. 그 이유는 하나님의 말씀을 받아들였기 때문이다. 무한한 지혜를 가진 하나님이 그의 진리를 인간에게 줄 때 인간은 거기 질문을 던질게 아니라 다만 받아들이면 된다. 전통적 신앙은 하나님의 진리를 한 덩어리의 단일체로 본다.

 그러나 현대인은 진리에 대해 다원적 개념을 가지고 있다. 사람마다 제각기 다른 입장에서 진리를 본다. 인간이 거의 전폭적으로 흥미를 쏟는 데는 바로 목적에 대한 수단의 실용주의적 관계이다. 그 관계는 대화와 인간의 시행착오에서 나온다. 따라서 현대인은 최고 진리 즉 인간의 모든 요구에 규범이 되는 진리에 대한 종교의 주장을 못마땅하게 여긴다. 그는 이런 종류의 종교적 자아도취는 현대적 통찰력의 포기라고 생각한다.

## 영원한 진리 對 창조적 혁신의 정신

전통적 신앙은 항상 그 교리를 최종적인 것으로 내놓는다. 모든 계시는 성경에 기록되어 있고 도그마(진리)와 교회의 선언 속에서 나타난다. 종교적인 사항에 있어서 최종적 성격은 인간정신의 힘 또는 인간적 탐구에 의한 발견에서 나오는 게 아니라 오히려 그것은 예수 그리스도가 보낸 "성령(聖神)"의 소산이다. 이 성령만이 인간을 완전한 진리로 인도할 수 있는 진리의 정신이다.

현대인은 이러한 종류는 물론 기타 어떤 형태이든 최종적인 것이라는 주장을 싫어한다. 그가 택하는 것은 진취적이고 혁신적인 정신이다. 그는 모든 지식이 상대적이고 잠정적이라고 믿는다. 영원불변의 진리가 공평한 정신의 소유자의 특성이 될 수는 없다. 현대인은 이런 진리란 낡아빠진 것이며 불합리한 것이라고 생각한다.

## 확실한 신앙 對 비판과 회의의 적용

전통적 신앙이 오류가 있을 수 없는 가르침과 그렇지 못한 가르침을 신중히 분별하기는 하지만, "도그마"로 압축된 신앙의 핵심이 있는데 이 진리들은 교황 또는 공의회가 정의 내렸거나 어떤 교회 전통 속에 기록되어 있는 한 그것으로 확정되어 더 이상 의문의 대상이 되지 않는다.

아, 내안에 하나님이 있다.

　그러나 현대인은 승복하기를 보류한 채 모든 조문에 대한 질문의 자유를 주장한다. 제시된 모든 진리는 과학적 가설들을 가지고 시험해 보아야 한다. 인간의 지식과 기술의 진부가 자유로운 의문 투사에 기초를 두고 있으므로 현대인은 건전하든 건전하지 않든 회의주의에서 출발하게 되어 있다. 어떠한 지식도 이 회의주의의 절차에서 제외될 수 없다고 생각한다.
　물론 신앙의 본질은 바로 타인의 말을 그대로 받아들이는 것이다. 사실 하나님이 인간에게 정말로 말을 했다고 하는 것을 증명할 수 있는 과학적 분석은 불가능하다.

### 고정된 구절 對 자유로운 의미 해석

　전통적 신앙은, 일부 신앙내용을 도그마로 분류했을 뿐 아니라 그 진리를 나타내는 구두 구절들을 역사적으로 존중해 왔다. 교회가 정의(定議)내리는데 사용한 문구 즉 소위 "정통적"구절에 충실하다. 성경은 "하나님의 말씀"이며, 크리스천들은 성경을 손상시키거나 재편집하는 문제에 늘 예민한 반응을 보였다. "하나님의 말씀"은 손댈 수 없는 것이다. 신앙의 견지에서 볼 때 인간은 하나님의 작품을 개선할 수도 없으며, 하나님은 성경기록자들에 대한 "성령의 인도를 통하여 성경의 저자가 된다.
　한편 현대인은 항상 삶의 의와 인간 자신의 의미를 새롭고 더욱 함축적인 방법으로 표현해내려 하며, 새롭고 더욱 효과적인 방법으로 사물에 대해 설명하려 한다. 인간이 쓰는 관용어구는 늘 변한다.
　신앙의 정통적 표현 문구는 대체로 토마스 아퀴나스와 같은 본질론적 철학자들의 말에 의해 형성되었다. 현대인의 관용어구는 실존주의적 철학자와 개인주의적 철학자들에게서 아주 깊이 영향을 받았다. 아마도 하나님의 말씀이 현대인에게는 근본적으로 "생소한" 언어로 반복되고 또 반복되기 때문에 그는 사실상 그 말씀을 들은 일이 없을지도 모른다.

### 미래지향성 對 지금 당장의 필요성

논리를 가지고는 신앙에 이르지도 못하고 신앙에서 떠나지도 못한다고 정통적 신앙은 항상 주장한다. 신앙은 하나님이 인간에게 준 초자연적 선물이다. 인간의 세계 또는 인간의 마음과 영혼 속에서 작용하는 하나님의 지위를 제한하거나 또는 예언할 수 있는 사람은 아무도 없다.

비판적이고 도전적이 되도록 교육을 받은 현대인은 신앙을 "맹목적인 도약", 이성의 조사에 대한 보장도 없이 생명을 위탁하는 일로 본다. 그에게는 이 어둡고 답답한 길을 걸어 나아갈 의향이 전혀 없다. 이 세상과 인간의 삶에 대한 하나님의 관여가 의도적인 것이며 인생 문제의 해결이 되지 못한다고 현대인은 본다.

### 인간의 의탁 對 인간의 자율

정통적 신앙은 인간을 의존적 생물, 보다 높은 힘의 비천한 하인 역할을 하게 만들었다. 인간은 복종과 자기 희생을 통하여 하나님의 뜻을 성취한다.

아, 내안에 하나님이 있다.

현대인은 실제이든 상상해낸 것이든 대개 자신의 충족을 의식하고 있다. 적어도 이것은 그가 생각하길 원하는 것이다. 인간의 충족은 인간적 성공에 있다고 본다. 그는 신앙에 따라 제시된 인간의 의탁은 퇴폐적이고 부도덕한 것이라고 생각한다.

## 과학적으로 증명 불가능한 것 對 과학증명의 요구

정통적 신앙의 주장은 본질적이고 논리적으로 증명하기도 또는 부정하기도 불가능하다. 자연과학은 하나님의 초자연적 관여를 증명할 수도 없고 부정할 수도 없다. 신앙을 증명하려는 사람은 실패의 길에 들어선 것이며, 또한 신앙을 부정하려고 하는 사람도 마찬가지로 실패하기 마련이다. 따라서 신앙을 과학과 대립시켜 놓는 것 자체가 무익한 일이다. 신앙과 과학은 한자리에서 서로 경쟁하지도 않고 또 그럴 수도 없다. 그러나 과학의 놀라운 업적과 뛰어난 기준들 때문에 사람들은 과학의 방법론을 숭배하게 되었다. 과학의 방법론이 삶의 모든 분야로 너무나도 속속들이 파고들어 그 방법론으로도 알 수 없는 것은 현대인에게 흥미 없는 일, 비현실적인 것, 불합리한 것으로 여겨진다. 예전에는 아이디어를 내는 사람, 철학자 또는 신학자가 지혜의 아버지이며 원천으로 존경을 받았다. 현대에 있어서는 과학자, 기술도시의 건축가가 그런 위치에 대신 들어섰다.

4부. 인간성 상실과 종교적 신앙

## 교회 對 제도에 대한 적대감

교회가 저지른 죄 가운데 주요한 것은 그것이 하나의 커다란 제도라는 것이며 여기에 그 거대함이 인간에게 끼친 죄가 첨가된다. 교회의 교리는 마치 잔소리 많은 아주머니처럼 사람을 못살게 굴면 굴었지 그를 절망과 고통에서 구원해 주지 않는다. 게다가 "교회"라는 말 자체가 구원받은 엘리트 그룹, 세상 사람들은 모두 죄인인데 반해 자기들만은 의로운 인간이라는 의식으로 뭉쳐진 그룹이라는 의미가 항상 포함되어 있다. 이것은 최근에 바티칸공의회가 단죄한 승리주의다.

물론 "죄인"이 자기의 길의 잘못을 인정하고 올바른 것을 찾아온다면 따듯한 손이 항상 그를 맞이할 것이다. 교회는 대외적 이미지에 있어서 악과 무신앙의 세력과 대항하는 성채 또는 보루이다. 현대인은 이런 것을 짜증스럽게 본다. 그는 오히려 행복과 평화와 형제애를 추구하는 모든 사람의 일치를 믿는다. 또 그는 모든 사람이 힘을 합쳐서 이 세상을 인간이 살기에 적합한 곳으로 만들어야 한다고 믿는다. 죄인, 무신앙자, 이단자, 기타 각종 이탈자들에 반대하는 교회는 얼핏 보기에 분열적 입장을 취하는 것으로 보이는데, 교회는 이 세상을 원수로 보며, 대화 상대자 또는 보다 나은 세계를 건설하는 협조자로 보지 않는다고 현대인에게 말한다. 교회의 이러한 승리주의적 태도, 승승장구하는 팀의 사고방식, "우리는 옳고 너희는 그르다"는 식의 태도라고 하는 것은 본질적인 또는 실질적인 교회의 의미가 될 수 없다. 그러나 현대인이 가지고 있는 교회의 이미지는 바로 이런 것이며, 이것으로 그에게는 충분하다.

## 결 론 : 미래에 있어서는 ……

　제도란 모두 그 모체가 되는 문화와 동일시되는 법이다. 교회라고 해서 예외는 아니다. 전통적 신앙과 종교 체계는 앞장에서 논한 바와 같이 낡은 문화의 소산이다. 새로운 문화의 선전구호가 "즐겨라! 향유하라!"는 것인 반면에 전통적 신앙의 자세는 오히려 "눈물의 골짜기"적인 사고 방식을 내세운다. 합리화된 결론도 어렵고 그에 못지 않게 명분을 내세우기도 곤란하지만 크리스천의 종교생활은 20세기 동안 현실을 배척해야 한다는 생각에 너무 깊이 젖어 있었다.
　그러나 아무리 교묘하게 내세운다고 해도, 이 세상의 좋은 점을 부정할 수는 없으며, 사물의 자연적 가치는 초자연적 가치에, 세속적인 것은 성스러운 것에, 현세와 현세의 생명은 앞으로 올 세상의 생명에 종속되고 만다.
　인간의 육체는 종교적 문헌에서 자주 아름다운 영혼의 추한 감옥으로 표현되지만, 앞에서 말한 편견은 이상하게도 인간의 육체에 모든 관심을 기울인다. 예수 그리스도의 계시에서 나타난 박애의 지고한 면은 금욕적 박애의 지고성으로 대체되었다. "피와 살이 있는 신학"이 출현해서야 비로소 우리는 과거의 불균형 상태를 수정하고, 육체, 성, 결혼, 그리고 이 세상의 좋은 사물들을 즐거움을 제대로 존중하게 되었다. 세상을 무시하는 태도를 적극적으로 버리는 교회가 바야흐로 힘을 가지는 시대가 왔다. 상과, 하, 정신과 물질, 현세와 내세라는 이중성은 사라진다. 쾌락이 단지 인간 본성의 취약성을 굴복하는데 지나지 않는다고 하는 태도는

## 4부. 인간성 상실과 종교적 신앙

점차 그 빛을 잃는다. 현대의 종교적 사상가들 사이에는 이러한 편파적 태도에 대한 반발이 강한데 이것은 건전한 현상이며, 현세의 좋은 측면을 변호하는 경향은 현대심리학과 신학으로부터 전폭적인 지지를 받는다. 그러나 모든 문화적 갈등이 일어나는 시기에 적용되는 것처럼 여전히 고통스러운 저항의 여지는 남아 있다. 자신들의 성장의 바탕이 된 것을 맹목적으로 고집하거나 행복한 과거의 시절이 다시 오기를 기다리는 사람들도 있는 것이다.

신앙을 가지지 않은 사람들 가운데는 오늘날 신앙과 종교가 빈 사상태에서 헤매고 있으며, 종말을 맞는 것은 시간문제라고 장담하는 사람들도 적지 않다. 이와 마찬가지로 크리스천들은 "이 세상 전부를 자기 손안에 쥐고 있는" 하나님이 결코 자신들의 신뢰를 배반하는 일이 없다고 확신하고 있다. 내가 보기에는 양쪽 진영이 모두 적진에서 항복의 백기가 오르기를 기다리고 있다. 이것은 편견과 편견이 다투는 것이며 움직이지 않는 상대와 강렬하게 충돌하는 힘의 모습이다. 보다 냉정하고 심사숙고하는 사람들은 "귀머거리의 대화" 말하자면 듣는 사람은 아무도 없고 서로 자기 주장만이 모든 진리를 담고 있다고 내세우는 그런 대화를 지양하고 의미 있는 대화를 추진하려고 노력한다. 만일 진화로 인해서 인간의 값진 통찰력이 증대되었다면 여기 대해 의문을 갖는 건 바보뿐이다. 설사 이 통찰력을 가진 사람들이 신앙내용의 재검토와 조정을 요구한다고 해도, 전통적 신앙과 종교는 근시안적인 태도를 취하거나 자기 만족의 탑 속에 은거하거나 이러한 통찰력을 무시해서는 안 된다. 하나님과 인간 사이의 사랑, 인간과 인간 사이의 사랑, 이러한 사랑의 관계가 하나님의 계시의 가장 핵심적인 내용인데, 조직상의 세부적 법칙과 하찮은 규정들을 둘러싼 무의미한 논쟁 때문에 이 사랑의 관계가 이루어지지 못하게 된다는 아, 내안에 하나님이 있다.

것은 비극이다.
 크리스천 신앙이 만일 하나님의 메시지의 내용에 관해 타협하는 일이 있다면 그것은 이미 신앙 자체와 예수 그리스도에 대한 헌신에 있어서 진실일 수가 없다. 크리스천인 우리는 자신이 하나님의 권위 있는 메시지를 실제로 증거하고 또 선포하고 있는지 반성해야 한다. 제 2차 바티칸공의회의 주교들을 위시한 교회내의 많은 지식인들은 교회가 이 세상으로부터 배울 것이 많다고 믿는다. 교회가 인간에게 봉사한다는 소명에 충실하기 위해서는 이 세상의 통찰력으로 자신을 정화시켜야 한다. 또 교회는 그 메시지가 잘 보이지 않도록 가리고 있는 인간의 손때를 말끔히 청소해야 한다. 때가 늦은 감이 있기 하지만 교회는, 배반을 의미하는 타협을 하지 않으면서도, 유연성과 변화를 보일 필요성이 있다고 최소한 자각하고 있다.
 교회가 만인 신앙을 적극적 행동원리로 제시하는 경우 어떤 일들이 일어날 것인가? 인간이 만일 이미 싫증나도록 많이 체험하고 시달림을 당해 온 죄, 공포, 양심의 가책, 처벌에 대한 두려움에서 벗어나 사랑, 평화, 그리고 형제애를 추구하는데 모든 힘을 쏟아 넣는다면 어떠한 일들이 일어나겠는가? 전통적 신앙이 만일 이 세상에 내재하여 세상에 관해 직접 관심을 가지고 있는 하나님의 새로운 모습, 인간을 격려하고 또 인간과 함께 형제애로 가득 찬 세상을 만들려고 하는 사랑의 하나님을 보여주면 어떤가? 보고 있는 하나님을 보여 주면 어떤가? 신앙이 만일 하나님은 인간으로 하여금 천사보다 조금 못하지만 그 우수한 잠재력을 모두 발휘하여 "우주의 주인"이 되기를 원한다고 하는 인간상을 말해 준다면 어떤가?
 실재의 세계와 인간의 삶의 구획 지으려 하는 성스러운 것과 세속적인 것 사이의 굵은 선이 사라져서 세속적인 실재의 세계에도 성스러운 면이 있다는 사실이 밝혀지면 어떠할까? 신앙이 만일 그 소유하는 진리가 사실은 제한된 것이며 전 인류와 공동으로 하나님의 진리를 좀더 깊이 이해하기 이해 노력해야만 한다는 것을 인정하면 어떨까? 남을 것이나, 항상 보다 깊이 이해될 수 있고 또 이 진리들은 새로운 환경에 적용되고 새로운 관점에서 받아들여져야만 한다.

만일 신앙과 종교가 하나님을 하늘나라의 교구를 다스리는 통치자로 가르치지 말고 인간적인 약점도 지닌 정열적인 하나님, 사랑의 하나님이라고 가르친다면 어떻겠는가? 그러면 현대인은 비싼 정밀 기계장치로부터 기어 나와 자신의 무의미성이라는 진공상태를 탈출하여 하나님과 만나는 장소로 나아가 하나님의 능력, 존재, 사랑을 직접 체험하려 할 것인가? 이러한 반성의 길은 비록 고통스럽다해도 우리의 현대교회들이 걸어가지 않으면 안 된다. 또 우리가 지금까지 현대인에게 보여준 하나님의 모습, 그리고 하나님이 인간과 이 세상과 맺고 있는 관계라는 것이 모두 왜곡된 것은 아니었는지 진지하게 반성해야 한다. 사람들이 매일처럼 하는 관심사, 그리고 그들에게 가장 현실적인 일들 속에서 하나님을 발견하도록 신앙과 종교가 그들을 도와준다면 어떻겠는가?

육체적 욕망으로 타락한 "죄인"이라고 하는 종래의 인간상을 버리고 그 대신 하나님의 모습과 비슷하게 창조된 존재라는 인간상을 신앙이 강조하면 어떻겠는가? 또 신앙이 예수그리스도의 실재성을 현대의 언어로 옮겨 주고, 예수 그리스도의 강한 영향력과 병을 치료하는 그의 부드러운 손을 신경성 질환으로 고통받는 모든 인간영역에 끌어들인다면 어떻겠는가? 전통적 신앙과 종교가 특권계급이라는 그들의 모든 환상을 버리고 인간의 분열과 재난

### 아, 내안에 하나님이 있다.

의 해결책을 찾으려 하는 사람이면 그 누구하고라도 힘을 합쳐 일하겠다는 자세를 취한다면 또 어떻겠는가?

사랑, 아름다움, 영웅주의, 그리고 상처받은 인간의 마음을 치유하는 하나님의 손길 등과 같이 과학적으로 실험하거나 증명할 수 없는 실재들에 대해 현대인이 가슴을 툭 터놓고 인정하면 어떻겠는가? 현대인은 자신의 성공에 대해 재평가하고, 하나님의 도움을 절실하게 필요로 하고 있는 자아를 발견하면 어떻겠는가?

현대인이 만일 스스로 모든 것 충족시킬 수 있다는 환상을 가진다면 그것은 아무 쓸모가 없는 게임에 불과하다. 인간은 아직도 서로 살육하고 있으며 그렇게 죽는 인간의 수효가 엄청나다. 젊은 이들이 전쟁터에서 무수히 죽어간다. 중동지역에서의 혈투, 아일랜드, 인도지나 지역은 파괴적인 증오의 소용돌이에 휘말려 있다. 병든 자살자가 투신하는 장면을 멀거니 방관하고 있는 군중에 관한 신문기사가 이제는 하나도 신기하지도 않다. 약물을 이용한 안락사에 관한 이야기도 흔하게 듣는다. 정신질환이 급증하고 있다는 사실은 놀라운 일이다. 미국 내 유아사망 원인 가운데 두 번째로 꼽히는 것은 부모의 매질이다. 결정적인 증거는 움직일 수 없다. 현대인은 이러한 증거를 직시하고, 우리의 병든 사회를 위해서는 과학지식과 기술보다도 또 다른 무엇이 더 필요하다는 것을 시인하면 어떻겠는가? 현대인은 다시금 하나님의 발 밑에 꿇어 엎드려 그리스도의 옷자락을 향해 팔을 뻗치는 것이 어떻겠는가?

현대인은 하나님의 능력을 인간생활 속으로 도입하면 어떻겠는가? 기도하는 법을 배운다면 어떻겠는가? 그렇다. 현대인은 하나님과의 대화를 정말 배운다면 어떻겠는가? 신앙과 기대의 자세로 하나님의 말씀에 귀를 기울이면 어떻겠는가? 하나님이 정말 그에게 할 말이 있으며 또 그에게 새로운 힘을 부여할 수 있다는 것

### 4부. 인간성 상실과 종교적 신앙

을 믿는다면? 현대인은 자신이 전지전능하거나 어디에나 존재하는 게 아님을 시인한다면 어떻겠는가? 올림포스산의 환상적 성(城)에서 내려와 자기 자신이 하늘과 땅에 가득한 하나님의 영광의 일부분에 불과함을 시인하면 어떻겠는가?

이러한 "만일에"라는 가정은 수 없이 나열 될 수 있다. 그러나 이러한 가정은 흥미 본위로 공상하는 것이 아니다. 만일에 전통적 신앙과 현대인의 태도가 근본적으로 재조정된다면 어떻겠는가? 신앙과 현대인은 서로 상대방의 이야기에 귀를 기울이고 거기서 뭔가를 배우려 한다면 어떻겠는가? 지금은 앞에서도 말한 바와 같이 다원주의 시대이다. 나는 아마도 여러분과 의견이 같을 수도 있고 또 같지 않을 수도 있다. 그러나 여러분에게는 여러분 자신이 보는 대로의 진리를 받아들이고 또 주장할 권리가 있으므로 나는 생명을 다해 여러분의 권리를 보호할 것이다. 이에 대해 여러분은 어떻게 생각하는가?

# 5부. 신앙의 분석

5부. 신앙의 분석

# 신앙의 분석

우리가 하나님을 비인격적인 존재로 만들려고 하는 이유는,
인격적인 하나님은 복수하고 위협하며, 질투하고 비열하며,
보상보다는 벌을 주려하는 그런 존재일 거라고 염려하기 때문이다.
창세기를 보면 하나님이 자기 모습대로 인간을 창조했다고 말한다.
그러나 아마 가장 끈질기고 파괴적인 이단(異端)은 창세기 내용을 뒤집은 것,
즉 인간이 자기 모습대로 하나님을 창조했다는 것이다.
이 이단은 인간이 서로 관계를 가지는데 있어서 오만, 오해, 가혹함과 잔인성을 야기한다.

**우리는** 지금까지 전통적 신앙생활과 상충되는 현대인의 주변 분위기에 관하여 고찰해보았다. 인류학이 신학과 충돌하는 경우에는 항상 사람들의 신앙수준이 저하되는 결과가 생긴다. 인류의 발전과정에 있어서 인간의 태도가 비판에 영향을 받아오듯이 역사적으로 수세기에 걸쳐 신도, 설교자 그리고 교사들이 신앙을 왜곡시켜 왔다. 종교의 실체가 영혼의 신앙체험과 항상 걸 맞는 것은 아니었다. 지금이야말로 이 역사적 부산물과 왜곡된 것들의 너무나도 단단한 껍질을 깨뜨려 버리고 신앙의 핵심을 제 위치로 바로 잡아야 할 때이다.

신앙은 사랑과 마찬가지로 참 묘한 것이기 때문에 제대로 파악하기가 어렵다. 내가 아는 사람들은 대부분 "하나님을 믿는다." 그들은 또 매우 위대한 사랑을 지니고 있으며 "많이 사랑하고" 있다. 내 성격에 탓인지 아니면 내가 소크라테스의 망령에 쫓기기 때문인지는 몰라도 나는 "사랑이라는 건 무엇인가?" "신앙이라는 건

아, 내안에 하나님이 있다.

무엇인가?" 라는 의문에 대해서 해답을 얻고 싶다. 사랑과 신앙의 본질이 사라져 버린다고 할 때 그것은 그냥 어떤 느낌만 가지고 충분할까? 그리고 그러한 느낌마저 없어져 버린다면 사랑과 신앙은 어떻게 된단 말인가? 인생을 살아가다가 보면 감정도 메마르고, 하나님도 어렴풋이 멀리 있는 존재처럼 보이는 때를 누구나 겪게 마련이다. 그럴 때는 별로 한 말도 없다. 그러면 사랑과 신앙은 그냥 스쳐 지나가는 것에 불과한가?

나는 소크라테스와 같이 집요하게 파고들고 싶은 충동을 억제할 수 없다. "사랑"이라든가 "신앙"이라고 하는 낱말의 껍질을 벗겨내고 정말로 그 속에 들어 있는 알맹이를 찾아내고 싶다. 수많은 사람들이 나와는 아주 다를 것이다. 그들은 그런 말의 정의를 찾아내겠다고 하는 생각은 손톱만치도 가지고 있지 않지만 그래도 시를 읽고 사랑의 노래를 즐겨 부를 줄 안다. 그들은 조금도 양심의 가책을 느끼지 않고 번민하지도 않으면서, "물론, 나는 하나님을 믿고 말고!"라고 장담한다. 그렇지만 난 철저하게 물고 늘어지는 성격이다. 나는 사랑의 의미를 모르고서는 "난 당신을 사랑합니다." 라는 말을 할 수가 없기 때문이다. 하나님을 믿는다는 것이 무엇인지 알기 전에는 절대로 하나님을 믿는다고 말할 수가 없다. 만일 신앙이 참으로 인간에게 사는 이유와 죽는 이유를 제시해 준다고 한다면, 그리고 만일 내가 신앙을 선택하는데 내기로 나의 생명과 죽음을 건다고 한다면, 그 신앙이 무엇인지를 알고, 그것이 어디서 발생하고 또 어디로 나를 인도해 주는지 알아야만 한다. 신앙을 차근차근 분해해 보지 않으면 성이 차질 않는다. 말하자면 같이 조사해 보자는 것이다. 당신은 나와 함께 이 책의 한 부분을 만들어 보면 어떻겠는가?

나는 대학교에서 강의도 하지만 강의할 때마다 질문을 즐겨 던진다. 나는 학생들에게 '왜 하나님을 믿는가?' 라는 질문을 자주 한다. 그때마다 그들이 제시하는 대답은 별로 확고한 기초에 기반을 둔 것이 못되기 때문에 그런 이유라면 나는 삶과 죽음을 신앙에 투자할 생각이 없지 않겠는가 라는 회의가 생길 정도이다. 질문을 받은 학생들 가운데 몇몇은 "저는 어렸을 때부터 신앙 속에서 자라 왔으니까요."라고 대답하는데 그것은 일종의 당돌한 반발이다. 그렇지만 그러한 대답을 들을 때 나는 역시 그들의 신앙은 개인적인 확신에서 나오기보다는 주입식 교리의 결과가 아니겠는가 하는 생각을 갖게 된다. 또 어떤 학생들은 변호적인 태도로 "믿으면 속이 편하니까요."라고 대답하기도 한다. 이것은 자기를 보호하는 일종의 보호색이다. 또 어떤 사람들은 하나님을 마치 "유익한 낙타 등"처럼 생각한다. 내기를 해도 손해볼 건 없다는 식이다.

죠지 제셀(George Jessel)이라는 학자는 카톨릭, 유대교 그리고 개신교에 대해 공평하게 대하는데 그 이유는 "셋 중에 하나는 진리일지도 모르기 때문"이라는 것이다. 이건 완전히 도박꾼의 심리 상태와 똑같다. 만일에 크리스천의 태도를 취해 보이고 때로는 하나님에게 싸구려 선물이라도 준다면 그게 언젠가는 상당한 이득을 가져올지도 모른다는 식이다. 혹시라도 하나님이 참으로 존재한다면, 만일 하나님이 존재하지 않는다면, 물론 당신은 도박에서 지는 셈이 된다. 그러나 하나님이 존재하고 보상과 처벌의 내세가 있다고 한다면 하나님에게 한푼도 투자하지 않은 사람이 진짜로 크게 도박에서 지는 쪽이 된다. 내가 보기에는 이 모든 대답이 아무짝에도 쓸모가 없다. 신앙은 상품이 아니기 때문이다.

내가 도저히 용납할 수 없는 대답 가운데 가장 흔한 것은 두뇌만 사용하는 또는 소위 지성적인 접근태도다. 어떤 사람들은 모든

아, 내안에 하나님이 있다.

문제를 심사숙고해서 앞뒤를 이모저모로 측정한 뒤에 신앙에 대한 논리적인 결론을 내리는 것처럼 보인다. 신앙의 본질을 철저히 깨달은 사람이라면, 논리를 가지고 파고들어 신앙을 갖게 되거나 또는 신앙을 버리거나 하는 일이 가능하다고는 아무도 생각하지 않으리라고 나는 개인적으로 확신하다.

토마스 아퀴나스(Thomas Aquinas)와 그 이후의 수많은 철학자들이 인과법칙에 따른 이성의 추리작용을 통하여 이 우주의 "원인을 갖지 않고 스스로 원인이 되는 자(하나님)"의 존재를 증명할 수 있다는 입장을 견지해 왔다. 인과법칙이란 모든 결과에는 그에 상응하는 원인이 있다는 것이다. 그렇지만 이건 신앙이 아니다! 철학자의 논리를 통해서 알게 된 "원인을 갖지 않고 스스로 원인이 되는 자"는 오로지 신앙을 통해서만 알 수 있는 하나님, 즉 사랑의 하나님, 아버지인 하나님, 용서하는 하나님이 아니다. 아우구스티누스(Augustinus)에서 뉴먼 추기경(Cardinal Newman)을 거쳐 오늘날에 이르기까지의 크리스천 신학자들은 모두 기회 있을 때마다 신앙이 결코 논리 과정의 결과가 아니라는 점을 강조해 왔다. 뉴먼 추기경은 "신앙은 전제조건들에서 파생되는 결론이 아니다"라고 강조했다.

이와 동일한 논리적인 사고방식이 신앙을 포기하는 이유를 내세우는데 동원된다. 예를 들면 "시대가 달라져서 어른의 위치에 서게 되었기 때문에 신앙과 종교라는 어린애 장난"같은 것은 탈피했다고 공공연하게 떠들어대는 사람들도 있다. 이런 사람들은 마치 자신들이 모든 걸 다 샅샅이 뒤쳐보고, 자신의 마음의 재판소에서 하나님과 종교를 저울질한 뒤 존재하지 않는다는 판결을 내리는 것 같다. 이들이 흔히 배척하는 것은 어린애들의 유치한 신앙 즉 상상력과 미신에 불과하다고 단순하게 혼동하는 것이다.

지성적인 사고를 배우게 된 어른이라면 신앙에 대한 "세 겹의 견해"를 잘 간파할 수 있다. 근본적으로 서글픈 현상은 이들이 다른 방면에서는 성장했는지 모르겠으나 신앙을 이해하는 면에서는 성장하지 않았다는 바로 그 점이다. 하여간 신앙을 가지는 쪽이든 또는 배척하려는 쪽이든 신앙을 논리적으로 다루려는 시도들이 아주 일반적인 것만은 사실이다.

타인에 대한 것이든 하나님에 대한 것이든 신앙이란 타인의 말을 뭔가 받아들이는 것이다. 그것은 "타인의 말을 액면 그대로 수용하는데"서만 획득되는 새로운 지식을 뜻한다. 당신이 내게 수학 문제를 설명하고 내가 당신 설명을 그대로 이해하는 경우 당신은 굳이 당신의 설명이 맞는다고 내게 말해 줄 필요가 없다. 내가 그걸 증명할 수 있다. 나는 당신에게 내기식으로 신앙을 걸지 않아도 된다. 그러나 만일 당신이 나를 사랑한다고, 그래서 나를 행복하게 해 주겠다고 말한다면 당신은 이걸 증명할 수 없으며 나도 확인할 길이 없다. 나는 당신과 당신 말을 믿지 않으면 안 된다.

하나님에 대한 신앙의 경우도 마찬가지다. 하나님은 자신의 말씀 또는 계시를 주셨다. 그걸 받아들인다면, 만일 하나님이 나를 사랑하겠다고 약속하고 또 내게 사는 이유와 죽는 이유를 제시해 주면서 참으로 그 자신이 내게 말을 해 주었다고 내가 판단한다면, 또 만일 내가 하나님과 그의 생명의 메시지를 받아들인다면, 나는 그 순간 크리스천이 된 것이다.

그러면 하나님은 어떻게 그의 말씀을 우리에게 주는가? 유대교와 크리스천의 전통에 따르면 하나님의 말씀은 오랜 기간 동안 역사적인 사건들을 통해서 인간에게 전달됐다. 그 역사는 기원전 1850년경에 살던 셈족 출신의 아브라함에게 주어진 하나님의 말씀에서 시작하여 예수 그리스도 즉 하나님의 말씀에서 압축, 결론아, 내안에 하나님이 있다.

을 짓는다. 이 말씀 또는 하나님의 계시는 성경이라고 부르는 책에 요약되어 기록돼 있다.

하나님은 인류 역사에 계속적으로 개입하면서 자신의 말씀을 우리에게 주셨다. 그러나 이 말씀은 인간의 지성으로 분석하거나 또는 역사적으로 증명되는 그런 대상이 될 수는 없다. 하나님의 말씀의 실체를 증명할 수 있는 사람도 없고 그것을 부정하는 증거를 제시할 수 있는 사람도 없다. 누가 그런 일을 하려고 한다면 그것은 무익하고 기대할 것도 없는 일이며 오히려 어리석은 시도이다. 하나님이 참으로 선조들과 이스라엘의 예언자들을 통하여 우리에게 말씀하셨다는 사실, 또는 하나님이 그 아들 예수 그리스도 안에서 참으로 사람이 되셨다는 것을 철학, 역사, 고고학과 같은 자연과학이 증명해 줄 수는 없다.

인간이성으로 기껏 할 수 있는 것이라고는 하나님의 계시의 신빙성에 대한 논쟁의 제기이다. 하나님이 마음과 마음으로 인간에게 말씀하셨다고 하는 "징표" 또는 추측자료들은 있지만 증거는 없다. 인간이성의 추론이 여기에까지 이른다면, 또 이러한 징표나 추측자료들을 검토해 보면, 철학자 키에르케고르(S. A. Kierkegaard)가 "절대적 파라독스"라고 했고 신학자 틸리히(Tillich)는 "절대적 도약"이라고 한 신앙에 무릎을 꿇게 된다.

신앙은 우리에게 하나님과 우리 자신 그리고 우리가 사는 이 세상에 대한 새로운 지식을 제공해 준다. 그러나 이 새로운 지식의 독특한 특징은 그것이 신앙에 의해서만 획득되는 것이라는 점이다. 그것은 인간 이성에 의해서 추출되는 것이 절대로 아니다. 당신과 내가 일단 얼굴을 맞대고 성경과 크리스천 전통 속에 들어 있는 하나님의 말씀을 듣는 다고 할 때, 우리는 증명할 수도 부정할 수도 없다. 다만 우리는 그 말씀을 받아들이거나 또는 배척하거나 할 수 있을 뿐이다. 예수 그리스도는 쌍날을 가진 칼이 되어 우리를 믿는 자와 믿지 않는 자로 양분한다. 그러나 신앙에 있어서 가장 어려운 국면이 있다. 논리적인 증명이 없음에도 불구하고 하나님의 말씀을 받아들일 수 있는 유일한 길은 하나님이 믿는 자의 마음속에서, 분명하게, 직접 작용하는 것이다. 이것이 가장 어려운 점이다.

신학자들은 이러한 하나님의 작용을 "은혜"이라고 한다. 하나님은 신비스러운 방법으로 믿는 자를 만지고, 그가 계시의 말씀을 받아들이도록 한다. 하나님은 그에게 그가 전에는 보지 못하던 것을 볼 수 있는 새로운 내적 눈을 주고, 그가 전에는 듣지 못하던 것을 들을 수 있는 새로운 내적 귀를 준다.

우리는 하나님의 은혜를 "심리학으로 분석"할 수는 없다. 하나님의 행위는 인간적 학문 밖에 있고 그것을 초월해 있다. 우리는 전기 또는 핵분열에 대해 아는 것처럼, 하나님의 은혜도 그 효과를 통해서만 알 수 있다. 그렇지만 하나님은 자신의 방법에 따라 말씀을 인간에게 제공하고 그리고 나서 믿는 자의 마음과 영혼을 만지며 그가 말씀을 받아들일 수 있게 한다. 하나님이 주도권(Intiative)을 취하고 또 계속해서 주도권을 보유한다는 것을 깨닫는 일이 신앙에 있어서 가장 중요하다.

크리스천의 전통에 있어서 신앙이란 계시해 주는 하나님, 속이지도 않고 속을 수도 없는 하나님에게 인간이 자기 자신과 생명을 자유로이 위탁하고 마음과 의지를 바치는 것을 말한다. 신앙을 통하여 인간은 하나님이 계시해 주는 진리를 자유로이 받아들인다. 인간은 하나님에게 "Yes"라고 말하며 이 "Yes"라는 대답은 단순히 입술로만 하는 것이 아니라 그것은 일생의 약속이며 계시된 하나님의 의지에 대한 지속적인 "Yes"를 의미한다. 물론 거룩아, 내안에 하나님이 있다.

한 신앙에 대해 인간적으로 완벽한 비유를 들기는 어렵다. 그러나 만일 어떤 사람이 당신에게, 모든 것이 걸려 있는 중대한 시기에 닥쳐 당신이 그의 말을 믿는가 여하에 따라서 당신의 전 생애가 뒤집어지고 영향을 받는다고 말하는 경우 당신이 그의 말을 믿어야만 한다면, 당신은 신앙, 포기, 절대적 도약의 의미를 어느 정도 알아들을 것이다.

누군가 지어낸 이야기라고 생각하지만, 나는 최근 높은 벼랑 끝에서 추락한 사람에 관한 이야기를 들었다. 그는 벼랑 옆으로 나온 나무의 뿌리를 간신히 움켜잡게 되었고 문자 그대로 그의 생명은 바람 앞의 등불이었다. 그는 기도하기 시작했다. 그러자 그는 "너는 정말 나를 믿는가?"라고 묻는 하나님의 목소리를 들었다. 생명이 촌각에 달려있는 이 가련한 사내는 "믿고 말고요!"라고 소리쳤다. 그러자 하나님의 음성은 "날 신뢰하는가?"라고 물었다. "그럼요! 그럼요!"라고 그는 대답했다. 하나님의 음성은 "자 그럼 내가 너의 구원을 보장해 주지. 이제부터 내가 하라는 대로 해야 된다. 자… 아래로 뛰어 내려라!"라고 말했다. 만일 당신이 이 이야기의 핵심을 알아들었다면 신앙의 본질, 즉 하나님이 우리 마음과 영혼 속에 "자… 아래로 뛰어 내려라!"라고 속삭일 때 우리가 목숨을 다해 집착하던 모든 확실성과 계산을 포기한다는 의미를 어느 정도 깨달을 것이다.

예수 그리스도가 성경의 책갈피에서 나와 살아 있는 음성으로 우리에게 아래로 뛰어 내리라고 요구할 때 그 요구는 우리 생활의 남는 부분이나 주일 아침의 예식 따위에 국한되는 것이 아니다. 그는 다음과 같이 말한다.

"뛰어 내려라. 네 안전을 위한 모든 자질구레한 계획을 버려라. 무엇을 먹고 무엇을 마시고 무엇을 입을까 걱정하지 말라. 먼저 하나님의 나라를 구하라 그러면 하나님이 너를 돌보아 주실 것이다. 나를 네 계획에 맞추어 넣으려 하지 말고 오히려 나의 계획 속에 네 자리를 찾아라. 내게 제일 먼저 관심을 가져라. 그러면 나도 네게 관심을 기울이겠다."

성경을 읽을 때 여러분이 섬뜩한 느낌을 받는다면, 또는 그 도전에서 눈을 떼고 딴 이야기를 하고 싶어진다고 한다면, 그것은 여러분이 신앙의 투자와 복종을 이해하기 시작했다는 표시일지도 모른다. 만일 그 정도가 심해진다면 여러분은 위기를 느낄 것이다. 아마도 여러분이 내심 느끼는 두려움이 그걸 알려 줄 것이다.

예수 그리스도의 복음성경에는 우리의 이기성을 힐책하며, 우리의 좋은 것, 그럴듯한 것은 모두 시험대에 올려놓는다. 복음은 중력의 중심을 재배치하도록 우리에게 요구한다. 즉 이기주의의 감옥에서 타인들의 세계는, 자기 중심주의에서 형제애로, 욕정에서 사랑으로 이행하기를 요구한다. 이 세상에서의 유일한 실제적 힘은 바로 사랑의 힘이라는 사실을 믿도록 요구한다. 친구뿐만 아니라 원수들까지도 사랑하라고 요구한다. 코페르니쿠스적 혁명, 대전환을 우리에게 요구한다. 여러분이 예수 그리스도에게 신앙의 "Yes"를 응답하고 충족된 삶에 관한 그의 청사진을 받아들인다고 하면, 온 세상은 이제 더 이상 여러분 자신, 여러분의 요구, 여러분의 필요에 따라 회전하지 않는다. 오히려 여러분이 세상주의를 회전하며, 세상의 상처를 치료해 주러 찾아 나서고, 죽은 자를 사랑으로써 삶으로 인도하며, 잃어버린 자를 찾아내고, 버림받은 자를 받아들이고, 우리의 시간과 정력을 소모시키는 모든 이기적, 기생충적 걱정거리들을 뒤로 젖혀두어야 할 것이다. 이것은 두려운 일이 아니겠는가? 우리는 한때 안주하고 있던 정든 집에서 떠나 다시는 돌아가지 못하는 것과 마찬가지로 자아로부터 탈피해야 한다. 신앙 속에서 예수 그리스도와의 진실한 만남을 일단 경험한 사람은 결코 그 이전 상태로 되돌아갈 수 없다. 이것은 신앙의 순례여행이다. 더욱 두려운 것은 확실한 보장을 돈으로 매수할 수도 없고, 운명을 지시해 주는 도로 지도도 없고, 논리적 증명과정도 없다는데 있다. 있는 것은 다만 하나의 음성, 즉 우리 내부의 어디에서인가 "뛰어 내려라… 뛰어 내려… 나를 신뢰하라… 나를 믿어라… 뛰어 내려라…" 라고 하는 그리스도의 음성뿐이다. 만일 그리스도가 우리에게 부드러운 손길을 보내면서 "두려워 말라. 나는 이 세상을 정복하였다."라고 말해 주지 않는다면, 우린 그의 명령에 도저히 순응하지 못할지도 모른다.

그래서 나는 신앙의 내용을 자세히 검토해 보려고 하는 것이다. 신앙이 만일 단순히 지적사변의 문제에 불과하다면 나는 피상적인 이해 정도만 가지고도 그럭저럭 살아갈 수가 있다. 그러나 만일 그것이 있는 그대로의 나 자신 전체를 투자하라고, 내가 가진 전부를 문자 그대로 버리라고, 하나님의 나라를 위해서 나의 개인적 야망을 포기하라고 요구한다면, 나는 있는 힘을 다하여 신앙의 과정과 신앙의 하나님에 대해 알고 싶다. 이 장의 나머지 부분은 이런 상황을 보다 깊이 있게 파고 들어가 보려 한다.

## 신앙의 시작

"옛적에 선지자들로 여러 부분과 여러 모양으로 우리 조상들에게 말씀하신 하나님이 이 모든 날 마지막에 아들로 우리에게 말씀하셨으니 이 아들을 만유의 후사로 세우시고 또 저로 말미암아 모든 세

## 5부. 신앙의 분석

계를 지으셨느니라."(히브리서 1:1~2)

 신앙 문제에 있어서는 하나님이 주도권을 쥐고 있으며 또 그것을 계속 보유한다고 이미 서술한 바 있지만, 이 말은 여기서 다시 한번 반복해도 좋다고 생각한다. 아브라함과의 첫 번째 대화에서부터 예수 그리스도를 통해 인간이 되기에 이르기까지 하나님은 인간에게 말하는데 있어서 주도권을 행사했다. 인간에 대한 이 하나님의 말씀은 신앙의 과정에서 제일 먼저 온다. 그것은 신앙의 최초의 순간 또는 단계이다. 신앙의 본질이 타인의 말에서 뭔가를 취하는데 있다면, 우리는 우리에게 주어진 말씀에서 시작해야 한다.

 그러나 하나님이 우리에게 무엇을 말씀하셨는지 살펴보기에 앞서 우리는 먼저 하나님이 인간과 대화하는 방법에 관하여 생각해 보지 않으면 안 된다. 인간의 지식은 모두 감각의 움직임을 통해 시작된다. 감각은 실재를 안으로 끌어들여 마음과 의지에 그것을 전달해 주는 촉각이다. 헬렌켈러(Helen Keller)에게 볼 수 있는 특징은 그녀가 촉각이라는 단 한가지 수단을 통해서 그렇게 많은 지식을 획득했다는 점이다. 우리는 인간이 "육체적으로" 지식을 얻는다고 말하는데 그것은 물질적 감각에서 모든 지식이 생겨난다는 것이다. 특히 이러한 말은 모든 인간관계가 우리의 육체와 감각을 통해야만 이루어질 수 있다는 데서 그 진실성이 발견된다. 우리의 육체가 의사 소통의 수단이 되기 때문에 우리는 비로소 인격적으로 상호관계를 맺을 수 있다. 그것만이 지식을 얻는 길이다. 마찬가지로 만일 하나님이 우리에게 말을 걸어온다고 하면 그는 육체적인 방법으로, 우리의 감각이 알아들을 수 있는 방법으로 우리에게 오지 않으면 안 된다. 하나님은 있는 그대로의 우리를 아, 내안에 하나님이 있다.

대한다. 사도 요한이 자신의 신앙체험을 우리에게 설명하여 함께 나누어 가지려 할 때 사용한, 감각이란 용어를 살펴보자.

"태초부터 있는 생명의 말씀에 관하여는 우리가 들은 바요 눈으로 본 바요 주목하고 우리 손으로 만진 바라. 이 생명이 나타내신 바 된 지라. 이 영원한 생명을 우리가 보았고 증거하여 너희에게 전하노니 이는 아버지와 함께 계시다가 우리에게 나타내신 바 된 자니라. 우리가 보고 들은 바를 너희에게도 전함은 너희로 우리와 사귐이 있게 하려 함이니 우리의 사귐은 아버지와 그 아들 예수 그리스도와 함께 함이라."(요한1서 1:1~3)

처음부터 이러한 방법이었다. 하나님은 시나이반도의 천둥과 번개, 불타는 가시덤불의 형태로 자기의 백성 이스라엘에게 왔다. 그는 그들과 함께 머물고, 낮에는 구름으로 밤에는 불기둥으로 자신의 존재를 확인해 주었다. 그는 예언자들의 들을 수 있고 지속적인 음성으로 자기 백성들에게 말했다. 그래서 인류의 역사를 인간에 대한 자신의 자애로우며 성실한 사랑의 역사로 만들었다.

하나님은 그의 아들을 인간이 되게 함으로써 자신과 인간과의 관계에 있어서 새로운 깊이의 가능성을 열어 놓았다. 그는 우리 가운데 한 사람이 되었다. 그는 우리가 태어나는 것과 똑같은 방법으로 태어났다. 그는 우리의 배고픔을 알고, 우리가 우는 것과 똑같이 울었다. 우리와 함께 먹고 마셨다. 그는 우리 모두와 마찬가지로 피할 수 없는 죽음의 법칙을 따랐다. 그는 죄를 제외한 모든 면에서 우리와 똑같다. 예수님의 인간성 안에서 하나님은 참으로 우리의 언어를 사용하고 있었다.

하나님이 우리에게 한 말씀은 2천년에 걸친 연구노력으로 검토

## 5부. 신앙의 분석

되고 또 검토되었다. 각 시대의 사람들이 제각기 중요하다고 강조하는 부분이 모두 다르고, 분명히 위태로운 자신의 편견에 따라 해석과 편집에 관한 인간적 기호에 좌우되어 하나님의 말씀을 왜곡시키기도 했다. 그러나 하나님이 자기는 누구이고, 우리는 누구이며 또 우리가 살고있는 이 세상의 의미가 무엇인지를 말해 주었다고 한다면 아마도 틀림이 없을 것이다. 이러한 것들의 의미를 간략해 보기로 한다.

사도 요한은 첫 번째 편지에서 "사랑하지 아니하는 자는 하나님을 알지 못하나니 이는 하나님은 사랑이심이라(요한1서 4:8)"라고 말한다. 그러나 사실 하나님은 사랑일 뿐 아니라 사랑의 공동체이기도 하다. 즉 공동체는 공유하는 것을, 하나님 안의 삼위(三位)는 사랑과 환희의 극치 속에서 신성(神性)을 공유한다. 사랑은 모두 동적(動的)이고 조금도 쉬지 않으며 열심히 자아를 헌신한다. 참된 사랑은 모두 넘쳐흐르며, 사방으로 퍼져나가고 자신의 것을 타인과 공유하기를 원한다. 그래서 사랑이신 하나님은 우리를 창조하고 우리에게 자신의 사랑과 기쁨과 생명을 나누어줌으로써, 또 공유할 인간의 공동체를 형성해 줌으로써 자신의 생명, 자신의 기쁨, 자신의 사랑을 확산시킨다. 여러분의 생명과 나의 생명의 창조를 설명해 줄 수 있는 것은 넓게 퍼지려 하고 스스로 확대되는 사랑의 본질밖엔 없다. 하나님이 인간과 가지는 모든 교분, 또 여러분과 나와 그가 가지는 교분을 설명해 주는 것은 사랑의 본질뿐이다.

하나님은 자기 자신과 무한한 자신의 부(富)와 풍성한 은혜를 나누어주기 위해서 인간을 창조했고 자기 모습대로 인간을 만들었다. 하늘 나라에 있는 사랑의 공동체, 즉 성부, 성자, 성령은 이 세상을 창조할 때 땅 위에 사랑의 공동체를 의도했다. 인류의 모든 역사, 그리고 인류사에 관여한 하나님의 모든 행위는 이 의도의 점진적 성취를 보여 준다. 우리는 여러 가지 용어로써 인류에 대한 하나님의 의도를 표현한다. 그는 우리를 구하고 속죄하고 거룩하게 한다. 때로는 신학적 추리, 구별, 세분화의 티 때문에 하나님의 말씀에 나타난 그 의도가 가려지기도 한다. 하나님은 사랑의 공동체 안에 인류를 하나로 만들려 하며, 자신의 사랑의 가정으로 인류를 맞아들이기를 원하며, 혈연관계보다 훨씬 강한 새 생명을 인간에게 주려고 한다. 이 모든 것이 예수 그리스도를 통하여, 그와 함께, 그 안에서 성취되기를 하나님은 원했고 또 지금도 원하고 있다. 예수 그리스도는 두려움에 싸여 찾아온 한밤중의 방문객 니고데모에게 다음과 같이 거듭 말했다.

"하나님이 세상을 이처럼 사랑하사 독생자를 주셨으니 이는 저를 믿는 자마다 멸망치 않고 영생을 얻게 하려 하심이니라. 하나님이 그 아들을 세상에 보내신 것은 세상을 심판하려 하심이 아니요, 저로 말미암아 세상이 구원을 받게 하려 하심이라."
(요한복음 3:16~17)

이러한 시선으로 세속화 도시, 그 안에 사는 소외된 사람들을 바라보라. 모든 사람은 하나님 가족 안의 형제이다. 이방인도 없고, 외국인도 없고, 적도 없다. 나는 여러분 편에서 여러분을 위해 있고, 여러분은 내편에 나를 위해 있다. 우리는 서로 무서워하거나 서로 위협하지 않아도 된다. 우리는 눈에는 눈으로, 이에는 이로 갚는다는 식의 법률의 정글에서 사는 것이 아니다. 우리에겐 새로운 율법이 있다. 즉 "내가 너희를 사랑한 것처럼 너희도 서로 사랑하라"는 말이 바로 그것이다. 이런 생각에 오랫동안 젖어 보

라. 그리고 제발 공연히 반발하면서 "물론 멋진 생각이지. 그러나 이 세상은 냉정하고 잔인하단 말이거든."이라고 내뱉지 말기 바란다. 하나님이 여러분과 내게 주는 말씀은 그것을 줄 의무가 있어서 그러는 것은 아니다. 내가 말하고 싶은 것은 만일 하나님이 정말로 진지하게 받아들인다면 우린 그리스도 안에서의 공동체를 이루고 평화와 사랑의 세계를 가질 수도 있다는 것이다. 하기야 여러분과 마찬가지로 나도 문제점들을 알고 있다. 설령 헌신적인 크리스천들의 핵심체만 모아놓는다고 해도 거기서 무슨 좋은 결과가 있을 것인가? 내가 여러분에게 원하는 것은 2천년 전의 한 유대인 랍비, 바다에서 태풍을 만날 때마다 공포에 질려버리는 12명의 멍청한 어부들을 생각해보라는 것이다. 우리의 힘으로는 이러한 비전을 성취할 수 없고 하나님의 나라를 이룩할 수 없다. 누가 우리 힘으로 된다고 했던가. "나는 너희와 항상 함께 있으리라"고 하는 말이 있다. 하나님과 우리는 다수파이다. 이보다 더 강한 자, 더 강한 힘은 있을 수 없다.

사도바울이 하나님의 말씀의 뜻을 깨닫는 순간, 그 말씀은 그를 벼락처럼 내리쳤다. 인간적인 장벽은 모두 그리스도의 사랑의 무게를 견디지 못하고 무너져 내리고 말았다.

"너희가 다 믿음으로 말미암아 그리스도 예수 안에서 하나님의 아들이 되었으니 누구든지 그리스도와 합하여 세례(침례)를 받은 자는 그리스도로 옷 입었느니라."(갈라디아서 3:26~27)

사도바울은 그리스도 아래 조화와 평화 속에 모든 인간을 하나로 합치게 하려는 하나님의 계획을 "신비"라고 불렀다. 사도바울에 의하면 이 계획 또는 신비는 영원으로부터 하나님 안에 감추아, 내안에 하나님이 있다.

어져 있었고 예수님의 말씀 속에서 계시되고 교회 안에서 점차 구체화되고 있다. 그리스도 안에서 인류의 일치라는 사도바울의 생각은 에베소인들에게 보낸 편지에서 완성된다. 편지의 주요 내용은 다음과 같다.

"천지창조 이전에 이미 우리를 뽑아 주시고 그리스도 안에 그의 것이 되도록 하셨다. 사랑 때문에 하나님께서는 예수 그리스도를 통하여 우리를 당신의 자녀로 삼으시기로 미리 정하신 것입니다. 이것은 하나님께서 뜻하시고 기뻐하시는 일이었습니다. 하나님께서는 미리 정하신 일을 행하셨고, 우리에게 당신의 심오한 뜻을 알게 해 주셨습니다. 이것은 그리스도를 시켜 이루시려고 하나님께서 미리 세워놓으셨던 계획대로 된 것으로써 때가 차면 이 계획이 이루어져서 하늘과 땅에 있는 모든 것이 그리스도를 머리로 하고 하나가 될 것입니다." (에베소서 1장 3~23절의 공동번역으로 요약)

이것은 하나님이 의도하는 바이며, 우리가 하나님의 나라가 이룩되기를 위해서 기도하고, 그것을 위해서 일할 때는 바로 그리스도 안에서의 인간의 일치를 원하는 것이다. 사도요한은 이와 똑같은 하나님의 말씀의 중심적 사상을 그의 "생명"이라는 테마에서 발전시킨다. 예수님은 "도적이 오는 것은 도적질하고 죽이고 멸망시키려는 것 뿐이요, 내가 온 것은 양으로 생명을 얻게 하고 더 풍성히 얻게 하려는 것이라(요한 10:10)"고 말한다. 예수님과의 일치를 통하여 하나님은 인간에게 새로운 생명을 부여한다. 사도요한은 예수님을 환영하고 받아들인 사람들에 대해 이렇게 묘사한다.

"영접하는 자 곧 그 이름을 믿는 자들에게는 하나님의 자녀가 되는 권세를 주셨으니 이는 혈통으로나 육정으로나 사람의 뜻으로 나지 아니하고 오직 하나님께로서 난 자들이니라."(요한복음 1:12~13)

"내가 진실로 진실로 너희에게 이르노니 내 말을 듣고 또 나 보내신 이를 믿는 자는 영생을 얻었고 심판에 이르지 아니하나니 사망에서 생명으로 옮겼느니라. 진실로 진실로 너희에게 이르노니 죽은 자들이 하나님의 아들의 음성을 들을 때가 오나니 곧 이 때라 듣는 자는 살아나리라. 아버지께서 자기 속에 생명이 있음같이 아들에게도 생명을 주어 그 속에 있게 하셨고."(요한복음 5:24~26)

하나님이 계시의 말씀으로 인간에게 이야기해 준 내용은 바로 이것이다. 하나님의 생명은 바로 인간의 사랑의 공동체에서 분배되어야 하며, 그래서 모든 사람이 그리스도 안에 형제가 되는 것이다. 그리스도 안에서 하나가 되고 일치하고 힘을 얻은 우리는 서로 뭉쳐 하나님과 함께 있게 된다. 예수님의 선물을 통하여 하늘이 "사랑의 공동체"는 땅위에 사랑의 공동체를 창조하고 거기 활력을 불어넣어 준다. 예수님은 죽기 전 마지막 기도에서 다음과 같이 말했다.

"내가 비옵는 것은 이 사람들만을 위함이 아니요, 또 저희 말을 인하여 나를 믿는 사람들도 위함이니, 아버지께서 내 안에, 내가 아버지 안에 있는 것같이 저희도 다 하나가 되어 우리 안에 있게 하사 세상으로 아버지께서 나를 보내신 것을 믿게 하옵소서. 내게 주신 영광을 내가 저희에게 주었사오니 이는 우리가 하나된 것같이 저희도 하나가 되게 하려 함이니이다. 곧 내가 저희 안에, 아버지께서 내

안에 계셔 저희로 온전함을 이루어 하나가 되게 하려함은 아버지께서 나를 보내신 것과 또 나를 사랑하심 같이 저희도 사랑하신 것을 세상으로 알게 하려 함이로소이다." (요한 17:20~23)

이것은 우리가 하나님의 아들이라는 우리자신의 실체를 들어내 주며, 조화, 평화, 사랑의 세계를 건설할 우리의 사명을 계시해 주는 하나님의 말씀이다. 우리는 하나님의 가족이며, 우리의 일은 진정한 혁명 즉, 사랑의 혁명에서 시작되어야 한다. 하나님의 말씀을 일치시키는, 공동체를 건설하는 말이다. 이러한 자신의 실체를 깨달은 크리스천이면 누구나 한 개인으로서의 존재를 스스로 축소할 수도 없고 동시에 한 개인으로서 고립되어 존재할 수도 없다. 그는 하나님의 인간가족의 구성원이며 사랑의 공동체의 회원이다. 만일 그가 자기 형제자매에서 떠나 고립되어 있는 자아를 발견한다면, 또 그의 형제자매들이 서로 소외당하고 있음을 알아차린다면 그만큼 그는 뭔가를 찾아 조치해야 한다. 예수 그리스도는 다음과 같이 계속 주장한다. 즉, "내가 너희를 사랑한 것과 마찬가지로 너희는 서로 사랑하라." 그는 아버지로부터 충족된 삶을 받아, 그것을 우리에게 전달하고 있는데 우리는 그것을 서로 나누어 가져야 할 것이다.

크리스천의 역사에서는 그다지 분명하지 않지만, 기본적으로 이해해야 할 것은, 인간을 사랑하므로 생명을 주고 사람들이 서로 사랑하도록 인도하는 사랑의 하나님으로서의 이미지다. 구약에서 사랑의 하나님은 이사야 예언자를 통해 우리에게 확언한다.

"어머니가 뱃속의 아기를 잊어버리는 한이 있다 해도 나는 너희를 결코 잊지 않으리라. 보라, 내가 너희 이름을 나의 손바닥에 새겨 놓았으니 너희 이름을 결코 잊지 않으리라." 신약에서는 사랑이 예수 그리스도로 태어났으며, 예수 그리스도는 자신이 우리를 사랑했듯이 우리도 서로 사랑하기를 희망한다.

최근의 신학토론의 흐름을 살펴보면 흥미롭고 또 매우 유익한 면을 발견한다. 하나님을 비인격화시키고, 비인격적인 전재 또는 힘으로 규정하려는 새로운 요구가 보인다. 이 경향은 수많은 사람들이 생활에서 겪는 심리적인 상처에서 출발한다고 나는 생각한다. 우리가 하나님을 비인격적인 존재로 만들려고 하는 이유는, 인격적인 하나님은 복수하고 위협하며, 질투하고 비열하며, 보상보다는 벌을 주려하는 그런 존재일 거라고 염려하기 때문이다. 창세기를 보면 하나님이 자기 모습대로 인간을 창조했다고 말한다. 그러나 아마 가장 끈질기고 파괴적인 이단(異端)은 창세기 내용을 뒤집은 것, 즉 인간이 자기 모습대로 하나님을 창조했다는 것이다. 이 이단은 인간이 서로 관계를 가지는데 있어서 오만, 오해, 가혹함과 잔인성을 야기한다.

필리스 맥킨리(Phillies Mackinley)는 『일요일 다음날』이라는 그녀의 시를 다음과 같이 맺는다.

> 월요일에 하나님은 항상 조간신문 속에 있다.
> 기사제목이 그 이름이며 그의 업적은 사방으로 퍼져나간다.
> 주동자며 제조자인 인간들이 일요일 엄숙한 설교대에서 칭송하는
> 하나님은 분명 뉴스 가치가 있다.
>
> 월요일 아침에는 항상 신문이 하나님의 대리인들에게
> 각양 각색으로 계시된 하나님을 보도한다.
> 자애롭고, 격정적이고, 인내심 많고 또는 분노하는 하나님,

아, 내안에 하나님이 있다.

하나님은 어느 하나님을 하나님이 인정하는지 알고 있다.

하나님의 말씀에 대해 두 번째로 고찰해야 할 것은 그것이 하나님 자신, 그리고 우리를 사랑하는 그의 사랑에 관한 것일 뿐만 아니라 우리 자신, 그리고 우리의 상호애정에도 관한 것이라는 점이다. 하나님의 말씀이 만일 자기에 대해서만 이야기하고, 우리 자신, 또 우리가 영위해야 할 삶, 우리가 살고 있는 이 세상에 관해 언급하지 않는다고 한다면, 그건 타당치가 않다. 하나님의 말씀은 인생과 충족할 만큼 향유해야 하는 삶을 위한 청사진이므로 우리는 하나님의 말씀을 삶의 구석구석까지 파고들게 해야 한다.

얼마 전에 심리학자 죤 힌튼(Jone Hitton)박사가 임종 직전의 크리스천들에 관해 연구한 저서를 낸 일이 있다. 『죽어가는 사람들』이란 저서에서 그는 일생동안 종교를 가지고 있었다고 하는 많은 사람들이 죽음에 대한 공포에 질려 있었다고 지적했다. 이들은 하나님께 조그마한 선물을 바치고는 순간적으로 내면적인 안정감을 얻어내고, 설교가와 교사가 그들 신앙의 일부가 된다고 말해 준 모든 진리를 맹목적으로 받아들이는 형이다. 이들은 어린 시절 배웠던 정통적 신앙고백을 기계적으로 반복해 왔을 것이다. 그들이 공포에 질리는 이유는 신앙을 자신의 삶과 이 세상과 일치시키지 못했기 때문이다.

하나님의 말씀은 최종적인, 저승의 세계에 대한 철학적 고찰이 아니다. 또 하늘의 금고처럼 끌어안고 있으라는 것은 아니다. 그 말씀은 삶을 위해, 사랑하기 위해, 바로 지금 실행하기 위해서 있다. 매일매일 신앙을 생활화하지 못한다면 우리의 정신은 황폐해지고 죽음의 순간에 비겁해질 것이다. 신앙은 그것이 만일 살고 사랑하는 이유가 되지 못한다면 죽는 이유도 될 수가 없다.

## 5부. 신앙의 분석

하나님의 말씀이 다른 세상, 다른 생명, 다른 시대에 관한 것으로 잘못 해석되어서는 안 된다. 만일 사실이 그렇다면 신앙의 모든 가치와 보상은 사후에만 이루어질 것이다. 인간은 미래만 믿고 사는 게 아니며, 미래만 내세우는 신에 대한 깊고 순수한 관심을 오래 지탱할 수가 없고 또 이러한 신앙에 대해서 말로만이 아니라 깊숙이 참여를 할 수가 없다. 신앙을 일상생활에서 격리된 밀교적, 신비한 보물같이 그릇 인식시킨 것은 오늘날 종교와 신앙에 대한 무관심을 초래하는데 기여했다.

존 커트니 머레이가 그의 『하나님이란 문제』란 책에서 지적한 바와 같이 오늘날 많은 사람들은 하나님과 내세에 대해 논하는 일에 단순히 일에 단순히 흥미를 잃었다. 현대인이 정말 흥미를 잃어 버렸을 뿐이라면, 그 이유는 아마도 지금 여기서 인간에게 닥치는 문제, 번민거리, 그리고 악을 해결하려고 뭔가 하는데 관심을 가지고 있기 때문일 것이다. 하나님은 하늘에 계신다고 하는 생각은 고달프고 고달픈 이 세상의 모든 문제를 해결해 주지 못한다.

이것이 바로 하나님의 말씀의 도전인데 말씀은 이 세상 너머만 보는 것이 아니라 이 세상 내부도 깊이 살펴본다. 하나님의 말씀은 환상에서 우리를 구해 주는 비전과 전망을 제공해 주며, 편견의 사슬을 풀어 준다. 무엇이 정말 중요하고 무엇이 중요하지 않은지 우리가 알게 해 준다.

이 비전과 전망은 어떻게 말씀을 듣는데서 생기는가? 우리는 모두 실재를 인식하는데 각자 다른 방법을 따르게 되어 있다. 예를 들어 과학자와 예술가가 같이 거리를 걸어가는 경우 이들은 전혀 다른 사물을 쳐다보게 될 것이다. 기질과 훈련이 다르므로 그들은 상이한 사물에 각자 시선을 집중한다. 사물을 인식하는데 있어서는 거의 모든 것이 우리가 중요하다고 생각하는데 달려 있다. 이런 사물들은 일생동안 우리의 귀중품이 된다. 하나님은 계시의 말씀으로서 무엇이 중요하고 중요하지 않은지를 우리에게 알려준다. 우리는 그의 무한한 지혜를 우리자신, 그리고 이 세상을 똑똑히 보도록 해 주는 그 지혜에서 혜택을 받고 있다.

대부분 우리는 이것을 수긍하기가 어렵다. 우리는 착각의 피조물이다. 인생의 중요한 것을 중요하지 않은 것과 뒤섞으려 하고, 우리 가정을 심각하게 교란하는 여러 가지 비극에 대해서는 무감각하면서도, 사소한 일들에는 정서적 에너지를 소모하려는 경향이 있다. 하나님의 말씀은 현실로의 부름이다. 자아 중심적 존재방식에서 탈피하라고, 자기 중심적인 것은 세계(그 세계의 인구는 단 1명뿐이다.)에서 나오라고 말씀은 우리에게 호소한다. 하나님의 말씀이 인간에게 어떤 의미를 가지든지 간에, 그것이 침투하고, 형성하며, 우리의 가치관과 일상생활을 뒤집어 놓지 못한다면, 아무 소용없는 말에 불과하다. 불모의 땅에 떨어진 씨앗과 같다.

물론 하나님의 말씀은, 아무 것도 믿지 않기로 작정한 경우 누리게 되는 그 타협의 조용한 평화만을 추구하는 사람들을 위한 것은 아니다. 이것을 비극적인 공분모(共分母)가 될 것이다. 하나님의 말씀은, 창조적인 사람, 강한 사람, 불가능한 꿈을 꾸는 사람, 인간과 가정 그리고 사랑의 공동체를 위한 새로운 세계와 같이 손에 닿을 길 없는 별을 따려고 팔을 뻗는 사람들의 것이다. 인격화된 하나님의 말씀 즉 예수님은 다른 사람들을 위한 인간이다. 그는 우리에게 이기주의의 횡포에서 벗어나, 여기 이 세상에서 바로 지금 형제애의 자유를 얻으라고 요구한다.

## 하나님의 내면적인 말씀

"시몬 베드로가 대답하여 가로되 주는 그리스도시요 살아계신 하나님의 아들이시니이다. 예수께서 대답하여 가라사대 바요나 시몬아 네가 복이 있도다. 이를 네게 알게 한 이는 혈육이 아니요, 하늘에 계신 내 아버지시니라" (마태복음 16:16~17)

우리는 지금까지 믿음의 조상, 예언자 그리고 하나님의 아들을 통하여 하나님이 우리에게 준 말씀에 관해서 이야기해 왔다. 우리는 이 말씀이 모든 가능한 과학적 증명을 초월하는 것이라고 이에 천명했다. 이성만이 별 수없이 받아들이던가 배척하던가 해야 한다. 믿는 사람의 정신과 마음 위에 작용하는 하나님의 새로운 행동을 통해야만 사람은 신앙으로 나아갈 수 있다.

앞에서 인용한 신약성경의 낯익은 구절에서 베드로는 예수님을 구세주와 신성(神性)을 가지고 있는 하나님임을 선포할 때, 예수님은 재빨리 베드로를 축하했다. 그 이유는 인간정신은 그 자연적인 힘과 재질을 총동원한다해도 그 진리들을 알 수가 없기 때문이다. 예수님의 말처럼 이런 종류의 지식은 하나님의 내면적 계시를 통해서만 얻을 수 있다. 이것은 신앙의 은혜에 있어서 불가결한 일부인 하나님의 내면적 말씀이다. 하나님 자신이 인간의 정신과 마음속에서 증언해야 한다. 즉 "성경의 이 말은 나의 말이다. 나는 너희에게 이를 보증해 준다."

성경을 객관적 역사로 분류할 수는 없고, 또 현대의 다른 역사 문헌을 가지고 성경에 기록된 이야기들의 역사성을 증명할 수도 없다. 하나님의 외부적 말씀이라고 우리가 부르는 성경 안의 하나님의 말씀은, 초월자인 하나님이 우리의 세상에 내재한다는 사실아, 내안에 하나님이 있다.

을 알려 주며, 우리가 그의 아들 예수님 안에서 하나가 되라고 부른다. 그 말씀은 우리에게 팔 소매를 걷어붙이고 하나님이 이 계획을 실천에 옮기기 위해 일하라고, 하나님의 나라를 이룩하라고 촉구한다. 하나님의 나라는 인간이 발걸음의 속도에 따라 온다. 하나님은 인류의 역사를 자신의 사랑의 역사로 만들었으므로 우리는 그 사랑을 인간에게 전해 주는 촉진제 또는 통로가 되어야 한다. 인간정신과 자연과학은 하나님의 말씀이 우리에게 준 이러한 비전이 있음을 깨닫지 못한다. 신앙의 눈만이 이 비전을 보며, 하나님만이 한 인간을 만들 수 있다.

그러면 하나님은 어떻게 우리 내부에서 증언하는가? 어떻게 하나님은 비크리스천을 크리스천으로 끌어들이는가? 그의 길이 항상 신비에 싸여 있기는 하지만, 우리가 하나님의 내면적 말씀이 의미를 이해하기 위해서는 알아두어야 할 세 가지가 있다.

1) 모든 인간의 마음 속에 있는 하나님에 대한 굶주림.
2) 인간의지 안에서의 하나님의 매력.
3) 하나님에 의한 인간정신의 조명이 그것이다.

우리는 누구나 배고픔의 고통과 내면적 공허감을 쉽게 수긍한다. 인간적 능력으로 약속하거나 생산해낼 수 있는 것 이상의 그 무엇을 향한 모호한 꿈과 막연한 동경을 간직하고 있다. 우리 내부에 있는 활력, 신비 또는 박력은 이기주의의 방해만 없다면 우리가 하나님을 탐구하도록 인도해 준다. 이러한 욕망이 바로 우리가 신앙의 암흑과 모호성을 뛰어 넘도록 해 주는 것이다. 우리 내부의 굶주림은 하나님만으로 채워질 수 있다. 물론 하나님은 이 욕망을 이 세상에서 완전히 만족시켜 주려고 하지는 않는다. 그 역할은 우리에게 완전한 만족을 줄 수 있는 유일한 존재인 하나님에게로 우리를 좀더 가까이 끌어 주는 것이다. 수많은 잘못을

### 5부. 신앙의 분석

저지르고 나서 아우구스티누스가 발견한 진실은 바로 "오, 하나님, 우리의 마음은 당신을 위해 만들어진 것이며, 이 마음은 당신 안에서 쉴 때까지 안식을 찾지 못합니다"라는 진리가 그것이다.

유대인 정신병학자인 칼 스턴(Karl Stern)박사는 자신이 기독교로 개종하게 된 과정을 그의 저서 『화염의 기둥』에서 다음과 같이 적고 있다. "이제 우리 모두는 영원한 갈망의 법칙, 우리 인격의 초자연성에 있어서 '결코 충족되지 않는 경향'의 법칙에 직면하게 되어 있다."

니싸의 성 그레고리우스(St. Gregorius)는 다음과 같이 설명했다. "이렇게 고개를 쳐든 욕구는 이미 알려진 사실만 가지고는 충족되지 않는다. 우리 영혼은 앞에 놓여 있는 또 다른 것을 향하여 보다 큰 욕구에 따라 나아가며, 이렇게 해서 점차 확대되는 영역을 거쳐 초월자인 하나님에게 접근하는 길을 발견하게 된다. 바꾸어 말하자면 인간은 하나님에게 중독 되도록 창조된 것이다."

스턴박사는 정신병학자로서의 오랜 경험 끝에 인간의 내면에는 도가 "조용히 가라앉힐 수 없는 것.", 인간을 항상 하나님 쪽으로 밀어붙이는 공복감이 도사리고 있다는 사실이 아주 명료하게 드러났다고 말한다. 그는 아우구스티누스의 발견을 시인 괴테가 다시 옮긴 내용 즉 "모든 욕구와 갈등은 주님이신 하나님을 향한 영원한 갈망을 뜻하는 것"이라는 말을 인용한다. 하나님의 내면적 말씀은 진공 또는 굶주림에서 시작한다. 그것은 마치 대답에 선행하는 질문, 빛을 기다리는 암흑과 같다.

하나님에 대한 이 굶주림이 구체적으로 나타나는 것은 한가지 방법에 의해서만 그런 것은 아니다. 이러한 인간의 욕구에서조차 이미 하나님은 신앙의 작업을 시작했음을 깨닫는 것이 중요하다. 하나님은 자신이 인간 본성 안에 심어 놓은 이 본능으로 해서 인간을 자신이 선택하는 방향으로 인도한다. 개개인이 경험하는 구체적이 굶주림은 그의 성격, 기질, 취향, 사회적 영향권 그리고 환경에 따라 각기 상이하다. 그러나 하나님의 내면적 말씀은 늘 굶주림, 공허함, 결핍감에서 시작된다.

칼 라너(Karl Rahner)는 『기도』라는 저서에서, 만일 우리가 이 텅 빈 느낌을 체험한다면 우리는 이미 하나님에게 끌려가고 있다고 확신해도 된다고 말했다. 우리는 누구나 우리 자신을 초월하여 어딘가로 가도록 조건 지워진 채 태어난 것이다.

정신병학자 프레데릭 폰 가게른 박사는 『정신 건강과 영혼의 건강』이란 책에서 다음과 같이 말한다. "인간은 항상 자기 판단에 노력할 가치가 있다고 믿는 선(善)을 향해서 나아가도록 되어 있다. 이 '선'은 가까운 것이거나 먼 것, 감각으로 파악할 수 있는 것이거나 또는 이상적인 것, 동물적이거나 정신적인 것일 수가 있다. 인간은 오류에 빠질 수도 있다. 그러나 그는 자신이 택한 방법에 따라서 거기 완전히 도달하려고 항상 애쓴다. 정상적인 삶에 있어서 이 갈등은 완성, 유일하고 최종적인 선, 즉 하나님에게로 향한 것이다."

우리의 욕구가 행동으로 나타나기 위해서는 행동하려는 의지뿐만 아니라 정신적인 에너지도 필요하다. 본능, 본능적 힘, 동기 또는 활력소 등등의 용어들은 모두가 한결같이 영혼의 활발한 에너지를 여러 가지로 표현하는 말에 지나지 않는다. 이 영혼의 에너지는 우리를 하나의 목적으로 이끌어 주는 힘이다. 이 활력소 또는 본능의 힘은, 여러분이 어떤 칭으로 부르든, 우리 자신을 초월한 그 어떤 것을 향해서 가도록 우리를 이끌어 가는 동인(動因)이며, 우리가 길을 계속 가는 경우 하나님에게 도달하게 해 주는 것이다.

한가지 잊지 말아야 할 것은 하나님이 우리의 완성과 충족을 위한 성장의 씨를 심어준 곳은 바로 비이성적인 자아의 깊은 내면이라는 사실이다. 위에서 아래로 내려오면서 이루어진 신학이나, 바닥에서부터 위로 올라가면서 구성되는 인류학이나 그 도달하는 결론은 동일하다는 사실을 우리 모두가 깨닫는 편이 현명할 것이다.

내면에 이러한 동인(動因)을 간직한 채 태어났다는 것은 우리 의지 또는 욕망에 대한 하나님의 작용이 바로 믿음의 과정에 관여한다는 것이다. 신앙이 본질적으로 마음의 행위이며, 또 하나님의 외면적 말씀이나 계시가 진실이라고 하는 판단이 반면, 하나님이 어떤 형태로든 선으로 이끄는 그의 은혜로 제일 먼저 작용하는 대상은 인간의 의지이다. 설령 그 선이 바로 하나님 자신에게로 이끌려 가는 것이라고 의식적으로 수긍되지는 않는다 해도 마찬가지이다.

인간의지에 작용하고 관여하는 하나님에 대한 체험은 사람마다 그 형태, 그 장소에 따라 다르다. 하나님에게 이끌려 가는 길은 무수히 많다. 어떤 사람은 하나님의 아름다움 때문에, 어떤 사람은 하나님이 주신 평화 때문에, 또 어떤 사람은 하나님의 전능하신 힘에 이끌린다. 대부분의 사람은 하나님이 바로 삶의 의미의 원천이며 샘, 인간존재의 최종적 근거이기 때문에 이끌린다. 그러나 아마도 크리스천이 된 사람 내면에서의 하나님의 첫 작용은 일종의 혼란일 것이다. 때때로 우리는, 하나님이 우리에게 오는 것이 평화를 주기 위해서일 뿐만 아니라 혼란을 일으키기 위해서라는 사실을 망각한다. 그는 재난을 당한 사람을 위로하고 편안한 사람에게 재난을 주기도 한다. 어떤 사람들은 삶이 절망적이 혼란상태라고 생각하며, 도대체 자신의 사람이 무엇인지 알고 싶다는 욕구아, 내안에 하나님이 있다.

를 강하게 느낀다. 이러한 내면적인 갈등과 불안이야말로 인간의 마음속에 신앙의 첫 씨앗을 뿌리는 하나님의 작용일 수가 있다.

그렇다고 해서 하나님이 신앙을 인간에게 강요하는 것은 아니다. 인간의 마음속에 뿌려진 욕구의 씨앗은 깊이 뿌리를 내리지 못하거나 충족되지 않을 수도 있다. 어떤 씨는 비옥한 땅에 떨어지고, 어떤 씨는 불모의 땅에 떨어져 말라죽어 버린다는 예수 그리스도의 말씀도 있다. 경우에 따라서는 하나님의 작용이 인간의 절망이나 원한 때문에 효과를 못 보기도 한다. 우린 누구나 가끔 하나님과 그의 은혜에 대해 응답하지 않는다. 그러나 거의 대부분의 경우 하나님의 작용은 새로운 형태로, 새로운 장소에서 다시 나타날 것이다. 그렇게되면 새로운 도덕적 갈등, 새로운 개인적 문제, 새로운 인간관계, 져야 할 새로운 책임, 그리고 결단을 내려야 할 새로운 결정 문제가 생길 것이다. 인간내면에는 이렇게 하나님에 대한 깊은 굶주림이 있기 때문에, 설사 하나님의 작용이 한번 무시되었다 해도, 그 작용은 다시 반복되고, 그때는 아마 더 강하고 더 깊이 움직이고, 또는 더욱 인간 내면을 혼란시킬 것이다.

익명의, 꼭 집어 얘기할 수 없는 성질의 하나님의 작용을 통하여 일단 선의의 인간 내면에서 이러한 여러 가지 욕구가 자라기 시작하면, 다음에는 은혜가 그의 지성에 영향을 미치기 시작하는 것이 보통이다. 지성에 대한 은혜의 첫 모습은 일반적으로 의혹과 논쟁의 분출이다. 처음에는 모든 사물이 대단히 명료하게 보이지만 다음에는 이 명료성이 사라지는 것처럼 보인다. 그래서 신앙문제에 대한 참여, 그리고 전면적인 무관심이 교차된다.

이런 단계에 있는 사람이 스스로 인격의 양면성 즉 하루는 열렬히 하나님을 생각해도 움직이지 않게 되는 이중성을 자각하는 일은 희귀하지도 않다. 이러한 우여곡절이 지나고 상당한 시행착오 기간이 경과하고 난 뒤 어느 날 우리마음은 하나님만이 참으로 실재하고 하나님만이 우릴 염려해 주며, 그의 사랑은 우리 일생의 대답을 요구하고 있다는 사실을 깨닫고 충족될 것이다. 신앙은 이런 방식으로 처음 발견되거나 또는 한 번 집어치워 버린 뒤에 재발견되거나 한다. 형식이야 어떻든 각자의 경험에 기초하여 인간은 어느 날 자기 자신이 신앙을 약속하기 위해 준비가 되어 있음을 발견한다. 그 약속은 "나는 믿습니다"라는 말이다.

### 신앙행위

"인간의 의지를 자극하고 이성을 비추어 줌으로써 크리스천 안에 신앙을 일으키는 것은 하나님이다"라고 토마스 아퀴나스는 『진리에 관하여』라는 책에서 말했다. 신앙행위로써 크리스천은 하나님의 외면적 말씀을 받아들이는데 그것은 하나님이 그의 마음과 정신 속에 내면적인 확인의 말씀을 해 주었기 때문이다. 그 의지와 이성이 하나님의 은혜를 받은 크리스천은 이성의 판단을 내린다. 즉 신앙행위를 하게 된다. 그는 하나님에게 "Yes"라고 대답한다. 그는 "나는 믿습니다!"라고 말한다. 우리에게 그리스도 안에서 하나가 되라고 부르는 하나님의 내면적 말씀이 참으로 우리 인간에게 주어진 하나님의 말씀이라고 확신한다.

신앙행위가 정신적 작용으로 내려진 결단임을 주목할 필요가 있다. 정신적 판단에는 확실성을 기준으로 할 때 여러 가지 단계가 있으므로 신앙은 처음에 주저주저하는 판단으로 보이기도 한

아, 내안에 하나님이 있다.

다. 인간은 하나님의 은혜를 좌우하지 못하며, 최초로 체험한 신앙행위가 일반적이고도 즉각적으로 골수에 사무치는 것은 아니다. 그러나 크리스천이 결심하는 그 강인성에 따라서 그는 다시는 종전의 자기로 돌아갈 수가 없다.

사람들은 신앙을 감상 또는 감정과 같이 취급하여 거기서 지성적 요소를 제거하려고 하는 일이 많다. 마틴 루터를 추종하는 어떤 사람들은 "신앙"과 "믿음"을 구별하려 한다. 그들의 구별에 의하면 신앙이란 우리를 하나님에게 이끌어 가는 우리 내면에서의 하나님의 행위이며, 믿음이란 이러한 인간적 체험의 형식, 즉 불합리하고 유동적이며 변하는 것이다. 이 구별은 신앙을 확실한 지식의 영역에서 추방하여 뭐라고 표현할 수 없는 감정적 종교체험의 영역으로 던져 버리려 한다. 신앙에 이르는 길 또는 신앙으로부터 이탈하는 길에 관해 완전한 논리를 전개할 수는 없는 일이지만, 신앙은 그 시원(始源)이 신비스러운 것인 만큼, 하나님, 우리 자신 그리고 이 세상에 대한 명확한 지식에 관한 일이다. 하나님의 내면적 말씀의 모든 진리를 지성적으로 우리가 전혀 알아듣을 수 없는 것이라면 신앙은 우리 삶에 대해 아무런 도움도 주지 못할 것이다.

유진 졸리(Engene Joly)는 『신앙이란 무엇인가?』라는 저서에서 이렇게 말한다.

"신앙이란 당신 머리를 부딪쳐야 할 벽이 아니라 당신이 텀벙 뛰어들어야 할 바다이다. 신앙은 밤이 아니다. 그것은 오히려 태양이다. 너무나 찬란하여 우리가 직시할 수 없는 태양, 너무나 그 빛이 강렬하여 모든 사물이 그 빛으로 빛나는 태양이다."

신앙행위에 있어서 동인(動因), 또는 움직이는 힘은 하나님이다. 그는 모든 사람에게는 외면적 말씀을 줌과 동시에 크리스천의 의지와 정신 속에 내면적 말씀을 주셨다. 우리가 내리는 진리의 판단은 거의 대부분의 경우 우리가 가능한 증거들을 인식하는데서 출발한다. 우리는 증거를 수집하여 평가하여 최종적으로 결론을 내린다. 신앙의 과정은 이와 다르다. 거기에는 우리 정신이 이용할 수 있는 결정적인 증거가 없다. 우리는 어떤 문제에 대해 결론을 내리듯 그렇게 신앙에 이르는 논리를 세울 수는 없다. 신앙은 의지 속에서 행한 하나님의 이끄심 그리고 이성에 대한 그의 조명에서 나오는 결론일 뿐이다.

신앙행위를 하는데 있어서 인간은 자신의 정신과 마음속에서 체험한 자신의 하나님에의 체험을 믿어야 한다. 그러나 최종적으로는 "눈감고 뛰어 내리는 행위"를 인간이 하지만 그는 이성에 반(反)하는 행위를 하는 것은 아니다. 신앙의 맹목적 성격은 비이성((非理性)을 뜻하지 않는다 신앙의 세계로 뛰어들 때 인간은 자신의 이성의 힘의 한계를 초월하지만 그러나 이것은 이미 자기 안에서 작용한 하나님에 대한 완전한 신뢰를 통해서만 이루어진다. 인간의 이성이 사람을 신앙의 목표로 인도하는 것이 아니다. 그는 또 다른 손이 자기 안에서 진실로 작용하고 있어 결코 캄캄한 허공으로 추락하지 않으며 오히려 자기를 사랑해 주는 "어떤 분"의 품에 안기게 될 것임을 확신한다. 하나님은 그 안에서 살아 있는, 사랑의 말씀을 심어 주었으며, 그는 신앙의 대답인 "Yes"로써 응답했다. 신앙에 관한 각양 각색의 정의가 거의 대부분 본질론적 철학에서 취급되었다. 우리의 실존주의적, 개인주의 철학의 용어에 있어서 나는 신앙의 행위를 "은혜 받은 직관"이라고 정의하고 싶다. 우리는 논리적 정신과 직관적 정신, 추리와 직관을 구별하는 일에 익숙해져 있다. 논리적 사고형은 결론에 도달하기 전에 모든 단계를 살펴보려 한다. 직관적 정신이 어떻게 진리에 도달했는지 자신도 모르면서도 하여간 진리에 도달하는 경우는 너무나 많다. 예를 들면, 아인슈타인은 상대성 원리를 논리적으로 구성하기 훨씬 이전에 이미 직관으로 그 원리를 발견했다고 말한 일이 있다. 우리의 정신이 논리 쪽으로 또는 직관 쪽으로 쏠려 있든지 관계없이 우리는 모두 직관의 순간을 경험한다. 우리는 증명할 수 없는 일을 알고 있다. 가장 즐거운 직관의 순간은 자신이 누군가로부터 사랑 받고 있다는 사실을 갑자기 깨닫게 될 때이다. 타인은 우리에게 질문을 던지며 이러한 사랑이 실제로 있는지 의심하기도 하지만 그러나 우리는 확신을 가지고 자신이 사랑 받고 있음을 단언할 수 있다. 이것은 논리적으로 증명할 수 없는 일이지만 하여간 우리는 그 사랑을 안다.

남성 독자들이 화를 낼지 모르겠지만, 나는 우리가 하나님을 알게되는 직관을 여성의 직관과 비교해 보겠다. 물론 남성에게 없는 어떤 능력이 여성에게 있다고 내가 믿는 것은 아니다. 사실 나는 여성이 남성보다 쉽게 직관의 작용에 이끌린다고 생각한다. 여성들은 엄격한 논리적, 과학적 증명에서 벗어나는 경우 심리적으로 표류하기 쉽다.

에릭 에릭슨(Erik Erikson)은, 여성은 그들이 일반적으로 참여하게 된 모든 연구분야에 있어서 새로운 차원의 의문을 전개할 것이라고 주장했다. 그는 여성의 직관은 남성의 정신이 생각해낼 수 없는 차원의 진리를 열 것이라고 믿는다. 이러한 사고 방식에 따라 에릭슨은 매우 재미있는 제안을 한다. 즉 "우리 사회가 날이 갈수록 더욱 컴퓨터화가 되면, 남성으로 하여금 컴퓨터를 제조하게 하되, 그 괴물에게 무엇을 물어야 되고 무엇을 묻지 말아야 할 것인지, 결정적 판단에 있어서 그 기계를 언제 신뢰해야 하고 또 언제 신뢰해서는 안될지"하는 문제는 여성만이 결정하도록 하자고 제안한다.

저명한 과학자 르꽁뜨 뒤 누이는『인간의 운명』이란 저서에서, 가장 건전하고 합리적 판단은 항상 의문의 여지를 지니고 있는데 그 이유는 "그 판단에 절대적인 가치를 부여하는데 필요한 모든 요소를 집합하기는 불가능하기 때문이다"라고 주장한다. 다른 말로 표현하면 과학자라고 해서 모든 사실을 파악하고 있는 건 아니다. 그는 항상 불완전한 정보에 기초를 두고 작업한다. 그는 물론 자신의 이성을 동원해야겠지만, 뒤 누이에 따르면 "마음의 소리에 귀를 기울이는 편이 오류를 덜 범하게 될 것이다."

은혜를 받은 신앙의 직관에 있어서 우리는 과학적으로 증명될 수 있는 사실에 넘어서 우리 내면에 작용하는 하나님에게 이끌려 새로운 확실성에 도달한다. 신앙의 행위를 하면서 우리는 올바른 질서, 평화, 그리고 의미를 깊이 체험한다. 우리는 "이것이 옳다" "이것이 진리이다"라고 하는 지식을 얻게 된다. 우리는 논리적으로 증명할 수 없는 진리의 실체를 이미 체험한 것이다.

이미 말한 바와 같이 인간의 사랑에 있어서도 마찬가지다. 사랑하고 또 사랑 받는 일을 경험한 사람들은 사랑의 관계에 의해서만 이루어지는 충족의 실체를 우리에게 이야기해 준다. 서정시인들은 이것을 "삶의 달콤한 신비"라고 부른다. 가치 있는 것은 사랑이며 또 사랑 뿐이다. 그러나 사랑은 증명될 수가 없다. 수많은 악의의 사람들은 냉소를 띠우며 "당신 눈에 뭐가 씌어진 게지"라고 말한다. 그렇지만 사랑했던 사람과 사랑 받았던 사람들은 이것을 안다. 그들은 사랑의 실체를 체험했으며, 사랑은 그들을 자아로부터 탈피시켜, 맹목적 지성이 분명히 미친 것이라고 단정할 영아, 내안에 하나님이 있다.

웅적 행위를 감행하고 또 그에 대해 책임을 지도록 인도한다.

신앙과 사랑의 직관은 논리적으로 분석되는 것이 아니므로 그 증거는 직접 체험하는 길뿐이다. 따라서 신앙과 사랑의 실체에 대한 유일한 증거는 우리 주변에서 신앙과 사랑을 발견한 많은 사람들, 충족의 미소를 띄우는 사람들, 우리 모두가 추구하는 평화를 알고 있는 사람들이다. 직관에 관한 해답은 책에서 얻어지는 것이 아니다. 어둠 속을 여행하려 하지 않는 사람들은 고독 속에서 뒤통수를 긁으며 방황할 뿐이다.

이 신앙의 직관은 제일 먼저 우리를 하나님의 인격과 사랑으로 인도하며, 그리고 나서 이차적으로 일련의 종교적 진리와 계명으로 이끌어 준다. 이 사실을 깨닫는 일은 매우 중요하다. 신앙이 최종적으로 인간이성의 행위인 반면에 그것은 또한 한 인간과 그 사랑이 수용이기도 하다. 여기서 신앙의 차원이 확대된다. 신앙 또는 사랑의 관계 속에서 우리가 한 인간을 받아들이면 즉시 우리의 모든 존재는 그 수용행위에 관련된다. 예수 그리스도의 변함없는 요구는 "나를 믿으라!"는 것이었다. 그의 가르침 또는 교리의 완성은 오직 성령이 오심으로써만 이루어진다.

"내가 비옵는 것은 이 사람들만 위함이 아니요, 또 저희 말을 인하여 나를 믿는 사람들도 위함이니."(요한복음 17:20)

"내가 아직도 너희에게 이를 것이 많으나 지금은 너희가 감당치 못하리라."(요한복음 16:12)

신앙행위로 받아들여질 하나님의 말씀에 대한 크리스천 사도들과 초대 신자들이 한 것처럼 주님의 인격을 강조하기보다는 기독교가 찾아낸 특정 진리들에 역점을 둔 것은 역사적 비극이다. 예수님이 특정의 가르침을 전해 주지 않았다는 뜻이 아니라, 예수그리스도 자신을 먼저 받아들이지 않는 사람에게는 이러한 가르침이 별다른 의미를 가지지 못한다는 말이다.

하나님의 길은 우리의 길과 같지 않으며, 하나님의 진리는 때때로 우리에게 어렵기만 하다. 당신은 타인을 사랑하는 정도에 비례해서 그 사람을 알 수 있다는 격언은 여기서도 통한다. 우리는 사랑이 맹목적인 것이라고 잘도 떠들어댄다. 실제로는 사랑이 아주 높은 안목을 가지고 있다는 게 정곡을 찌르는 말이다. 우리는 어떤 사람이 그의 아내에 대해서 무엇을 알고 있는지(또는 그 반대의 경우도) 질문하는 성인(成人)의 천진난만함을 발휘한다. 그 사람은 아내를 대단히 사랑하는 것처럼 보인다. 그는 그 누구에게도 가능하지 않은 방법으로 아내에 대해서 알고 있는데, 그것은 타인은 그의 아내를 사랑하지 않고, 그는 아내를 사랑하기 때문이다. 그는 사랑의 눈으로만 볼 수 있는 것을 아내에게서 본다. 따라서 신앙의 험난한 길을 따라 하나님의 사랑의 영역에 들어간 사람들만이 하나님을 이해할 기회를 포착하고 하나님이 인간과 교류하는 독특한 방법을 깨달을 수 있다. 우리는 하나님 자신 그리고 우리에 대한 그의 사랑의 핵심적 진리를 깨닫기 전에는, 하나님의 진리에 관해 토론하는 것은 물론 그 진리를 이해할 태세가 갖추어져 있지는 못하다.

아, 내안에 하나님이 있다.

## 관 계

신앙이 만일 하나의 행위로 규정된다고 하면, 당연히 하나님과 크리스천 사이에 새로운 관계를 시작하게 해 주는 행위가 되어야 한다. 하나님은 그의 외부적 그리고 내면적 말씀으로 크리스천이 될 사람을 하나의 관계로 인도한다. 신앙의 행위로써 크리스천은 하나님에게 다음과 같이 응답한다. "나는 당신의 초대를 수락합니다. 나는 당신의 것이 될 것이며, 또 나는 당신이 나의 것이 되기를 원합니다." 여기서 시작되는 관계에 관하여는 말해 두어야 할 것이 두 가지 있다.

모든 관계에 있어서도 마찬가지겠지만 항상 미래의 세 가지 분명한 가능성이 있다는 사실이 그 하나이다. 크리스천이 하나님과의 관계 속에 성장하거나, 또는 하나님과 소원하고 피상적인 관계만 유지하거나, 아니면 관계를 단절하거나 할 수 있다. 신앙의 관계는 위기, 전환의 순간에 달려 있다. 크리스천은 그 순간에 위험으로 가는 길 또는 좋은 기회로 가는 길 가운데 하나를 선택하며, 신앙을 보다 깊게 하거나 아니면 신앙을 아주 잃어버리거나 한다. 이 경우에 있어서 영향력을 발휘하는 것은 여러 가지가 있다. 그 가운데 가장 중요한 것은 크리스천의 심리적 균형상태와 그의 주변 환경이다. 그러나 무엇보다도 이 관계의 종국적 결과는 하나님과 크리스천 사이의 의사소통과 교류의 정도에 달려있다. 인격체 사이의 관계는 모두 발전하는 것이며, 파트너 사이의 교류는 유익하다. 초대하는 하나님 그리고 이를 받아들이는 크리스천 사이의 교류는 바로 신앙의 핵심이며 의미이고, 신앙을 자라게 하는 영양분이다.

인간관계에 대해서 일반적으로 맞는 것은 또한 신앙의 관계에도 맞는다. 즉 관계란 깊어지지 않으면 점차 사라져 버리는 것이다. 식물의 뿌리처럼 신앙은 보다 깊어지지 않으면 죽음의 법칙에 따를 수밖에 없다. 인격체간의 관계는 살아 있는 것이다. 그 관계는 활발한 진화, 사랑하는 사람에 관한 새로운 발견 그리고 사랑하는 사람에게 대한 새로운 자아전달에 의해서 성장한다. 사랑의 관계는 선물의 교환에 있다고 이냐시우스 로욜라(Lgnatius Loyola)는 말했다. 선물의 교환이 없다면 아무도 인간적 일치를 유지할 수 없다. 신앙의 관계에 있어서는 이러한 상호작용, 상호적 자아개방, 선물의 교환이 주로 기도생활이라고 하는 것에 달려 있다. 누구든지 기도 속에서 하나님을 발견하지 못한다면, 그는 의미에 충만한 신앙을 그리 오래 견지하지 못할 것이다.

다음으로는, 어떠한 관계에 있어서든지 부르짖음은 불가피하며, 잘 처리하기만 한다면 가치있는 것이라는 점이다. 이 부르짖음을 통해야만 비로소 신앙과 사랑의 유대가 최초의 약한 상태를 벗어나 시련을 견딘 견고한 상태에 이른다. 부르짖음을 성공적으로 처리하는데서 가능해진 성장을 통하여 신앙은 더욱 더 신뢰와 깊이가 증진된다. 그것은 지속적인 개인적 응답, 하나님의 첫 작용에 대한 인간이 "네"라는 대답이 된다. 그러나 신앙의 최초의 "Yes"라는 대답 속에는 수많은 "Yes"가 들어있다. 마이클 쿠오이스트(Michael Kuoest)신부는 『기도』라는 저서에서 다음과 같이 말한다.

주여, 나는 "네"라고 말하기가 두렵습니다.
당신은 어디로 날 데려가는지요?
나는 긴 지푸라기를 잡기가 두렵습니다.
나는 읽어보지도 못한 합의서에 서명하기가 두렵습니다.

아, 내안에 하나님이 있다.

나는 다른 "네"라는 대답들을 포함하고 있는
"네"를 말하기가 두렵습니다.

쿠오이스트 신부는 "하나님과 씨름을 해 본 사람만이 이 기도를 이해할 수 있다"고 말한다. 신앙의 관계는 일반적인 인간이성을 초월하는 반면, 전인격적 헌신과 일생을 건 약속을 무모하리만치 요구한다. 그 관계는 쉬지 않고 깊어지고 정화되며, 거기에는 하나의 역사, 그리고 진화과정이 있어야 한다. 끊임없이 낡은 복종의 단계에서 탈피하여 새로운 복종의 단계로 이행해야 한다. 인간의 사랑과 마찬가지로 변모가 있다. 풋신앙의 쇳조각은, 풋사랑의 쇳조각처럼, 점차 성숙하여 황금으로 변해야 한다.

그러니까 신앙의 관계에는 고통과 의혹이 없을 수 없다. 심리적으로 잘 정돈된 사람들은 보통 이러한 고통과 의혹의 예리한 칼날을 피한다. 가정적, 교육적 그리고 정서적 배경이 성숙되고 균형잡힌 인격을 지탱해 주는 경우에는 특히 그러하다. 결코 "신앙을 잃지 않는" 또 다른 사람들은 고통스런 회의와 내면적 갈등의 암흑을 피해가지만, 그것은 신앙을 위해 자기 자신과 자기 생명을 별로 바치지 않는 방법으로 이루어진다. 그들은 잃을 것도 없지만 얻을 것도 별로 없다. 그러나 이런 사람들은 자꾸만 은혜의 영향과 범위에서 자아를 멀리 하는 게 보통이며, 점차 하나님에게서 멀어진다. 이 경우 의미 깊은 신앙의 퇴보가 불가피하다.

"당신은 당신이 준 것을 받는다"라는 격언이 여기서도 그대로 적용된다. 불을 일으키려 않거나 신앙에 따르는 헌신의 길을 피하려는 인색한 크리스천에게 있어서 신앙은 퇴보하여 죽어 버리고 말뿐이다. 자아를 포기하지 않는 사람은 새로운 생명을 얻기 위해 부활할 수 없다. 예수님은 다음과 같이 말한다.

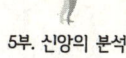
### 5부. 신앙의 분석

"씨가 만일 땅에 떨어져 죽지 않는다면 그 씨는 살 수 없다…. 자기를 항상 찾는 사람은 자기를 잃을 것이나 자기를 기꺼이 잃으려 하는 사람은 자기를 찾을 것이다."

아씨시의 또 다른 역설이 있다. 즉, "우리는 주는 데서 받는다"라는 말이다.

# 6부. 체험과 기도

6부. 체험과 기도

# 체험과 기도

사실 수많은 종교예식이 지엽적이고 무의미하다.
일정한 양식의 기도를 끝없이 지루하게 반복해야 무의미한 것을.
그래도 자꾸만 형식적인 기도를 반복하는 신도들을 우리 모두가 알고 있다.
이런 사람들은 자기의 업적과 기도의 분량 덕분에 구원되리라고 믿으며
바리새파적 위안을 받는 것처럼 보인다.
이것은 강박 관념적, 충동적 신경질환의 증세이다.
우리는 이웃 사람의 잘못을 정확하게 기억하고 그를 미워하면서도
식사 전후에 감사기도는 잊지 않고 하는 사람의 위선을 똑똑히 보아 왔다.
또 우리는 하나님에게 일주일에 겨우 단 하루와 1불을 바치면서도
하늘나라에서는 한 자리 차지할 희망에 부풀어 있는 사람들도 많다.

**신앙의** 주장과 내용에 대한 과학적 증거도 없고, 또 신앙의 과정을 객관화시키거나 보증할 가능성도 없다. 신앙에 도달하는 체험은 이런 종류의 과학적 탐구의 대상이 되지 못할 뿐이다. 어떠한 자연과학도 하나님이 인류역사 또는 개인 생활에 초자연적으로 개입하는 것을 하나의 사실로 입증할 수 없다. 이런 현상은 자연과학의 범위에서 벗어나는 것이다. 그러나 신앙에 있어서는 우리가 "실존적" 또는 체험적 증명이라고 하는 것이 있다. 이것은 마치 쵸콜렛 아이스크림의 맛, 또는 낙엽이 지고 대기가 상쾌한 가을날의 아름다움과도 같다. 이 세상에는 실제로 개인적 체험을 통해서만 알 수 있는 일들이 많다.

『푸른색이 모이면』이라는 영화에서 한 눈먼 소녀가 할아버지에게 "할아버지, 초록색은 어떻게 생겼나요?"라고 묻는다. 그러자 화가 난 할아버지는 "이 얼간아! 초록색이 초록색이지 뭐냐! 다시는 그따위 질문하지도 마"라고 대꾸한다. 이어지는 장면은 매우

아, 내안에 하나님이 있다.

측은하다. 소녀는 손으로 풀을 뜯어서 뺨에 문질러본다. 초록색의 실체를 체험하려고 애쓰다 헛수고만 하고 만다.

『호건씨의 염소』를 쓴 극작가 윌리엄 앨프레드(William Alfred)가 이렇게 말한 적이 있다. "하나님이 존재하지 않는다고 내게 말하는 사람은 마치, 열정적인 사랑과 같은 것은 존재하지 않는다고 말하는 여섯 살 난 어린애와 마찬가지다. 그들은 아직까지 하나님을 체험하지 못한데 불과하다."

빌리 그레이엄(Billy Graham)목사는 "나는 하나님의 존재를 개인적 체험으로 안다. 나는 내가 그를 알고 있다는 사실을 안다. 나는 그와 이야기를 나누었고 그와 함께 걸어가기도 했다. 그는 나를 돌보아 주며, 나의 일상생활 속에서 움직인다"라고 말했다.

최근의 루 해리스 여론조사에 의하면 미국인의 97%가 어떤 형태이든 개인적인 하나님을 믿고 있다고 하는 걸 보면, 하나님을 체험하는 일은 거의 모든 사람에게 가능하다. 하기야 통계는 최종 판결도 아니고 또 그런 판결이 될 수도 없다. 신앙은 초콜렛 아이스크림, 가을날씨 그리고 초록색처럼 여전히 개인적 체험이다.

예수 그리스도의 모든 가르침의 기초는 당신과 내가 하나님이 힘, 평화 그리고 사랑스런 현존을 우리 생애 기간 중 체험 가능하다고 기대할 수 있다는데 있다. 죽기 전 제자들에게 마지막으로 남긴 예수님의 말씀은 다음과 같다.

"내가 진실로 진실로 너희에게 이르노니 나를 믿는 자는 나의 하는 일을 저도 할 것이요 또한 이보다 큰 것도 하리니 이는 내가 아버지께로 감이니라. 너희가 내 이름으로 무엇을 구하든지 내가 시행하리니 이는 아버지로 하여금 아들을 인하여 영광을 얻으시게 하려 함이라. 내 이름으로 무엇이든지 내게 구하면 내가 시행하리라. 너희

## 6부. 체험과 기도

가 나를 사랑하면 나의 계명을 지키리라. 내가 아버지께 구하겠으니 그가 또 다른 보혜사를 너희에게 주사 영원토록 너희와 함께 있게 하시리니. 저는 진리의 영이라 세상은 능히 저를 받지 못하나니 이는 저를 보지도 못하고 알지도 못함이라 그러나 너희는 저를 아나니 저는 너희와 함께 거하심이요 또 너희 속에 계시겠음이라. 내가 너희를 고아와 같이 버려두지 아니하고 너희에게로 오리라. 조금 있으면 세상은 다시 나를 보지 못할 터이로되 너희는 나를 보리니 이는 내가 살았고 너희도 살겠음이라. 그 날에는 내가 아버지 안에 너희가 내 안에 내가 너희 안에 있는 것을 너희가 알리라. 나의 계명을 가지고 지키는 자라야 나를 사랑하는 자니 나를 사랑하는 자는 내 아버지께 사랑을 받을 것이요 나도 그를 사랑하여 그에게 나를 나타내리라." (요한복음 14:12~21)

궁극적으로는 이러한 상호 작용과 체험으로 신앙의 관계가 발전하고 깊어지는 것이다. 기도하며 하나님을 찾는 사람, 그리고 크리스천의 생명과 인격을 어루만짐으로써 그의 노력에 보상을 주는 하나님으로부터의 이러한 성장이 이루어진다. 어떤 사람들은 하나님이 체험을 과소평가하고 신앙을 마치, 사후에야 나타나는 광명을 찾아 캄캄한 암흑 속을 헤매는 것이라고 묘사하기도 하지만, 나는 여기에 조금도 동조하고 싶지 않다. 생활 속에서의 체험이 한정된 것일지라도 우리는 타보르산이 순간이 필요하며 하나님도 그 순간을 제공해 주길 원한다. 베드로, 야고보, 요한이 잠깐 사이나마 예수님을 통해서 찬란히 빛나는 하나님의 영광을 목격한 것은 바로 타보르산 위에서이다. 우리 모두는 각자의 생애 기간 중 하나님의 빛이 우리 어두움을 비추고 하나님의 아름다움이 우리의 정신과 마음을 기쁘게 할 변모의 순간을 맞이해야 한다. 그렇지 않다면 신앙은 아주 고독한 존재일 뿐이다.

## 그릇된 종교체험과 진정한 종교체험

앞으로 설명될 종교체험에 관해 읽으면서 여러분은 여러분이 알고 있는 "종교인"들을 머리 속에 떠올릴 것으로 보인다. 하나님의 거룩한 이름과 신앙의 이름으로 항상 자기 주변에 있는 사람들을 매도하고 꾸짖는 척하고 성난 표정의 사람들이 우리 옆에 늘 있게 마련이다. 그래서 나는 종교체험의 경우 그릇되고 왜곡될 가능성에 관해 한마디 언급되어야 한다고 생각한다. 확실히 진정한 하나님의 체험과 구별되어야만 하는 신경질적 종교체험이 존재한다. 그릇되고 상상적인 종교체험이 있다. 이러한 가짜 체험을 듣는 경우 신앙을 가지려는 사람들은 역겨움만 느낄 뿐이다.

신앙이 진정한 종교체험으로 통하기 하는 이러한 착각들 가운데는 죄의식에 쫓기는 사람들의 그릇된 양심도 포함된다. 그들이 하나님을 체험하는 것은 영속적이고 참혹한 양심의 가책, 비인간적인 죄의식 속에서이다. 또 하나는 종교체험이라고 말해지긴 하지만 사실은 얇은 베일에 가린 미신에 불과한 것이 있다. 이런 종교 태도는 "플라스틱 기독교"라고 불리 운다. 그 대표적 예는 달리는 자동차 유리창에 플라스틱으로 된 예수님 상(象)을 부적처럼 달아놓는 일이다.

많은 사람들의 종교체험이 착각이다. 이들은 번데기 신도에서부터 독실한 크리스천에 이르기까지 다양하며, 이들이 가지고 있는 하나님의 이미지는 친절한 산타클로스 노인에서부터 자기의 신도들을 손아귀에 쥐려는 복수의 스크루지 영감에 이르기까지 다양하다. 사실 수많은 종교예식이 지엽적이고 무의미하다. 일정한 양식의 기도를 끝없이 지루하게 반복해야 무의미한 것을 그래도 자꾸만 형식적인 기도를 반복하는 신도들을 우리 모두가 알고 있다. 이런 사람들은 자기의 업적과 기도의 분량 덕분에 구원되리라고 믿으며 바리새파적 위안을 받는 것처럼 보인다. 이것은 강박 관념적, 충동적 신경질환의 증세이다.

우리는 이웃 사람의 잘못을 정확하게 기억하고 그를 미워하면서도 식사 전후에 감사기도는 잊지 않고 하는 사람의 위선을 똑똑히 보아 왔다. 또 우리는 하나님에게 일주일에 겨우 단 하루와 1불을 바치면서도 하늘나라에서는 한 자리 차지할 희망에 부풀어 있는 사람들도 많다.

이러한 가짜 종교체험을 열거하자면 끝이 없겠지만, 대표적으로 그릇된 종교체험에 사로잡힌 사람들은 율법 우선주의적 사고 방식을 가진 사람들이라고 할 수 있다. 그들은 스스로 결정을 내리지 못하며, 따라서 다른 사람이 주는 상세한 지시에 따라 가면서 그 도덕관에 있어서는 영원한 어린아이로 남으려고 한다. 양심의 행위는 우리에게 개인적 결단을, 그리고 그 결단에 따라 살 결심을 요구한다. 그러나 너무나 많은 종교적 타입의 사람들이 아무런 판단도 내리지 않고 또 자기 것은 아무 것도 위태롭게 하지 않으려 한다.

이런 예는 얼마든지 들 수 있다. 또 여러분은 여기 적힌 것보다 더 많은 예를 알고 있을 것이다. 그러나 아무리 이러한 불유쾌하고 기만적인 종교체험이 모두 열거되고 기록된 뒤라 해도, 참된 종교체험은 역시 별도로 가능한 것이며 사람 또는 신앙의 관계에서 성장하기 위해서는 절대적으로 필요한 것이라는 점을 잊어서는 안 된다. 말할 것도 없이 이 진정한 종교체험은 항상 특수하고 개인적인 것이다. 두 사람이 동일한 방법으로 신앙의 실체를 경험하는 일은 결코 없을 것이다. 그래서 종교체험을 실증적으로 연구한다해도 일반 법칙에 기초를 둔 과학적 설명은 개인의 독특한 체험에 제대로 적응될 수가 없다.

그렇지만 진정한 종교체험과 그릇된 종교체험을 구별하는 어떤 기준이 없어서야 되겠는가? 여기에 세 가지 시험 방법을 제시해 보겠다. 하나는 "시간"의 시험이다. 격앙된 감정 상태에서 사람들은 자기를 어루만지는 하나님의 손길을 느꼈다고 고백하는 일이 가끔 있다. 만일 이 체험이 사실은 당시 여건에서 촉발된 감정의 자연스런 힘에 불과하다고 하면 그 현상은 곧 사라지고 효과도 지속되지 않을 것이다. 그러나 만일 하나님이 참으로 그의 생명 속으로 들어간 것이라면 그는 결코 예전 상태로 되돌아갈 수 없다.

두 번째는 "현실"의 실험이다. 그릇된 종교체험, 즉 중요 인물로 인정되기를 또는 심지어 처벌받기를 원하는 어떤 무의식적 욕구에 응답하기 위해서 만들어낸 체험은 그 사람을 주변 현실로부터 고립시키는 경향이 있다. 모든 착각은 개인과 현실 사이의 환상적 격차이다. 현실과의 접촉의 의미를 오래 연구하지 않아도, 우리는 각자 현실과 접촉하는 체험이 정도가 다르다고 말하면 충분하다고 하겠다. 어떤 사람은 삶에 대해서 건강하게 "아멘"하고 대답하며, 또 어떤 사람은 허무맹랑한 환상이 세계에서 과도한 시간을 낭비한다. 하나님이 진정한 종교체험을 통해 개인의 생명으로 들어가는 경우 그 결과는 현실과의 보다 깊은 접촉으로 나타난다. 이렇게 하나님을 체험한 사람의 생활은 더욱 생동하고, 그는 타인과 주변 세상을 더 예리하게 의식하게 된다. 그 미(美) 의식은 더욱 날카롭고, 고통받는 사람을 위한 동정심도 더욱 깊어질 것이다.

끝으로 "사랑"의 실험이다. 하나님은 사랑이라고 말했다. 그는 자기 모습대로 인간을 창조하였으므로 인간의 사명은 사랑하는데 있다. 어떠한 형태나 방법, 또는 어떠한 순간에든지 하나님이 개인의 삶에 개입한 경우, 하나님의 손길이 머무는 그 사람은 더욱 사랑하게 될 것이다. 자기 만족과 유아독존의 의(義)로움만을 낳는 체험은 하나님으로부터 오는 것이 결코 아니다. 인간이 참으로 자기 자신과 자기 삶의 내부로 하나님을 초대하게 되면 그는 과거상태로 되돌아 갈 수 없을 뿐 아니라 주변 현실과 더 깊이 접촉하게 되고 또 가장 멋있는 일은 그의 마음이 가장 높은 하나님의 선물 즉 사랑의 선물론 점차 넓어질 것이라는 점이다. 고린도인들에게 보낸 편지에서 사도바울은 말하고 있다.

"너희는 더욱 큰 은사를 사모하라 내가 또한 제일 좋은 길을 너희에게 보이리라. 내가 사람의 방언과 천사의 말을 할지라도 사랑이 없으면 소리나는 구리와 울리는 꽹과리가 되고 내가 예언하는 능이 있어 모든 비밀과 모든 지식을 알고 또 산을 옮길 만한 모든 믿음이 있을지라도 사랑이 없으면 내가 아무 것도 아니요, 내가 내게 있는 모든 것으로 구제하고 또 내 몸을 불사르게 내어 줄지라도 사랑이 없으면 내게 아무 유익이 없느니라."
(고린도전서 12:31~13:3)

## 하나님과 만나는 장소

사람은 누구나 하나님을 올바르게 체험할 수 있다. 우리가 찾기만 한다면 어둠 속에 있을 때 빛을, 무기력해졌을 때 그의 힘을, 고독할 때 그의 현존을, 상처받았을 때 그의 치료를 체험할 수가 있다. 사실, 신앙의 눈은 모든 사물 속에서 하나님을 찾아 만날 것이다. "그들이 모든 사물 속에서 하나님을 찾고 또 만나게 하라"는 격언을 남긴 이냐시우스 로욜라(Lgnatius Loyola)의 독특한 종교적 재질이 바로 이것이다.

인간적 사랑의 기쁨, 상쾌한 일몰(日沒), 별빛, 사철나무 가지가 휘어지도록 내린 겨울철의 폭설, 하루가 끝났을 때 찾아간 난로가에서 우리는 하나님을 찾아보고 발견해야 한다. 모든 현실은 하나님의 반영이며, 하나님은 보다 심원한 존재 양식으로 모든 사물에 깃든다. 모든 현실 속에는 수많은 존재양식이 있다. 우리가 쉽게 겪는 위험성은 피상적인 것의 위험이다. 아름다운 나무를 보면서 우리는 그냥 목재만 생각하기 쉽다. 깊은 뜻을 지닌 시를 볼 때 단어만 보기가 쉽다. 가장 깊고 최종적인 수준의 존재는 하나님 자신이다. 그것은 모든 존재는 그의 존재와 아름다움에 참여하는 것이기 때문이다. 따라서 크리스천의 입장에서 보면 모든 존재가 성스러우며, 하나님의 권능과 현존의 구체적인 징표가 된다. 예수님의 시인인 제럴드 맨리 홉킨스(Gerard Manley Hopkins)는 『독일의 난파선』이란 시에서 이렇게 노래했다.

  무수한 별들, 아름답게 퍼지는 별빛,
  그를 토해내는 이 별들에게 나는 인사를 합니다. 그리고
  광채와 천둥 속에 숨은 영광에게도,

## 6부. 체험과 기도

또한 별 총총한 저녁 하늘을 향해서도
아, 이 세상의 광채와 경이로움 아래 감추어진 그이여.
당신의 신비는 더 한층 돋보이기만 합니다.
나는 그를 만날 때마다 인사하고
알아들을 때마다 축복을 드립니다.

홉킨스는 이 시대에서 자연계에서 만나는 하나님을 시적으로 표현하고 있다. 크리스천은 이 세상을 건성으로 지나가는 것이 아니라 바로 하나님의 세상을 여행하는 것이며, 하나님이 창조한 세상, 그의 존재를 반영하고 또 그가 살고 있는 이 세상을 여행하는 것이다. 크리스천은 자신의 신앙 속에서 각자의 방법으로, 그 능력과 기질에 따라 일상생활 속에서 하나님과 만나거나 또는 체험을 하지 않으면, 신앙생활과 신앙의 관계는 점차 시들어 버리고 만다.

현대의 독일 신학자 요세프 파이퍼(Joseph Pfeiffer)는 신앙생활의 가장 큰 장애가 "부주의"라고 말한 바 있다. 하나님은 우리 주위에서 일하고 말하고 치유하고 회복시켜 주는데도 우리는 눈이 멀어 있다. 우리는 예루살렘 성문밖에 앉아 "다윗의 자손, 예수여 나를 불쌍히 여겨 주십시오! 주여 내 눈을 뜨게 해 주소서!"라고 간청하던 복음서의 장님 바디매오와 함께 기도해야 한다.

현대의 위인이고 거룩한 신학자 칼 라너(Karl Rahner)는 우리 일상생활에 있어서 하나님의 권능과 종교체험이 이루어지는 여러 가지 방법을 열거한다.

하나님을 영적으로 체험할 수 있는 경우들 : 제대로 대우받지 못할 때 자신을 변호하고자 하는 충동이 솟구침에도 불구하고 우리는 아, 내안에 하나님이 있다.

　　침묵을 지켰던가? 타인을 용서해도 아무런 이득이 돌아오지 않고 또 그 용서가 아주 당연한 것으로 받아들여질 때에도 우리는 타인을 용서한 적이 있는가? 감사의 말, 인정 또는 내면적 만족감조차 없어도 우리는 희생을 한 적이 있는가? 아무에게도 설명할 수 없는 자신의 결정에 대해 홀로 책임을 쳐야 한다는 것을 알면서도 다만 양심 때문에 그러한 결단을 내린 적이 있는가? 따뜻한 지원도 기대할 수 없고, 우리 행위가 암흑 속으로, 그저 상식에 벗어난 방향으로 뛰어드는 것일 때에도 순전히 하나님의 사랑만을 위해서 우리는 행동하려고 시도한 적이 있는가? 감사만 받으려 하지 않고 심지어는 "희생적"인 일을 했다는 만족감조차 기대하지 않고서도 우리는 타인에게 좋은 일을 베푼 적이 있는가? 만일 우리가 살아가는 동안 이러한 체험을 했다면, 우리는 이미 우리가 찾고 있는 성령을 바로 체험한 것이 된다.

　　　　　　　　　　　『당신은 하나님을 믿는가?』중에서-

　　자기 주변의 모든 사물, 모든 사람에게서 하나님을 찾으려하고 발견하게 된 크리스천은, 신학자들이 "크리스천의 자연성"이라고 부르는 특성, 은혜에서 오는 본능을 성숙시키게 된다. 그 본능은 인간을 하나님의 권능으로 접근시키며, 우리의 방법과는 거의 늘 상이한 하나님의 방법에 적응토록 해 준다. 하나님이 우리에게 수많은 기회에 또 수많은 장소에서 말하고 있다는 얘기를 듣지만, 우리는 너무나 자주 부재와 침묵을 겪는다. 우리가 "성인(聖人)"이라고 부르는 사람들은 어디서나 또 누구에게서나 하나님의 음성을 듣고 하나님을 보는 것 같다.
　　특출한 지성과 견고한 신앙의 소유자인 삐에르 떼이야르 샤르뎅(Pierre Teilhard de Chardin)은 다음과 같은 글을 썼다.

## 6부. 체험과 기도

"나는 하나님을 어디서나 보고 또 어디서나 만진다. 모든 사물은 내게 모든 것인 동시에 아무 것도 아니다. 모든 것이 내게 하나님이며 동시에 먼지이다. 주님이신 하나님, 나는 믿습니다… 내가 아는 것은 당신의 선물이 아닙니다. 내가 만나고 있는 것은 바로 당신 자신이며, 당신 존재에 내가 참여하도록 만든 당신, 또 그 손으로 나를 빚어 준 당신 자신을 내가 만나고 있는 것입니다."

-『하나님의 사물들』중에서-

우리는 대부분 자기 자신에게 관계되는 사물에서 하나님의 존재와 전능을 체험하려한다. 선천적인 자아 중심적 조건에 얽매여 우리는 항상 우리만을 위한 하나님의 호의를 요구한다. 우리는 하나님의 의지를 이용하여 우리 삶을 더욱 편안하게 하고 또 자신이 더욱 사랑 받는 존재가 되어 보려고 한다. 우리는 항상 하나님이 우리를 위해 무엇을 할 것인지 명령하지만 그러나 우리가 그를 위해 무엇을 할 수 있는지에 관해 하나님께 물어보는 경우는 거의 없다. 하나님의 첫 번째 계명 즉 사랑하는 일을 아직도 깨닫지 못했기 때문에 하나님의 침묵을 발견하는 게 아닌지? 수많은 형제자매가 다만 생존하기 위해 먹을 것을 찾으려고 쓰레기 통을 뒤지고 있을 때에도 우리는 하나님에게 사탕과 과자를 달라고 소리쳐 요구하지는 않는지? 하나님은 이기심에 대해 이상하게도 침묵의 방법을 쓴다.

우린 아직 하나님의 나라를 먼저 구하고 나머지는 그 다음에 주어지기를 기다리는 법을 배우지 못했는지 모른다. 우리는 자아를 잊어버리기를 배우지 못했고 하나님의 나라에서 우리 자리를 찾으려 하지는 않고 오히려 하나님을 우리 계획안에다 맞추어 넣으려 하고 있다.

아, 내안에 하나님이 있다.

멜콤 보이드(Malcolm Boyd)의 『예수님, 당신은 나와 함께 달리고 있는지요』라는 저서에 들어 있는 "제자의 기도"의 핵심명제가 그것이라고 생각한다. 우리는 하나님의 지시에 자신을 맡기려 하지 않고 오히려 우리 나름대로의 증인 몇 제자의 태도를 하나님에게 일방적으로 통고하려 한다. 이렇게 되면 하나님, 그의 권능과 현존에 대한 체험은 우리의 완고한 이기심 때문에 이루어질 수 없을 것이다. 자기 생명을 구하려는 사람은 그것을 잃을 것이며, 생명을 버리는 사람은 그것을 찾을 것이라고 한 예수님의 말씀에도 귀를 기울이지 않을 것이다.

나의 지난 시절을 돌이켜보면, 분명히 하나님의 현존을 체험할 수 있었는데도 불구하고 내가 너무 지나치게 나 자신에 집착해 있었기 때문에 그 체험을 못하게 된 상황이 참으로 많았다고 생각한다. 내 요구를 하나님에게 억지로 관철시키는데 분주했기 때문에 나는 하나님이 내게 하는 요구의 말씀을 듣지 않았다. 질문을 잘못 던졌기 때문에 나는 대답을 듣지 못했다.

하여간 종교체험에 이르는 가장 빠른 지름길은 은혜를 구하는 일이다. 자기 것을 주고 나누어 가지고, 타인을 위로하고 상처를 감싸주고, 낙담한 사람을 격려하고 싸움을 말리며, 잊혀진 친구를 찾아가고, 의혹을 떨쳐 버리고 그 대신 신뢰를 회복하고 신앙을 잃은 사람을 격려하고, 무력감을 느끼는 사람으로 하여금 나를 돕게 하고, 약속을 지키고 낡은 원한을 묻어 버리고, 타인에게 대한 요구를 줄이고, 원리 원칙을 위해 싸우며, 감사할 줄 알고, 두려움을 극복하고, 자연의 아름다움에 감사하고, 타인에게 사랑한다는 말을 여러 번 반복해 주는 일, 이러한 모든 일이 이루어지도록 해 주는 은혜를 구해야 한다.

항상 하나님에게 그릇된 질문들 그리고 그릇된 요구만 했기 때문에, 나는 일상생활에서 만나는 주위의 모든 사물과 모든 사람을 통하여 내게 주어진 하나님의 말씀을 듣지 못했을 가능성이 농후하다. 시편의 저자는 "오, 하나님, 내 안에 사랑하는 마음, 들으려 하는 마음을 창조해 주십시오!"라고 기도한다. 아마도 이러한 마음을 구하는 기도를 해야만 할 것이다.

## 길고 느린 과정

우리는 신앙의 과정이 주의 깊게 하나님의 외부적 말씀을 파악하는 일, 우리를 신앙의 행위로 인도하는 하나님의 내면적 말씀을 향해 우리의 마음과 정신을 활짝 열어놓는 일이라고 서술했다. 그런데 이제 이 신앙의 행위는 신앙의 새로운 관계로 우리를 인도하며, 이 관계는 지속되는 종교체험, 하나님과의 교류, 사랑의 선물을 교환하는 일로 해서 더욱 깊어진다. 처음에는 이 관계의 밑바닥이 얕고, 실질적이지도 못하며 심원한 면도 없는 연약한 성장 단계의 것으로서 보다 깊이 뿌리를 내리도록 노력해야 한다. 앞에서 인용한 시인 홉킨스는 그의 시에서 "생명의 주님이여, 나의 뿌리에 비를 내려 주십시오"라고 기도한다.

인간이 하나님을 탐구하는데 있어서 가장 견디기 어려운 면은 그 추구하는 과정이 길고 또 험난한데 있다. 비틀거리며 걸어가는 사람에게는 하나님의 얼굴이 보이지 않게 되어 있다.

C·S·루이스(C·S·Lewis)는 『고통의 문제』라는 저서에서 하나님이 신앙생활을 통하여 인간을 변화시키는 과정을 개를 길들이는 과정에 비유한다. 개는 그 본성이 거칠고 탐욕스럽고 더럽고

제멋대로 움직인다. 우리는 개를 가정 안에서 살도록 훈련시키고, 새로운 신호와 반응을 전적으로 가르쳐 주어야 한다. 그 과정이 가르치는 사람에게도 고통스럽고 지루한 것이라고 한다면, 안락 의자를 물어뜯는 다거나 동양식 융단에 오줌싸는 일이 죄가 된다고 생각할 줄 모르는 개에게는 더욱 큰 괴로움이 된다.

이 길들이는 과정 전체는 개의 본성에 반대될지도 모르나, 인내는 보상을 가져오고 실제로 개의 습관을 아주 향상시키는 결과를 낳는다. 종국적으로 개는 개로서보다 사람처럼 행동하게 된다. 개는 애정을 느낄 줄 알고, 충직해지며, 심지어는 개 나름대로 사교성도 발휘하게된다. 개는 인간의 특징들을 습득하고 지속적인 훈련이 주입한 인간적 행위양식을 받아들인다. 개가 개로서 행동하기보다는 사람처럼 행동하는 것이 더 자연스럽게 보인다. 훈련과정의 모든 고통, 특히 비눗물 탕 속에서의 두렵고 고통스런 기간은 인간의 인내와 참여에 의해서의 작은 잡종개에 열려진 기쁨의 세계에 비한다면 아무 것도 아니다.

이와 마찬가지로 우리와 우리 생활 속에 작용하는 하나님의 끈질긴 노력은 수많은 고통의 순간, 질병, 고독, 상실과 실패를 겪는데 우리는 생명에 들어가기에 앞서, 새로운 세계가 우리에게 열리기에 앞서 이러한 것들을 겪어야 한다. 우리가 박애와 기도에 충실하려고 노력하는 과정에서 목욕탕에 처박힌 강아지처럼 비참하다는 느낌을 갖게 되는 경우도 있다. 또 우리는 자주 공포에 떨며, 하나님이 정말로 우리와 우리 생애에 관해서 무슨 일을 하려고 하는지 의심을 품고 질문하게 된다. 예수님은 우리에게 항상 깨어 지키라고 격려하며, 우리에게 닥쳐와 계속 반복될 하나님의 시간을 기다리라고 권고한다. "깨어 지키며 기도하라. 왜냐하면 아무도 하나님의 때를 알지 못하기 때문이다"라고 예수님은 말했다.

### 6부. 체험과 기도

하나님의 사랑스런 손길은 항상 우리 생명을 어루만져 주고 있지만, 그러나 우리를 특별히 어루만져 주고, 만일 우리가 개방되어 있고 즐겨 응하려 한다면 우리를 새로운 차원의 사랑으로 끌어올려 주는 특별한 순간, "하나님의 때"가 있다. 영국인 예수회 순교자 한 사람은 순교 전 날, "하나님의 때는 인간의 인내가 한계에 도달했을 순간에만 오는 경우가 종종 있다"라고 말했다.

이것은 바로 우리 모두가 각자의 생애의 어느 시점에서 성인을 알아보는 이유이다. 기록에 크게 남거나 예배 경본에 그 이름이 나오지 않는다 하더라도 우리 가운데에는 성인들이 있다. 그들은 끈기 있는 하나님이 크리스천 속에 무엇을 할 수 있는지 보여주는 살아 있는 모범이 된다. 그들 속에서 하나님이 이룩한 기적들, 온화함, 충직, 이타적인 성격, 순진성, 환희 그리고 평화의 기적을 보고 우리는 용기를 얻는다. 그들이 사랑이신 하나님처럼 행동하고 인간처럼은 행동하지 않는 것이 더 자연스럽게 보이기조차 하다. 길고 느린 신앙의 과정이 그들을 변화시켰다. 그들은 우리 모두가 부러워하는 방법으로 하나님과 일치했다고 보여진다. 그들은 하나님의 언어로 이야기하고 하나님은 또 그들의 언어로 이야기하는 것 같다. 그들은 하나님의 마음과 정신을 알고 하나님은 또 그들의 마음과 정신을 안다.

불란서의 작가 레옹 블로이(Leon Bloy)는 이렇게 말한 일이 있다. "성인들만이 행복하다. 우리 모두가 성인이 되지 못했다는 것은 가련한 일이다."

지속적인 종교체험을 통한 신앙과정의 지루함과 곤란은 마저리 윌리암스(Masery Williams)의 『벨베트의 토끼』라는 책에서 인용한 다음 구절에 가장 잘 나타난다.

아, 내안에 하나님이 있다.

"실질적인 것이란 무엇인가?"

나나가 방 치우러 오기 전에 간호실 곁에 나란히 누워 있을 때 토끼가 말했다. "그건 너희들 안에 시끄럽게 구는 뭔가를 가지고, 뻗쳐 나온 손잡이를 가지고 있다는 의미가 아니겠는가?" 여기에 대해 껍질 말이 대답했다. "당신이 생긴 것은 실제적이 아니다. 그건 당신에게 우연히 이루어진 것이다. 어느 아이가 아주 오랫동안 당신을 사랑해 왔는데 그것은 그냥 당신과 함께 놀기 위한 것이 아니라 실제로 당신을 사랑하는 것이라면 그때 당신은 실제의 존재가 된다."

그러자 나나가 말했다.

"그런 일은 한꺼번에 일어나는 게 아니다. 당신은 이루어지고 있다. 오래 걸릴 것이다. 깨어질 사람, 예리한 칼날을 가지고 있는 사람, 조심스럽게 다루어야 할 사람에게는 이 일이 그리 자주 일어나지 않는 이유가 바로 거기 있다. 당신이 실제적 존재가 될 때는 머리카락이 모두 빠져 버리고 두 눈이 멀고, 뼈마디가 물러나고 몸은 여위게 되는 것이 일반적이다. 그렇지만 그런 것은 문제가 되지 않는다. 실제적 존재가 된 당신은 이해하지 못하는 사람들을 제외한 모든 사람에게 있어서 결코 보기 싫은 존재가 아니기 때문이다."

## 종교체험의 조건인 신앙

뜻깊은 신앙을 원하는 우리는 모두 하나님에게 이렇게 말하고 있다. "내게 보여 주시면 믿겠습니다!"라고. 이런 태도로는 아무 것도 되지 않는다. 하나님은 그 아들 예수의 생애와 가르침을 통하여 이 과정이 거꾸로 이루어져야만 된다는 것을 명백하게 가르

6부. 체험과 기도

쳐 주었다.

하나님은 이렇게 말한다. "나를 믿으면 내가 네게 보여 주겠다"고. 우리 생명 안에서 또 우리 생명에 관해서 발휘되는 하나님의 권능을 종교적으로 체험하는데 있어서 신앙은 절대적 조건이다. 신약에서 치유를 받은 사람들에게 예수님은 그의 권능이 행사되도록 한 것은 바로 그들이 "신앙"이라는 점을 얼마나 자주 말했는지 주의해 보라. 로마인 백인대장에게 그 아들의 병이 나은 것은 바로 "네 신앙 때문"이라고 말했다. 그와는 반대로 제자들이 와서 왜 자기들은 어떤 젊은이로부터 악마를 쫓아 낼 수가 없는지 물었을 때 예수님은 아주 단순하고 명백하게 대답을 주었다.

"가라사대 너희 믿음이 적은 연고니라 진실로 너희에게 이르노니 너희가 만일 믿음이 한 겨자씨만큼만 있으면 이 산을 명하여 여기서 저기로 옮기라 하여도 옮길 것이요 또 너희가 못할 것이 없으리라." (마태복음 17:20)

예수님의 발아래 놓여지기 위해 지붕을 타고 내려진 반신불수의 소년에 대하여 마가는 이렇게 기록하고 있다.

"예수께서 저희의 믿음을 보시고 중풍환자에게 이르시되 소자야 네 죄 사함을 받았느니라. 하시니 어떤 서기관들이 거기 앉아서 마음에 의논하기를 이 사람이 어찌 이렇게 말하는가 참람하도다. 오직 하나님 한 분 외에는 누가 능히 죄를 사하겠느냐. 저희가 속으로 이렇게 의논하는 줄을 예수께서 곧 중심에 아시고 이르시되 어찌하여 이것을 마음에 의논하느냐. 중풍병자에게 네 죄 사함을 받았느니라 하는 말과 일어나 네 상을 가지고 걸어가라 하는 말이 어느 것이 쉽아, 내안에 하나님이 있다.

겠느냐. 그러나 인자가 땅에서 죄를 사하는 권세가 있는 줄을 너희로 알게 하려 하노라 하시고 중풍병자에게 말씀하시되, 내가 네게 이르노니, 일어나 네 상을 가지고 집으로 가라 하시니, 그가 일어나 곧 상을 가지고 모든 사람 앞에서 나가거늘 저희가 다 놀라 영광을 하나님께 돌리며 가로되, 우리가 이런 일을 도무지 보지 못하였다 하더라."(마가복음 2:5~12)

뭐니뭐니 해도 가장 대표적인 예는 12년 동안 하혈의 고통에 시달려 온 여인의 이야기이다. 그 여인은 예수님의 옷자락만 만져도 병이 나으리라 믿고 그 옷자락이라도 만지려고 애썼다. 이 예가 가장 대표적이라고 하는 이유는 혼잡한 군중 속에 섞여 있는 상황에서 갑자기 뒤를 돌아다보며 제자들에게 던진 이상한 질문 때문이다. 즉, "누가 나를 만졌는가?"라는 질문 말이다. 마침내 그 여인은 예수님의 발 밑에 엎드려 자초지종을 다 고백했다. 예수님은 누군가가 자신에게 손을 대었다는 사실을 특이한 방법으로 알았는데 그것은 치유하는 힘이 자기에게서 빠져나가는 걸 느꼈기 때문이었다. 예수님은 그 여인에게 "여인아, 네 믿음이 너를 살렸다. 병이 완전히 나았으니 안심하고 가거라."라고 말했다. 루이스 에블리(Louis Ebly)는 『그 사람은 당신이다』라는 책에서 이 장면을 다음과 같이 묘사했다.

    누구나 그에게 손을 대었고
    누구나 그에게 달려들었지만,
    치유되거나 변화된 사람은 하나도 없었다.
    단 한 사람만이 신앙을 가지고 그를 만졌다.
    그러자 깊고 깊은 행복감이 그 여인의 온 몸을 꿰뚫고

## 6부. 체험과 기도

지나갔다.
그 여인은 병이 나았다.

우리는 모두 이 때나 저 때나 복음서를 읽는다.
그러나 일반서적처럼 복음서를 읽는다면
우리에게 초자연적인 효험은 일어나지 않는다.
우리는 그리스도를 만질 때와 똑같은 존경심으로
똑같은 신앙
똑같은 기대를 가지고 읽어야 한다.

만일 떡과 포도주를 아무렇게나 받아먹는다면, 예를 들어 성만찬이 거행되는 중 부모의 곁에 있던 호기심 많은 아이가 그 빵이 축사된 것인 줄 모르고 먹었다고 성만찬에 참여한 것은 아니다. 그는 보통 떡처럼 먹었고 그 떡도 그 애에게는 보통 떡이 되어 아무런 은혜도 내려 주지 않는다. 말하자면 복음서에 대해서도 마찬가지이다. 신앙 없이 읽으면 아무런 이득도 없다. 복음서의 그 여인이 그리스도 앞에서 자기 신앙을 시험했듯이 언젠가 우리는 그리스도의 말씀을 듣고 신앙을 가지고 듣고 그를 이행하면 병이 나을 것이다.

아마 가장 확실하고 또 유일한 방법, 하나님의 권능을 체험하는 방법은 이 단순한 여인의 기대에 찬 신앙으로써 예수 그리스도를 만지는 길일 것이다. 우리의 생활 속에서 하나님의 현존과 권능을 발견하기 보다 멀리 떨어져 있고 침묵하는 그를 발견하게 되는 이유는 근본적으로 우리의 약한 신앙에 있는지도 모른다. 마가는 "예수님이 그의 고향에서는 기적을 행할 수가 없었다. 그는 그들에게 믿음이 없다는 것을 보시고 이상하게 여기셨다"고 기록했다.

아, 내안에 하나님이 있다.

쾌락을 탐하고 신앙이 없는 헤롯에게 재판 받으러 압송된 예수님은 그 앞에서 침묵만 지켰다. 복음서에는 이렇게 기록되어 있다.

"헤롯이 예수를 보고 심히 기뻐하니 이는 그의 소문을 들었으므로 보고자 한 지 오래였고 또한 무엇이나 이적 행하심을 볼까 바랬던 연고러라. 여러 말로 물으나 아무 말도 대답지 아니하시니."
(누가복음 23:8-9)

신앙이 없는 사람들은, 이상하게도 그들에게 침묵하는 예수님을 발견한다. 예수님을 십자가에 못박아 매단 군인들도 그들 나름대로 "내게 보여 주면 믿겠다"라는 무익한 요구를 내세웠다. 죽어가는 예수님에게 그 군인들은 "만일 네가 참으로 유대인들의 왕이라고 한다면 너 자신이나 구해라. 네가 십자가에서 내려온다면 우린 너를 믿을 것이다"라고 소리쳤다. 물론 이러한 요구에는 대답이 없었고 다만 예수님의 다음과 같은 기도소리만이 메아리치고 있었다. "아버지, 이 사람들을 용서해 주십시오, 왜냐하면 이들은 자신이 지금 하는 일을 깨닫지 못하기 때문입니다."

"먼저 믿어라" 그러면 하나님의 권능을 반드시 보게 되리라! 징표와 기적을 보고 나서야 믿겠다고 하려면 내게 오지 마라! 먼저 믿어라 그러면 네가 기대했던 것보다 더 많은 징표와 기적을 보여 주겠다. 실제로 너는 내가 행한 것보다 더 위대한 일을 할 것이다. 나는 이러한 명제들이 예수님의 전 생애와 가르침 속에 일관되어 흐르는 기본원리라고 믿는다.

여기에는 솔직한 질문, 솔직한 대답의 여지가 남는다. 자신의 신앙이 연약하기만 하다고 느낄 때 우리는 무엇을 해야 하는가? 이에 대해서 내가 주고 싶은 대답은 아주 간단하고 또 어떤 사람들에게서는 반발을 초래할지도 모르나 분명하게 밝히고 싶다. 우리는 신약성경을 천천히, 기도하듯이, 허심탄회한 마음과 정신을 유지하면서 읽어야 한다. 만일 하나님의 신앙 문제에 있어서 주도권을 행사하고 또 유지한다는 것이 진실이라면, 우리 안에서 일하는 것은 그에게 달려 있다. 우리는 신앙을 만들어낼 수 없으므로 우리의 유일한 책임은 마음을 하나님께 열어 놓는 일뿐이다. 그의 부드러운 부르심에 우리 마음을, 그의 비추심에 우리 정신을 열어 놓아야 한다.

예수님은 요청하라고, 계속해서 요청하라고 우리에게 명하고 있다. 비크리스천이라 할지라도 성경을 심사숙고하며 읽을 수 있을 것이다. 그는 그의 마음과 정신과 생명 안으로 예수님을 초대할 수 있다. 그리고 이것은 인간이 할 수 있는 최선의 한계이다. 나머지는 항상 충실하게 사랑하는 하나님께 맡겨진 일이다. 신앙 또는 보다 깊은 신앙을 찾고 있는 사람들에게 어떤 형태이든지 기도는 절대적으로 필요하다. 그래서 이 장의 마지막 부분에서 나는 기도를 배우는 태도와 방법에 관하여 기본적인 제안을 하려고 한다.

## 하나님과 어떻게 대화할 것인가

기도는 하나님과의 대화이며, 기도의 기술은 하나님에게 "이야기를 하고" 또 하나님의 말씀에 "귀를 기울이는" 방법을 아는 일이다. 상호교류가 신앙의 관계를 더욱 깊게 해 주는 것이라면, 이 대화의 문제는 피상적인 잡담이나 내면적 대화에 불과해서는 안 된다. 거기에는 전인적인 참여 또는 인격과 인격의 만남이 있어야 한다. 기도할 때 우리는 가능한 깊고 정직하게 우리 자신을 개방해야 한다. 그리고 우리는, 하나님이 자신을 우리에게 열어 보여주므로, 그 말씀에 귀를 기울이는데 세심한 주의를 다해 몰두해야 한다.

나는 크리스천들 사이에서 이 기도가 오랫동안 발전되지 못한 이유가 두 가지가 있다고 생각한다. 하나는 인쇄술의 발전으로 기도문의 인쇄와 배포가 가능해졌다는 것이다. 지금까지 너무 오랜 기간 동안 크리스천들은 다른 사람이 작성한 기도문을 암송해 왔고, 이 기도문을 쉴새없이 반복하고 또 반복함으로써 "자기들의 기도를 하도록" 권장되어 왔다. 이러한 기도생활의 성공여부는 잠자리에 들기 전까지 기도문을 전부 암송했는가 하는 분량적인 측면에서 결정되었다. 이러한 기도에의 접근 방식이 일반적으로 그 매력을 상실한 것은 다행한 일이긴 하지만, 한편, 크리스천들이 새로운 보다 개인적인 형태의 기도를 찾는 과정에 있어서 고통스러운 신심의 공백상태를 남겼다.

다른 하나는, 크리스천들의 보다 의미 깊은 기도생활에 장애가 되는 것이 불행하게도 없어지지 않고 있다는 것이다. 하나님이 우리의 개인적인 기도를 들어주도록 기대하지 않는다는 것은 신학적 입장이라기보다도 일종의 태도 또는 마음의 상태이다. 기독교에 대한 이 "자연신교적인" 해석은 영향력을 발휘하고 있는데, 그것은 하나님의 존재를 인정하기는 하지만, 하나님을 가까이 접촉할 수 없는 존재로 만든다. 하나님과의 깊은 개인적 관계가 불가능하다. 이러한 태도는 종교체험이 없는 종교, 만남이 없는 신앙, 기도의 교류가 없는 피상적 관계이다. 창조된 세계 속에서 인격적인 하나님을 발견하기보다는, 창조된 세계 그 자체 즉 막연하게 하나님과 동일시되는 세계만을 발견할 수 있다는 것이 입장이다.
 어깨 너머로 "낡아빠진 교회"를 쳐다보는 현대적인 사고를 가진 제임스 캐버너(James Caval)신부는 『하나님의 탄생』이라는 저서에서 위와 같은 태도를 묘사하고 있다. 그는 자신이 발견한 새로운 하나님은 바람, 비, 그리고 햇빛과 동일하다고 말한다. 그는 주장하기를 그의 새로운 하나님은 "내게 아무 것도 요구하지 않는다"는 것이다. 수많은 현대의 신학자와 저술가들은 이 세상 그리고 개인적 기도의 대화 속에서 유일한 초월자인 하나님과 만날 수 있다는 점을 강조할 때 바로 현대 기독교에 대한 이 자연신교적 영향을 피하려고 노력한다.
 아마도 이 소원하고 피가 통하지 않는 하나님과의 관계는 기도서 암송 때문에 생긴 자발적 기도의 부재(不在)상태에서 연유되었을 것이다. 그러나 우리는 기독교의 전통적 하나님 상에서 현대 자연신교의 또 다른 원인을 발견할 수 있다. 설교와 교리 가르침에서 하나님은 절대적 권위를 가진 존재로 나타났다. 이 세상 저 너머 높은 곳에 있는 그의 옥좌에서 칙령 또는 계명을 내려보내면 제도화된 교회는 그를 대신하여 그것을 규범조항으로 세분하고 반포했다. 인간은 공포와 두려움 속에서 하나님의 뜻에 복종함으로써 구원을 찾으려 노력했다. 이러한 하나님의 이미지 그리고 그의 인간과의 관계 속에서는 개인적인 만남, 요청하고 탄원하는 일, 기도자는 만남의 핵심인 상호 자기 공개와 자아 헌신 등의 여지가 전혀 없다. 하나님은 무조건 즉각적으로 복종하라고 소리지르는 군대의 무서운 상관과 같다.
 기도가 인격체간 관계에 있어서의 상호 교제라는 점을 이해하는데는 사람들이 어떻게 서로 알게 되고 사랑하게 되는지 그 상호 교제를 주의해 보는 것이 좋다. 자기 희생은 순수하게 자아를 아, 내안에 하나님이 있다.

열어 놓는데서만 가능하다. 사랑은 두 사람이 진정으로 자기를 희생하는 모험을 기꺼이 하려고 할 때 비로소 성장하기 시작한다. 이 순간은 우리가 자신을 제 궤도에 올려놓는 순간이며, 있는 그대로의 우리 자신을 타인에게 밝혀주고, 우리의 고통, 우리의 거처를 말해 주는 순간이다. 이러한 의사소통의 경우에는 분명히 거부당할 위험이 내포되어 있다. 그러나 이러한 위험을 각오하지 않는다면 진정한 만남도 있을 수 없다. 이 방법으로 자아를 주지 않는 한 우리는 조금도 자아를 타인에게 열어 보일 수 없다. 이러한 관계가 없다면, 상호 교환하는 물건 또는 선물이 아무 의미가 없다. 사랑은 살아 있는 참여를 요구하지 선물만을 원하는 것은 아니다.

우리는 타인이 우리를 받아들이거나 또는 배척하는 선택의 자유와 맞부딪칠 때 우리자신을 타인의 손에 맡기게 된다. 물론 가장 큰 모험은 타인에게 "나는 당신을 사랑합니다"라고 말할 때이다. 이 말은 보통 받아들여 주기를 요구하는 것이다. 당신은 나로 하여금 당신을 사랑하도록 해주겠는가? 당신은 나를 소유하겠는가? 이것은 바로 하나님에게 같은 질문을 하리라는 희망이 있다. 그러나 현재의 우리 삶에 있어서 진정한 기도의 체험은 그 대부분이 우리 자신, 그리고 사랑 안에서 우리 자신을 하나님께 최종적으로 바치는 일 사이에 있다.

우선 우리는 어떻게 하나님께 말을 해야 하는가? 마틴 루터는 그의 성공적 기도의 법칙에서 "하나님께 거짓말을 하지 말라!"는 제1의 지침을 준다. 얼핏보면 이 지침이 좀 이상한 것 같다. 도대체 누가 하나님께 거짓말을 할 수 있단 말인가? 그러나, 우리는 내심에 없는 일을 말함으로써 실제로는 거짓말을 하고 있는 것이 아닌가? 우리는 실제로 느끼고 있는 감정을 그대로 묘사하는 말

6부. 체험과 기도

들을 피하고, 내심에 감추어 두고 싶은 감정을 왜곡되게 표현하는 어휘를 사용함으로써 사실상 거짓말을 하는 것은 아닌가? 물론 우리는 하나님에게 공손하게 말해야 한다는 가르침을 받고 또 그 가르침을 믿기 때문에 이렇게 경건한 거짓말을 한다. 다른 사람들이 작성한 기도문을 낭송할 때, 하나님과의 대화에 관한 기존의 형식에 따라서 우리자신이 기도문을 만들 때, 또 "오, 하늘에 계신 하나님, 나는 당신을 향해 심원한 신앙, 희망, 그리고 사랑으로 가득 차 있습니다"라고 기도할 때 내 생각에는 우리가 하나님에게 거짓말을 하고 있는 것이다. 또 "전지전능하시고 무소부재하신 하나님"이라고 말을 한 후에도 아무 것도 믿지 않거나 하나님의 눈동자를 의식하지 않는 것, "진실하기를 원합니다."라고 말한 후 거짓말을 입에 달고 사는 대표 기도자의 모습들, 여전히 이런 말들은 종교적 상투어다. 이 표현들은 우리가 생각하고, 느끼고 싶어 하는 것들, 우리가 판단하기에 생각하고 느끼는 것이 타당하다고 하는 내용을 담고 있다.

　하나님에게 말할 때는 벌거벗은 자아, 진실한 자아를 드러내야 한다. 우리는 어떤 상황속에서도 우리 생각, 욕망, 느낌의 진실을 하나님에게 말해야 한다. 그 내용이 우리가 좋아하지 않는 것일 수도 있지만, 우리는 함정에 빠져서는 안 된다. 우리는, 우리가 원하는 만큼의 진실이 아니라 진실을 있는 그대로 하나님에게 이야기해야 한다. 우리 자신에 대한 진실은 그것을 정직하게 직면하여 밝혀 본다면 두려운 것이 될지도 모른다. 예를 들면 우리가 신앙을 가지고 있는지 여부에 관해서도 우리는 확신을 가지고 있지 못할 것이다. 만일 우리가 누구이며 어디 사는지 하나님에게 말한다고 하면, 우리는 확실히 우리 내면의 일부는 믿고 또 우리 내면의 다른 일부는 믿지 않는다고 말하지 않으면 안 된다. 우리가 신아, 내안에 하나님이 있다.

앙과 비신앙 속에 동시에 위치한다고 말하지 않으면 안 된다.
　우리는 이렇게 기도해야 할 것이다. "주여, 저는 하나님이 있는지 잘 모릅니다. 나의 무신앙을 도와주십시오"라고, 또 우리는 하나님 자신과 그의 우리와의 교제방식에 대해 분노와 원한을 느끼고 있는지도 모른다. 그 경우 가장 정직한 기도는 "하나님, 나는 미친놈입니다. 지독하게 미친놈입니다"라는 말뿐이다.
　인간관계에 관한 이론가들은 우리에게 감정을 소통시키라고 권한다. 우리가 가진 생각은 유일하다거나, 독창적이거나 또는 순전히 개인적인 것이 아닌 경우도 있겠지만, 감정만큼은 항상 개인적인 것이다. 또 우리가 가진 감정에는 정직하고 권위있는 방법으로 의사소통 되어야 할 진실이 담겨 있다. "있는 그대로 말해 버리는" 용기는 자아의 참다운 특징이다. 이것으로 진실한 자아가 본 궤도에 올려지게 된다. 이것은 하나님의 위대함을 전적으로 신뢰하고 그를 이해함으로써 우리가 참으로 어떤 존재인지를 그에게 고백하는 것이다. 기도의시작은 바로 이것이다.
　나는 이런 기도의 형태의 가장 좋은 예를 구약성경에서 가끔 발견한다. 욥은 하나님이 자기를 만든 날을 저주하고, 예레미야는 하나님이 자기를 놀린다고 저주하며, 시편의 저자는 하나님에게 자신의 원수를 멸망시켜 달라고 간청한다. 나는 그들이 그런 식으로 말하는 것을 축복해 주고 싶다. 왜냐하면 상당히 거룩하고 품위가 있으면서도 진실성을 잃어버린 기도에 비하여 그 기도는 매우 거칠어 보이지만 진실한 기도이기 때문이다.
　현대 심리학은 파괴적이고 무의식적으로 억압된 감정에서 인간을 해방시켜 주기 위해 모든 종류의 심리요법을 동원하여 인간을 그 자신의 진실한 감정 속에 몰입시키려고 한다. 만일에 자기의 진실한 감정을 타인에게 표현하는 방법을 배우기만 한다면 그는

6부. 체험과 기도

이 의사소통을 통하여 타인과의 관계를 깊게 하고, 이 깊어진 관계를 통하여 정신적, 정서적 건강을 회복할 수 있다고 하는 것이 불문율이며 실제적으로도 확립된 약속이다. 이것은 기도의 경우에도 마찬가지다. 만일 내가 하나님 앞에서 가면을 쓴다면 나는 결코 그와 의사소통을 할 수 없으며, 절대로 기도할 수 없고, 그를 알 수도 없으며, 그가 나를 안다는 것도 느낄 수 없다. 신앙의 관계는 고작해야 피상적인 것, 종교적 상투어, 종교적인 환상과 착각으로 가득 찬 것에 불과하다.

그렇다면 우리는 자아를 하나님에게 열어 놓아야 하는데, 그러면 하나님은 어떻게 자신을 내게 열어 보이는가? 하나님은 어떤 방법으로 우리와 의사소통을 하는가? 하는 문제는 기도에 있어서 가장 어려운 점이다. 기도로 의사소통을 하려는 사람들은 그 대부분이 그들의 생활에서 뒤이어 나타나는 명백한 결과를 가지고 하나님의 응답으로 보려 한다. 기도 뒤에 일어나는 일은 바로 하나님의 대답이 된다. 내가 보기에 이런 태도는 아주 불완전하고 또 만족스럽지 못하다. 또 나는 이런 사람들은 대답이 지연되는 경우 어떻게 기도를 계속할 수 있는지 걱정이 된다.

나는 진정한 기도의 성취는 보다 즉각적이고 직접적인 하나님의 응답을 포함한다고 말하고 싶다. 우선 다음과 같은 중요한 질문을 당신은 자문자답해 주기 바란다. 하나님이 우리 마음속에 새로운 생각과 새로운 시야를 넣어 주는 방법으로 우리와 의사 소통할 수 있는가? 그는 우리의 감정을 어루만져 진정시키거나 또는 실제 말씀을 우리에게 줄 수 있는가? 그는 우리를 강하게 하고 격려하며, 우리 가슴에 새로운 욕구를 일으켜 줌으로써 우리의 의지에 직접 관여할 수가 있는가? 하나님은 우리의 기억 속에 침투하여 회상하는 힘을 자극해 줄 수 있는가? 나는 이 가능성들을 믿는 사람만이 기도 속에서 하나님과 개인적으로 만나는 두 가지 길을 발견할 수 있다고 생각한다.

인간에게는 다섯 가지 인식기능 또는 접촉점이 있어 하나님은 이것으로 인간과 의사 소통할 수 있다. 먼저 "정신"이다. 하나님은 마음속에 직접 새로운 생각을 넣어 줄 수 있다. 그가 우리 정신을 비추어 주기 때문에 우리는 그를, 우리 자신을, 또 우리 삶의 의미를 좀더 명료하게 볼 수 있다. 하나님은 또 우리 "의지(마음)"를 어루만져, 새로운 욕망을 일으키고, 전진하는 용기를 주고, 고질적인 허약한 태도를 벗어나는데 필요한 의지력을 줄 수 있다. 그는 우리 의지 안에 은혜를 불어넣어 깊이 지속적으로 사랑하는 힘을 우리에게 줄 수 있다.

위에 말한 두 가지 훌륭한 기능 이외에도 하나님은 우리의 "감정" 또는 느낌을 통하여 우리에게 올 수 있다. 우리가 감정적인 원한 또는 낙담에 빠져 있을 때, 지루한 고독에 시달릴 때, 하나님은 사랑의 힘으로 부드럽게 어루만져 줌으로써 우리의 감정을 변화시킨다. 그는 자기에게 개방된 사람을 육체적으로만 치유해 주는 것이 아니라 정서적으로도 치유해 준다. 문둥이를 깨끗이 낫게 해 줄 수 있는 하나님이라면 정신 이상자도 정상으로 고쳐 줄 수가 있다.

또 우리는 "상상력"에 있어서 하나님의 은혜의 자극을 받을 수 있다. 은혜의 자극으로 우리는 예수님의 부드러운 시선을 눈에 선하게 상상할 수 있고, 또는 "나는 너를 사랑한다"는 그의 음성을 상상으로 들을 수 있다. 마녀재판을 받을 때 오를레앙의 성녀 잔(잔다르크)은 자신을 인도해 준 것은 내면적으로 들린 하나님의 음성이었다는 입장을 굽히지 않았다. 판사 하나가 그 주장이 모순된다고 지적하고 잔이 들은 것은 상상의 세계 속에서 들린 음성

## 6부. 체험과 기도

이 아니냐고 말하자, 교육을 제대로 받지 못한 오를레앙의 처녀 잔은 이에 동의한다. 그러나 그녀는 이어서 설명하기를 하나님이 만일 자기에게 구두로 지시를 하려고 할 때에는 그녀의 상상력을 통해서 말할 것이라고 했다. 상상력을 통해 들리는 말씀이 진정 하나님의 것인가 하는 문제에 해답을 내리기가 곤란한 면도 있기는 하지만, 기도를 배우는 사람들, 그리고 기도에 전념하는 사람들 대부분의 경우 하나님이 이러한 방법으로 인간과 의사소통을 할 수 있다는 가능성과 또 그렇게 하고 있다는 개연성을 인정한다.

인간이 하나님을 받아들이는 마지막 통로는 "기억"이다. 사랑은 기억과 직관 속에 동일하게 존재한다. 따라서 그곳에서 아무 것도 배우지 못할 때 우리는 참으로 잘못하는 것이다. 우리 내부에 축적되어 있는 기억을 자극함으로써 하나님이 우리와 대화하려 할 때 우리는 우리의 사랑을 일깨우거나 또는 과거의 잘못을 반복하지 않도록 할 수 있다. 지속되는 사랑의 관계에 있어서 대부분의 사람들이 지탱할 수 있는 힘을 얻는 것은 하나님의 친절하심을 기억하는데서 나온다.

이러한 통로들을 통하여 우리는 하나님과 직접적이고 즉각적인 의사 소통을 할 수 있다. 이론상으로가 아니라 실질적으로 하나님과 의사 소통하기 위해 우리 자신을 개방하는데 있어서는 우리가 하나님에게 이 통로들을 열어 놓는 법을 배워야 한다. 미묘하고 어려운, 듣는 기술을 배우도록 해야 한다. 여기에는 우리가 하나님의 발 밑에 조용히 엎드려 있겠다는, 그의 살아 있는 현존 속에 들어가고자 하는 각오가 필요하다. 우리는 주위의 모든 소음과 모든 유혹을 물리치고 살아 있는 신앙의 고요 속에서 하나님의 손길을 기다리겠다는 각오가 있어야 한다.

### 아, 내안에 하나님이 있다.

나는 내 자신이 직접 체험한 일에 대해 간증하려고 한다. 나는 앞에서 설명했던 방법으로 한동안 기도를 했는데 그에 대한 정기적인 보상으로 하나님의 손길을 느꼈다. 그 손길은 헝클어진 내 마음의 시선을 바로 잡아 주고 나로 하여금 삶의 중요한 것을 보게 해 주고, 중요한 것과 중요하지 않은 것을 구별하는 힘을 부여하고, 감정적인 보상이나 사례의 보증이 없는 때라도 타인을 사랑하고 돕겠다는 욕망을 내 안에 다시 일으켜주며, 실망과 분노의 순간에도 나의 감정을 가라앉게 해 주었다. 나는 상상의 세계에서 그의 은혜의 손길을 느꼈고, "나는 너를 사랑한다. 나는 너와 함께 있다. 나는 네게 기대를 걸고 있다"고 하는 그의 음성을 들었다. 여러 번 그는 나의 내면에서 그의 친절에 대한 기억을 되살리고, 과거에 나를 어김없이 도와주었던 일을 회상시켜 줌으로써 미래를 향해 힘차게 나아가도록 나를 격려해 주었다.

여러 사람들에게 나는 잠시나마 이러한 기도에 대한 접근 방법을 시도해 보기를 권유했다. 또 만일 그들이 침묵과 부재(不在)만을 경험한다고 하면 내게 알려달라고 요망하지 않을 것이다. 솔직히 말하자면, 비록 많은 사람들이 나의 권유대로 기도의 실험을 하려고 하지 않았겠지만 아직까지 내게 실패했다고 말하는 사람은 하나도 없었다. 하여간 나는 하나님은 그를 찾는 사람을 위해서 늘 거기 있다고 믿는다.

하나님과의 이러한 교류와 대화를 통하여 우리는 점차 하나님과 우리자신을 알게 된다. 설령 처음에는 하나님이 누구인가? 또 그는 우리를 어떻게 생각하는가 하는 문제에 대해서 수많은 그릇된 인상을 가지고 하나님을 찾는일을 시작했다고 하더라도 인간 사이의 의사 소통이 우리로 하여금 점차 사랑하는 다른 사람을 알도록 해 주는 것과 마찬가지로 이러한 기도는 우리를 보다 명

## 6부. 체험과 기도

료하고 보다 진실한 하나님의 이미지로 인도할 것이다.

기도의 대화가 시작하기 전에는 꼭 맞고 정확한 하나님의 이미지가 필요하지도 않다. 만일 꼭 맞고 정확한 이미지를 이미 가지고 있다고 한다면 우리는 아무도 기도 할 수가 없다. 하나님 또는 타인을 알게 된다는 것은 변증법칙 과정이다. 실수도 하고, 과거의 인상도 수정하며, 또 새로운 이미지도 받아들이는 것을 모두 포함한다. 하나님이 누구인가에 대해 잘못 알고 있다고 해서, 우리가 그에게 실제로 이야기하지 않고 있다는 의미는 아니다. 기도는 본질적으로 하나님과 만나는 일이며, 이 만남을 통해서 그를 알게 되는 일이다.

그러므로 기도는 진실로 서로 사랑을 약속한 두 사람이 확신을 가지고 우리가 하나님과 "동등해 지려는" 각오를 요구한다. 만일에 반항하는 부정적인 감정을 꾹꾹 눌러 조용하게 하려고 한다면 하나님과의 관계가 평온할지는 몰라도 그 관계는 동시에 서먹서먹하고 냉냉한 관계가 될 것이다. 기도는 또 우리의 모든 감각을 동원하여 들으려는 각오와 능력을 요구한다. 우리는 하나님의 손길을 받아들이고 그에 수동적이 되는 법을 배워야 한다. 하나님은 우리에게 말할 것이 아무 것도 없다거나 또는 그가 우리에게 아무 말도 하지 않을 것이라는 생각을 가지고 기도에 접근한다면 그것보다 더 큰 착각은 없다. 벽에다 대고 계속 지껄여댈 사람이 어디 있겠는가?

무엇보다도 우리에게 필요한 것은 기도에 성공한 체험이다. 일단 우리가 아무 것도 숨기는 것이 없이 하나님에게 진실로 우리를 개방하였다면, 그리고 하나님은 우리의 존재 깊숙이 어루만져 주었다면, 우리는 절대로 과거와 같을 수 없고 또 하나님도 마찬가지다.

# 7부. 갈등과 성숙의 단계

7부. 갈등과 성숙의 단계

## 갈등과 성숙의 단계

신앙의 과정에 있어서 우리에게 가장 절실하게 필요한 것은
하나님에 대한 개념을 끊임없이 수정해 나가는 일이다.
하나님은 우리 유한한 정신이 파악할 수 있는 범위를 넘어서
항상 무한히 크고 날로 더욱 사랑하는 분이다.
따라서 우리는 하나님 자신의 계시의 말씀을 가지고 그를 연구하지 않으면 안되며
특히 그가 예수 그리스도의 인성(人性)안에 자신을 우리에게 알려 주었기 때문에 더욱 그러하다.
아니 그냥 연구해서만 되는 게 아니다.
하나님과 그를 알지 않으면 안 된다. 기도해야 한다.
하나님과 대화를 나누고 최선을 다해 정직하게 우리가 어떤 존재인지를
그에게 고백하고 인간의 이해능력을 포기하여 그가 자신의 본질을 우리에게 말하도록 해야 한다.

**사랑하**기를 배우는 것이 하나의 진행과정이듯이 크리스천이 된다는 것도 하나의 과정이다. 신앙도, 사랑도 개인과 개인간의 관계에서 이루어진다. 거기에는 위기의 순간들, 상승과 추락, 전진과 후퇴가 있다. 신앙의 과정은 인간과 하나님과의 관계에 걸려 있다. 우리는 대개 신앙이 여러 가지 종교의 교리를 수용 또는 배척하는 행위라고 잘못 해석하고 있다. 신앙의 행위로써 받아들이는 하나님의 계시는, 우리에게서 지성적인 "아멘"을 요구하는 일련의 지적인 명제가 아니다. 그것은 오히려 인간에게 사랑의 손길을 뻗치며 전인(全人)적인 응답을 요구하는 살아 있는 사람의 살아 있는 모습이다.

크리스천이 된다는 것은 시작에 불과하다. 그 이유는 신앙이 살아 있는 관계이며, 살아 있는 것은 모두 성장하기 때문이다. 하나님은 이러한 성장에 대해 자신의 신비한 방법으로 또 자신의 신비스러운 시기에 맞추어 지도하는데, 우리는 하나님의 은혜를 심

아, 내안에 하나님이 있다.

리학적으로 취급하거나 계획을 세울 수가 없다. 신앙은 하나님의 일이며, 이런 의미에서 항상 깊은 신비에 싸여 있다. 그러나 신앙은 또 인간적 측면도 가지고 있다. 은혜는 인간성 위에 또 그 속에서 이루어진다. 하나님의 행위에 의해 인간 내부에 은혜가 생성되지만, 그것은 보통 인간 자신이 발전시키는 어떤 법칙들에 의해 발전된다. 따라서 인간적인 신앙경험, 그리고 인간 속에서의 신앙의 정상적 발전을 조사해 볼 수가 있다. 한 인간으로서 존재하는 일이 한 인간이 되어 나가는 끊임없는 과정을 포함하고 있는 것과 마찬가지로 크리스천으로 존재한다는 것은 크리스천이 되어 가는 것을 내포한다.

최근 나는 친구 옷에서 PBPWM-GINF-WMY라는 글씨를 본 일이 있다. 그는 그 대문자들이 다음과 같은 내용의 약자들이라고 설명해 주었다. "나를 참아 주세요. 하나님은 아직 나를 완성시키신 게 아닙니다."

신앙은 하나님께서 인간 내부에 이룩한 업적임에 틀림없지만, 여기엔 인간의 협력이 필요하며, 인간의 협력은 시간, 연령, 기질, 환경, 인격의 장단점, 심리적 성숙 등 많은 조건에 따라 달라진다. 하나님은 그가 발견하는 사람들 속에서 일한다. 따라서 크리스천으로서 존재하는, 또 크리스천이 되어 가는 일의 과정에는 여러 가지 단계의 인간역사와 갈등이 있게 마련이다.

## 두 가지 기본적 개념

싱앙과정의 성공 또는 실패는, 인간적 측면에서 바라볼 때, 무엇

7부. 갈등과 성숙의 단계

보다도 두 가지 기본적 개념에 의해 좌우된다. 그것은 한 개인이 하나님에 대해 가진 개념, 그리고 자기자신에 대해 가진 개념(자아의 이미지)이다.

개인적 불안은 항상 우리의 인간관계, 상호관계를 위협하고 있다. 이 개인적 불안은 그것이 어디서 연유되는 것이든 간에, 사랑의 관계를 이루는데 커다란 장애가 된다. 그것이 설사 우리에게 사랑의 기회가 주어진 것처럼 보이는 경우라 해도 그러하다.

자기 자신에 대해서 불안하고, 항상 자신이 사랑 받을 만한 존재인지 의문을 던지고 있는 우리는 주어진 사랑의 기회를 수 천 가지 방법으로 테스트해보려 한다. 우리는 이 사랑이 정말 지속될 것인지를 확실히 해두고 싶어한다. 우리는 "당신은 정말 있는 그대로의 나를 사랑할 것인가? 아니면 그저 사랑하는 척 해보는 것인가?"라는 질문에 대한 대답을 원한다. 타인의 사랑과 수용이 진실한 것이라고 확인되어야 비로소 우리는 가면을 벗어버리고 신뢰와 신앙의 생동하는 분위기에 조금씩 젖을 수 있다.

두 가지 기본 개념 중에서 우선하는 것은 하나님에 대한 개념이다. 우리는 사랑하는 사람의 개념을 통해서만 우리의 자아 이미지가 변경될 수 있는 것처럼, 우리를 신앙의 관계로 초대한 하나님이 과연 어떤 존재라고 우리가 생각하느냐에 따라서 우리 신앙의 성숙이 좌우된다. 하나님이 인내심이 많고, 친절하고 우리를 이해하는 존재라는데 대해 우리가 확신을 가질 수만 있다면….

불안정한 인간조건 때문에 우리는 타인에 대해 엄격하지 않은 사람, 타인을 가혹하게 판단하지 않는 어떤 사람을 늘 찾고 있다. 주변의 사람들이 말하는 내용을 듣고, 그들이 인간의 약점에 동정심을 가지고 있는지 시험해 보면서 우리는 누군가를 찾고 있다. 우리는 자아를 들어내고 헌신하는 모험을 하기에 앞서서 확실한 아, 내안에 하나님이 있다.

것을 요구한다. 정의의 사람, 조금이라도 오류에 빠지지 않는 사람, 비밀이나 미묘한 문제를 털어놓고 상의 할 수 있는 사람이 누군가하고 우리는 속으로 생각한다. 우리는 타인이 보내는 신호를 늘 해독하면서 위협을 받기도 하고 재확인하기도 한다. 만일 신호가 호의적인 것이 아니면 우리는 가면을 재조정하여 안전거리를 두려고 한다. 차디찬 무서운 물 속에 뛰어들려고 하지 않을 것이다. 우리는 진실한 자아, 상처받기 쉬운 자아를 조금도 노출시키지 않으려 한다. 하나님이 참으로 사랑이라는 것을 우리가 믿을 수만 있다면….

모든 인간은 정도의 차이는 있지만 부적합하고 추하다는 느낌으로 시달린다. 이러한 우리의 부적합성과 추함을 보다 더 많이 노출하는 대가를 치루어야 한다고 생각할 때 우리는 자아에서 벗어나 타인과의 관계로 들어가기를 꺼리게 된다. 이것은 그릇된 자아 이미지의 횡포이다. 우리가 전폭적으로 신뢰할 수 있는 사람만이 우리를 자기의혹의 사슬에서 풀어준다. 이것은 우리의 생활과 노력을 규제하는 법칙 가운데 하나이므로, 타인으로 하여금 우리를 알게 하고 또 우리를 있는 그대로 받아들이도록 하지 않으면 우리는 자신이 참으로 어떤 존재인지를 알 수가 없다.

따라서 신앙의 과정에서 우리는 어떻게 해서라도 자아에 대해 의문을 던지던 고정관념을 버리도록 하고, "오 나의 하나님 당신은 누구십니까?"라고 하는 보다 유익한 질문으로 향해야 한다. 하나님의 은혜의 부드러운 보증에 의해서만 비로소 하나님이 진실로 우리를 받아들이고 사랑하며 우리의 실수를 이해해 준다는 것을 우리는 알 수가 있다. 그래야만 우리는 드디어 우리자신을 이해하고 받아들이고 안심한다. "나는 누구인가?"라는 질문을 내면으로 향하게 하며 거기선 아무런 대답도 발견할 수 없다. "오 나의 하나님, 당신은 누구십니까?"라는 또 하나의 질문은 밖으로 향하게 해야 하며, 이것은 인간 구원의 방향이기도하다.

신앙에 있어서 나와 너의 해후를 통하여 우리의 개인적 의혹과 불안이 모두 하나님의 자애로운 현존 안에서 해소되면 우리는 신비롭게도 충족과 주체성의 새로운 느낌을 경험하게 된다. 우리를 분열시키던 내부의 상처가 치유되고 우리 내부에서 치열하게 전개되던 싸움도 신앙의 복종 속에서 끝이 난다. 인간의 마음속에서 평화를 파괴하던 수 만가지 의혹은 전쟁터에서 피어오르던 먼지처럼 가라앉기 시작하고 수수께끼 같던 인생의 미궁과 장애물이 제거된다. 오, 나의 하나님, 당신은 누구십니까? 난 정말로 당신을 알지 않으면 안됩니다.

신앙의 과정에 있어서 우리에게 가장 절실하게 필요한 것은 하나님에 대한 개념을 끊임없이 수정해 나가는 일이다. 하나님은 우리 유한한 정신이 파악할 수 있는 범위를 넘어서 항상 무한히 크고 날로 더욱 사랑하는 분이다. 따라서 우리는 하나님 자신의 계시의 말씀을 가지고 그를 연구하지 않으면 안되며 특히 그가 예수 그리스도의 인성(人性)안에 자신을 우리에게 알려 주었기 때문에 더욱 그러하다. 아니 그냥 연구해서만 되는 게 아니다. 하나님과 그를 알지 않으면 안 된다. 기도해야 한다. 하나님과 대화를 나누고 최선을 다해 정직하게 우리가 어떤 존재인지를 그에게 고백하고 인간의 이해능력을 포기하여 그가 자신의 본질을 우리에게 말하도록 해야 한다.

많은 사람들이 하나님을 연구했다. 신학교에서, 성경공부시간에, 신학세미나에서 들은 대답을 많이 기억하고 있다. 그러나 우리는 막상 연구를 시작하게 되면 이런 대답과는 동떨어져 삭막하고 고독하고 고립되어 있다는 생각에 젖게 된다. 이런 종류의 순수 지

아, 내안에 하나님이 있다.

성적인 연구는 놀랍게도 성과가 없는 과정에 불과하다. 우리에게 정말로 필요한 것은 우리의 존재 전체가 개입되고 또 각 부분 구석구석까지 침투하는 만남이다. 정신만으로는 파악할 수 없는 것을 인간은 그 존재 전체로 안다. 우리는 하나님의 존재를 알고 그의 사랑을 느낄 필요가 있다. 하나님에 "관해서"가 아니라 바로 "그를" 알아야 한다. 어리석게도 우리 자신이 지성인임을 내세우고, 하나님에 관한 얘기에 여기 저기 부지런히 참여한다. 그러나 하나님을 이해하는 일, 그리고 이러한 이해에서만 나올 수 있는 인간의 주체성은 뼈의 골수, 허파 속의 공기, 혈관 속의 혈액과 같은 것이다.

## 신앙의 위기

위기(危機)라고 할 때 한문으로 두 개의 문자가 사용되는데 하나는 위험(危險)을, 또 하나는 기회(幾回)를 의미한다. 이것은 모든 위기의 경우에 해당된다고 본다. 위기는 전환점이며, 거기 어떻게 대처하느냐에 따라 위험 또는 기회와 만나게 된다. 우리에게 결단 내리기를 요구하는 인생의 갈림길은 항상 위험과 기회로 가득 차 있다. 이 위기라는 용어를 의학에서 사용할 때, 예를 들면 환자가 위기에 처해있다고 하는 경우 그 환자는 삶과 죽음, 어느 쪽으로도 갈 수 있다는 의미가 된다.

신앙의 과정에서 의혹과 위기는 수없이 생기게 마련이다. 신학자 폴 틸리히(Paul Tillich)는 위기를 통해서만 신앙이 성숙할 수 있다고 지적했다. 의혹이 하나님과의 낡은 관계를 잠식하지만, 그렇게 해야만 새로운 관계가 탄생할 수 있다. 똑같은 일이 인간관계, 개인간의 관계에서 일어난다. 의혹과 위기의 시련을 거쳐서 인간관계는 취약한 시초에서 지속적인 것으로 발전한다. 칼린 지브란(Calan Gibran)은 다음과 같이 말했다. "우리는 함께 웃던 사람들은 잊어버릴 수 있지만, 함께 울던 사람들은 결코 잊어버리지 못한다."

젊은 시대가 겪는 신앙의 위기에 대해 불안을 느끼거나 심지어 못 마땅해 하는 기성세대가 적지 않다. 이는 위기가 있음으로 해서 신앙이 비로소 성숙할 수 있다는 사실을 간과하는 것이다. "아니오"라고 대답하는 가능성이 없다면, "네"라는 언약도 무의미하다는 사실을 망각하는 것이다. 위기의 시대를 지내며 우리가 저지를 수 있는 가장 파괴적인 행위는 이러한 합법적 의혹들을 침묵시키려 하고 그 억압으로 촉진하는 일이다. 억압된 의혹이 다시 고개를 드는 확률은 매우 높다. 또 의지 밑으로 감추어진 의혹은 새로운 뿌리를 내리게 마련이다. 한 가지만이 확실해 진다. 의혹과 위기의 어둠 속을 지나가는 일이 아무리 고통스럽다해도 그것은 신앙의 과정에 있어서 불가결한 것이다.

## 신앙의 비전

이제 신앙의 확신을 종합하여 제안해 보려고 한다. 이것은 확정된 지시가 아니라, 거기서 여러분에게 의미 있는 것만 스스로 선택할 수 있는 잡채요리로서 제공된다. 우리는 모두 자기 나름대로 신앙의 눈으로 본 진리를 소화해야 한다. 음식물과 마찬가지로 이

아, 내안에 하나님이 있다.

진리들은 우리가 소화하여 우리 자신의 일부분으로 만든 그만큼 우리를 지탱해 준다. 우리는 이 진리들을 절대적으로 신뢰해야 한다. 그렇지 않으면 우리에게 가장 필요한 바로 그것, 즉 우리에게 사는 이유와 죽는 이유를 제공한 삶의 전망을 잃게 된다. 이러한 전체적 전망이 없다면 인생은 고독하고 귀찮은 것에 불과한 것이다. 그만큼 기독교의 골격을 형성하는 이 진리들을 통해 세상을 열어나가야 할 것이다.

### 하나님은 사랑이시다.

사도 요한은 하나님을 사랑이라고 정의했다. 하나님이 행하는 모든 것이 사랑이라는 원칙에서 시작한다는 의미이다. 모든 진실한 사랑이 그러하듯이 하나님의 사랑은 자아 분배적이다. 그것은 주고 나누어 갖기만을 요구한다.

디트릭히 본회퍼(Dietriech Bonhoffer)는 『윤리학』이라는 그의 저서에서 우리가 하나님에 대한 요한의 정의를 이해하기 위해서는 '사랑'이라는 말에서 출발할 것이 아니라 '하나님'이란 단어에서부터 시작해야 한다고 주장한다. 요한이 말했듯이 하나님을 아는 사람만이 진실로 사랑이 무엇인지 알 수 있다. 본회퍼는 이어서 다음과 같이 말한다. "우리가 본능으로 먼저 사랑이 무엇인지를 알고 그래서 또한 하나님이 무엇인지를 알게 되는 것은 아니다."

만일 하나님이 자기 자신을 인간에게 계시해 주지 않으면 하나님이 무엇인지 알고 그래서 사랑의 의미를 깨닫게 되는 사람은 하나도 없다. 신앙의 체험을 통하여 먼저 하나님을 알지 못하고서는 사랑의 진정한 의미를 아무도 알 수 없다.

요한은 사랑이 하나님에게서 시작되고, 우리는 하나님의 사랑을 예수님 안에서, 특히 우리를 위해 죽은 예수 그리스도의 대속의 은혜 속에서 안다고 말했다. 하나님이 예수 그리스도 안에서 자기 생명을 우리를 위해 버린 일은 "완전히 특별한 사건"이라고 본회퍼는 말했다.

사도바울은 이렇게 말했다. "이는 하나님께서 그리스도 안에 계시사 세상을 자기와 화목하게 하시며 저희의 죄를 저희에게 돌리지 아니하시고 화목하게 하는 말씀을 우리에게 부탁하셨느니라(고후 5:19)." 예수님은 따라서 사랑의 살아있는 정의이며, 본회퍼의 주장에 따르면 '사랑의 유일한 정의' 이다. 사랑은 하나님의 불변의 존재이며, 예수님은 하나님의 존재가 나타남이다.

## 하나님은 우리를 있는 그대로 사랑하신다.

우리를 충만한 삶으로 인도하는 사랑은 우리의 과거 또는 앞으로의 가능성에 관한 사랑이 아니라 우리가 안고 있는 모든 문제들까지 그대로 받아들이는 사랑이다. 그리고 하나님은 이러한 방법으로 우리를 사랑한다. 물론 우리가 불완전하지만 하나님은 우리를 과정 속의 존재로 본다. 우리가 어떤 발전단계에 있더라도 하나님은 우리를 있는 그대로 받아들인다. 하나님에 대한 개념 가운데 가장 큰 착오는 그가 "화를 낼 수 있다"는 개념이다. 이러한 의인화와 기만은 영원히 버려야 한다. 우리는 기도 속에서 하나님의 불변의 본질을 깊이 생각해야 한다. 신학자들은 이것을 "불변성"이라고 한다. 하나님은 항상 똑같다. 하나님은 상처를 주지도 받지도 않는다. 뜨겁고 찬 것, 오르막과 내리막, 우리를 움직이는 변덕스런 감정에 좌우되진 않는다. 우리는 그를 우리와 비슷하게 만들어서는 안 된다. 이런 일은 정당한 신앙을 모두 죽은 것으로 만들 것이다.

루돌프 볼트만은 『신약성경의 신학』라는 저서에서 성경에 기록된 "하나님의 분노"를 감정적인 분노로 본다면 그것은 치명적인 오류라고 지적했다. 하나님이 무엇을 행하든지 그것은 바로 하나님의 존재이기 때문에 하나님은 화를 낼 수가 없다. 하나님 안에 있는 것은 무엇이나 다 영원히 그 안에 있다.

덕망 높은 성공회의 성서학자 C·H·도드는 『로마서』라는 그의 저서에서 "하나님의 분노"는 인간에 대한 하나님의 감정이나 태도가 아니라 오히려 "객관적인 사실의 세계에 나타나는 효과"라고 경고한다. 말하자면 우리는 스스로 선택하는 경우 자신을 하나님에게서 분리할 수 있지만, 하나님은 불변의 존재이므로 영원히 사랑하는 존재일 수밖에 없다. 죄악으로부터 유래하는 유일한 변화는 우리자신과 이 세상에서 일어나는 것이다. 우리 자신과 이 세상에서 일어나는 이 변화야말로 은유적으로 "하나님의 분노"라고 불리우는 것이다. 하나님 안에서 어떤 변화가 있다는 말은 결코 아니다.

죄악의 실제와 하나님으로부터의 이탈의 실제는 하나님의 계시 그리고 그리스도의 메시지 안에 너무나 명백히 나타나 있기 때문에 부정할 수가 없다. 인간은 자기 영혼을 상실하고 그 영원한 행복을 포기할 수 있다. 인간은 자유로우며, 사랑이 그를 받아들이려고 두 팔을 벌리고, 십자가 위에서 두 팔을 벌리고 있다고 하더라도 인간은 사랑으로부터 자유로이 멀어질 수 있다. 그러나 하나님의 사랑의 실체가 이러한 인간의 자유 때문에 감소되거나 조절되는 일은 전혀 없다. 하나님은 불변의 사랑이며 그 모든 행위는 사랑이다.

태양을 비유로 삼을 수 있다. 하나님이 사랑만 하듯이 태양은 비추기만 한다. 태양이 본질을 비추는 일, 열과 빛을 주는 일에 있으며, 하나님의 본질은 사랑하는 일, 자신과의 일치의 열과 빛을 주는 일이다. 그렇지만 우리는 자유로이 태양의 열과 빛이 도달하지 못하는 곳으로 숨어들어 갈 수가 있다. 우산이나 양산과 같은 작은 장애물을 우리와 태양 사이에 끼워놓을 수 있다. 우리는 태양을 완전히 가리우고 그 빛이 도달하지 못하는 어두운 지하실에 우리 자신을 은폐할 수 있다. 그러나 우리는 태양의 열과 빛을 떠남으로 태양을 변화시킬 수 없다. 하나님과의 경우도 마찬가지이다. 우리는 그의 사랑의 열과 빛을 거부할 수 있으며 그러한 모든 행위는 인간의 자유의 범위 안에서 이루어 질 수 있다. 그러나 태양의 효과로부터 우리 자신을 분리시킨 뒤에도 여전히 태양이 빛나는 것과 같이, 우리가 무엇을 선택하든지 하나님은 우리를 여전히 사랑하신다.

우리는 모두 정도의 차이가 있을지는 몰라도 하나님의 빛과 열을 피해왔다. 계속되는 오락으로 도피하고, 위선과 착오의 가면으로 우리자신을 숨겨 왔지만, 하나님의 태양 계속 비치고 있다. 그는 우리를 끊임없이 사랑하시며, 우리에게 완전한 만족을 줄 선물을 계속 제공하고 있다. 한 개인의 삶에 있어서 어느 때라도 사람은 하나님의 사랑의 빛과 따뜻함 속으로 자유롭게 돌아갈 수 있다. 죄악과 이기주의가 어떠한 장벽을 쌓았다 하더라도 하나님은 항상 자신을 열과 빛 속에서 제공하고 계신다. 이것을 살아 있는

아, 내안에 하나님이 있다.

동안에 깨닫는 것이 중요하다. 단 하나의 대체방법은 죽음의 순간에 이르러 생전에는 몰랐던 일을 깨닫고, 아우구스티누스처럼 "너무 늦게, 오 주여, 너무나 늦게 나는 당신을 사랑했습니다. 기억은 슬픈 특권입니다"라고 탄식하는 일이다. 살아 있는 동안 깨닫지 못하던 것을 죽을 때 비로소 알게 된다는 것은 슬픈 대체방법이다.

## 하나님의 섭리가 인간의 생명을 다스린다.

사도 바울은 하나님을 모르는 아테네 사람들에게 다음과 같이 말했다.

"그분은 이 세상과 그 안에 있는 모든 것을 만드신 하나님이십니다. 그분은 하늘과 땅의 주인이시므로 사람이 만든 신전에서는 살지 않으십니다. 또 하나님에게는 사람 손으로 채워 드려야할 만큼 부족한 것이라곤 하나도 없으십니다. 하나님은 오히려 사람들에게 생명과 호흡과 모든 것을 주시는 분이십니다. 하나님께서는 그들이 살아갈 시대와 영토를 미리 정해 주셨습니다. 이리하여 사람들이 하나님을 더듬어 찾기만 하면 누구나 만날 수 있게 해 주셨습니다. 사실 하나님께서는 누구에게나 가까이 있습니다. '우리는 그 분 안에 숨쉬고 움직이며 살아간다' 는 말도 있지 않습니까?"(사도행전 17:24-28)

사실 엄격히 말하자면 하나님 안에는 "전(前)" 또는 "후(後)"라는 시간개념이 있을 수 없다. 그러나 우리는 시간의 피조물이고 하나님을 이해하는데 제한을 받고 있는 존재이므로 하나님의 행위를 시간적인 것으로 생각하지 않을 수 없다. 그래서 우리는 하나님이 이 세상을 창조하기 이전에 이미 창조 가능한 모든 세계를 알고 있었다는 말을 하게 된다. 하나님이 창조했을 수도 있었던 어떤 세상에는 여러분과 내가 존재하지만 또 다른 세상에는 존재하지 않았을지도 모른다. 하나님이 창조했을지도 모르는 어떤 세상에서는 여러분과 내가 전혀 다른 형태의 존재, 전혀 다른 상황의 삶 다른 재능, 다른 기쁨과 고통을 체험할지도 모른다.

그러나 하나님은 자신의 창조 행위로써 그가 이러한 다른 세계들을 원하지 않았음을 말해준다. 그는 이 세상을 원했다. 그는 영원한 창조 선언으로 땅에서 돋아나는 싹이 봄의 바로 그 순간에 돋아나고, 저 멀리 있는 나무의 잎이 가을의 정해진 시각에 정확히 떨어지기를 원했다. 우리를 낳아준 부모로부터 하나님이 선택한 시각에 다윗과 내가 태어나기를 그는 원했다. 그는 우리의 용모, 우리의 음성, 우리의 능력, 그리고 우리가 무엇을 하지 않을 수 있는지 미리 알고 있었다. 삶이 우리에게 요구하고 제공할 고뇌와 환희를 그는 모두 알고 있었다.

이러한 모든 것이 하나님이 이 세상을 창조할 그때에 "보시기에 좋았더라"는 대답을 준 것이다. 영원으로부터 우리에게 전 생애를 알면서 하나님은 시간의 신비 속에서 우리에게 생명을 마치 뜯어 맞추기식 게임처럼 조금씩 조금씩 부여하신다. 이 게임의 짝을 함께 맞추어 나가면서 우리는 마지막 짝, 즉 우리의 죽음이 제자리에 맞추어질 때 나타날 아름다움을 그는 알고 있다는 것을 믿어야 한다. 바울은 다음과 같이 말했다. "하나님은 그를 사랑하는 사람들, 그가 목적으로 부르신 사람들에게 모든 일에 있어서 선을 행하신다."

### 아, 내안에 하나님이 있다.

하나님은 말하자면 우리에게 생명의 목재를 주셨다. 주어진 목재가 어떤 것이든지 우리는 그 응답으로서 찬미의 새 성전을 건축해야 한다. 그는 우리만이 할 수 있는 구체적 일을 위한 구체적인 재능을 주셨다. 하나님에게 있어서는 "우연"이라는 말이 없다. 그는 자기 백성 이스라엘에게 했던 말씀을 우리 모두에게도 해 주고 있다.

"내가 너와 함께 있어 네가 어디로 가든지 너를 지키며 너를 이끌어 이 땅으로 돌아오게 할지라 내가 네게 허락한 것을 다 이루기까지 너를 떠나지 아니하리라 하신지라."(창세기 28:15)

예수님은 하나님의 자애로운 섭리를 전폭적으로 신뢰하라고 사도들에게 다음과 같이 말했다.

"오늘 있다가 내일 아궁이에 던지우는 들풀도 하나님이 이렇게 입히시거든 하물며 너희 일까보냐 믿음이 적은 자들아. 그러므로 염려하여 이르기를 무엇을 먹을까 무엇을 마실까 무엇을 입을까 하지 말라. 이는 다 이방인들이 구하는 것이라 너희 천부께서 이 모든 것이 너희에게 있어야 할 줄을 아시느니라. 너희는 먼저 그의 나라와 그의 의를 구하라 그리하면 이 모든 것을 너희에게 더하시리라. 그러므로 내일 일을 위하여 염려하지 말라 내일 일은 내일 염려할 것이요 한 날 괴로움은 그 날에 족하니라."(마태복음 6:30-34)

하나님의 섭리에 대한 신앙은 우리 생애의 매순간마다 하나님과 접촉하게 해 준다. 그것은 매순간마다 우리가 우리를 위한 하나님의 신성하고 영원한 계획과 접촉하게 되기 때문이다. 이러한

7부. 갈등과 성숙의 단계

신앙은 우리가 각자 체험하는 인간존재의 모든 기쁨과 고통에 의미를 부여한다.

### 하나님에 대한 인간의 응답은 이웃을 사랑하는 것이다.

인간이 직접 하나님에게 무엇인가를 바치는 일이 불가능하다는 것은 신학적으로 자명한 이치이다. 하나님은 이미 모든 것을 가지고 계시다. 그러나 예수님의 말씀은 우리가 실천하는 이웃에 대한 사랑이 바로 하나님의 사랑에 대해 응답이라고 정의하신다. 실제로 예수님은 우리가 서로 사랑하는 사실을 우리가 자신의 제자가 되는 징표라고 부르셨다.

"새 계명을 너희에게 주노니 서로 사랑하라 내가 너희를 사랑한 것같이 너희도 서로 사랑하라. 너희가 서로 사랑하면 이로써 모든 사람이 너희가 내 제자인줄 알리라." (요한복음 13:34-35)

신약성경을 주의 깊게 읽어본 사람에게는 이것이 자명한 이치이다. 우리는 서로 사랑함으로써 하나님의 은혜를 받는 것이 아니라, 우리가 서로 사랑하게 되는 것은 바로 하나님의 은혜 때문이다. 사도요한은 이렇게 말했다.

"우리가 형제를 사랑함으로 사망에서 옮겨 생명으로 들어간 줄을 알거니와 사랑치 아니하는 자는 사망에 거하느니라." (요한1서 3:14)

아, 내안에 하나님이 있다.

요한1서는 그 전부가 놀랍고도 신비로운 사실에 관한 아름다운 논문이다. 바울은 고린도인들에게 보낸 편지에서 여러 가지 하나님의 선물을 이야기하고 또 첫 번째 편지의 유명한 13장에서 하나님의 가장 탁월한 선물 즉, 사랑을 묘사하고 있다.

마태복음에는 예수님의 최후의 심판에 대한 묘사가 있다. 예수님은 구원받은 사람들이 천국의 행복으로 들어오는 모습을 다음과 같이 설명한다.

"그때에 임금이 그 오른편에 있는 자들에게 이르시되 내 아버지께 복 받을 자들이여 나아와 창세로부터 너희를 위하여 예비 된 나라를 상속하라. 내가 주릴 때에 너희가 먹을 것을 주었고 목마를 때에 마시게 하였고 나그네 되었을 때에 영접하였고 벗었을 때에 옷을 입혔고 병들었을 때에 돌아보았고 옥에 갇혔을 때에 와서 보았느니라. 이에 의인들이 대답하여 가로되 주여 우리가 어느 때에 주의 주리신 것을 보고 공궤하였으며 목마르신 것을 보고 마시게 하였나이까 어느 때에 나그네 되신 것을 보고 영접하였으며 벗으신 것을 보고 옷 입혔나이까 어느 때에 병드신 것이나 옥에 갇히신 것을 보고 가서 뵈었나이까 하리니 임금이 대답하여 가라사대 내가 진실로 진실로 너희에게 이르노니 너희가 여기 내 형제중에 지극히 작은 자 하나에게 한 것이 곧 내게 한 것이니라 하시고." (마태복음 25:34-40)

## 하나님은 우리의 운명이다.

수년 전에 영불해협을 수영으로 횡단하려던 플로렌스 쵸드위크라는 여인이 해안선에서 겨우 수백야드 거리를 남기고 포기해 버린 일이 있었다. 그때 그 여인은 자신의 실패이유에 대해 해협을 짓누르는 두터운 아침 안개 때문이었다고 말했다. "만일 해안선만 바라볼 수 있었더라면 나는 해협횡단에 성공했을 것입니다"라고 그녀는 덧붙였다.

모든 크리스천의 인생관은 하나님을 인간존재의 알파이며, 오메가로 보는 것이다. 우리는 이 생명 그리고 이 세상 안에서 집으로 돌아가는 나그네이다. 신앙의 비전이 주는 삶의 총체는 해안선이 보이지 않으면 끝나지 않는다. 하나님의 아름다움이 예수님 위에 잠시 비쳤던 변화산상의 사건을 목격했을 때, 베드로가 나타낸 반응은 전형적이며 인간적이었다. 베드로는 산 위에 천막 세 개를 짓고 영원히 거기 살기를 원했다. 베드로의 반응이 전형적이고 인간적인 이유는 우리역시 그렇게 원하기 때문이다. 우리는 극도의 행복의 순간을 고정시켜 영원히 그 안에 머물고 싶어한다. 그러나 시계와 달력은 쉬지 않고 지나간다. 우리는 최고의 행복의 산을 내려가지 않으면 안 된다.

그러나 삶과 죽음이 우리에게 의미를 가지기 위해서는 언젠가 우리가 하나님의 산에 올라가 그의 아름다움을 영원히 바라볼 것이라는 점을 기억하는 일이 중요하다. 언젠가는 모든 시계, 모든 달력이 우리에게 있어서 그 역할이 끝날 것이다. 이것이 모든 크리스천의 운명관이다. 사도바울은 로마인들에게 이렇게 말한다.

"생각건대 현재의 고난은 장차 우리에게 나타날 영광과 족히 비교할 수 없도다."(로마서 8:18)

아, 내안에 하나님이 있다.

## 결론

신앙관은 삶에 의미 있는 전망을 부여한다. 그것은 현실의 모든 차원에 있어서 하나님과 개인적인 관계를 맺도록 해 준다. 신앙의 눈만이 사물의 내면을 들여다 볼 수 있고 신앙의 희망만이 인간 존재의 잡다한 양상에 어떤 일관성을 부여할 수 있다. 신앙은 하나님과 일치는 물론이고 사람과 사람간의 일치의 유대를 강화한다. 우리가 서로 쳐다 볼 때 처음 보이는 것은 육체 즉 외면적 용모이다. 그러나 표면적인 아름다움 또는 추함 밑에 보다 깊은 존재양식 속에는 인간이 깨어진 꿈과 새로 형성된 희망, 고독과 사랑을 지닌 인간이 있다. 그리고 그보다 더 깊은 존재 양식 속에, 인간의 중심에는 하나님이 있다. 모든 피조물을 가장 깊은 존재양식의 속에는 하나님이 존재하며, 하나님의 존재를 모든 피조물이 나누어 갖고 반영한다. 그는 하늘이 빛 속에 갑자기 다가오는 태풍 속에, 신생아의 첫 울음소리 속에, 죽어가는 사람의 마지막 호흡 속에 존재한다. 우주의 고동소리는 그의 고동소리이다.

신앙의 비전으로 보면 하나님은 기쁨, 사랑, 고통, 고독 속에서 발견된다. 하나님의 존재가 어루만져 주지 않은 피조물은 하나도 없다. 창조의 모든 순간은 모든 사물 속에 깊이 내재하는 초월자 하나님의 생명을 나타낸다. 그는 절망의 어둠 속에 그리고 희망의 빛 속에 있다. 웃음소리 그리고 고통의 부르짖음 속에 있다. 정오에 그리고 한밤중에 있다. 저 멀리 반짝이는 별, 가장 깊은 바다 밑바닥의 물방울, 산, 바위, 연약한 풀잎, 이 모든 것이 생명을 나누어 갖고 또 그를 나타낸다.

모든 사물 속에서 하나님을 발견하는데는 신앙의 내면적 눈이 있어야 한다. 어린아이의 얼굴에서, 새벽 광채에서, 밤의 어둠에서

## 7부. 갈등과 성숙의 단계

그를 보는 내면적 눈이 신앙이다. 바람이 윙윙거리는 소리, 해변에 부서지는 파도소리 자장가를 흥얼거리는 아기의 음성, 언덕을 기어오르는 자동차의 허덕이는 소리, 폭소하는 소리, 일하면서 고통스럽게 내쉬는 한숨소리 속에서 하나님의 말씀을 듣는 내면적인 귀가 신앙이다. 건조한 공기, 세찬 바람, 부드러운 빗방울, 우리 손을 잡는 타인 손의 압력에서 하나님의 손길을 느끼는 내면적 손이 신앙이다.

신앙생활은 탐구의 생활이나 또한 발견의 생활이기도 하다. 이것은 자연적 현실을 아무 것도 없애 버리지 않는다. 빗방울의 습기 속에 하나님이 있다는 그 이유만으로 내가 빗방울을 사랑하는 것은 아니다. 나는 빗방울이 빗방울이기 때문에 사랑한다. 나는 당신 가슴속에 하나님이 있다는 그 이유만으로 당신을 사랑하는 것은 아니다. 나는 당신이 당신이기 때문에 사랑하며, 나를 하나님의 사랑으로 인도하는 것은 오직 당신의 사랑스러움에 대한 인정뿐이다. 내가 나무를 사랑하는 것은 그 기둥과 잎새들, 가지들, 그 산문과 시 때문이다. 나무가 나무이기 때문에 내가 나무를 사랑할 때에 비로소 나는 감추어져 있으나 항상 모든 사물 속에 있는 하나님을 발견할 수 있다.

인생은 서로 다른 사물, 상관관계 없이 분리된 사물들의 집합체가 아니다. 신앙의 눈으로 보면 모든 창조된 현실은 약속의 방주, 하나님의 존재와 영광이 모든 사물에 깃든 정서이다. 모든 사물의 다양성은 이러한 비전 속에서 일치를 찾고, 하나님의 현존, 권능 그리고 영광이 모든 사물에 깃 든다. 모든 사물은 하나님 안에서 살고 움직이고 자신의 존재를 받는다.

# 8부. 예수 그리스도를 체험하라

8부. 예수 그리스도를 체험하라

# 예수 그리스도를 체험하라

만일 제도적 교회의 예배, 성경공부, 기도회 등이 우리 예수님과의 만남이 아니라면
그것은 모두 무의미하다.
그러나 때때로 이 예식들이 우리에게 판에 박은 것으로 보일 때가 있으며,
우리가 아직 예수 그리스도를 알게 되지 못했기 때문에
이 예식들이 우리와 우리 삶에 별다른 영향을 미치지 못할 수가 있다.
우리는 의무감에서 마지못해 종교예식에 참여하거나 또는 죄를 짓지 않기 위해,
또는 하나님의 은혜를 구하기 위해 참여하기도 한다.
그러나 우리는 예수 그리스도와 만나기 위해서 그곳에 가야 한다.

"그 때"에 예수께서 대답하여 가라사대 천지의 주재이신 아버지여 이것을 지혜롭고 슬기 있는 자들에게는 숨기시고 어린아이들에게는 나타내심을 감사하나이다. 내 아버지께서 모든 것을 내게 주셨으나 아버지 외에는 아들을 아는 자가 없고 아들과 또 아들의 소원대로 계시를 받는 자 외에는 아버지를 아는 자가 없느니라. 수고하고 무거운 짐진 자들아 다 내게로 오라 내가 너희를 쉬게 하리라 나는 마음이 온유하고 겸손하니 나의 멍에를 메고 내게 와서 배우라 그러면 너희 마음이 쉼을 얻으리니 이는 내 멍에는 쉽고 내 짐은 가벼움이라 하시니라."

(마태복음 11:25-30)

아, 내안에 하나님이 있다.

## 예수에 관하여 안다는 것과 예수 자신을 안다는 것

"신앙은 인간 내부에서 행한 하나님의 일이다. 하나님만이 그를 크리스천으로 만들 수 있다. 신앙의 과정에 있어서 하나님이 주도하신다. 신앙은 전적으로 하나님의 선물이다."

여러분은 이미 이 글의 앞부분에서 위의 말을 숙지했을 것이다. 이 말을 뒤집으면, 인간이 자유로이 하나님의 선물을 받아들여야 하고 하나님의 의도에 응답하며 자기 안에서 행해지는 하나님의 일에 협력해야 한다는 말이 된다. 우리는 어떻게 할 것인가? 하나님의 계시의 말씀을 알아듣는 길은 여러 가지인가?

내 개인의 확신으로는 이에 대한 대답은 인간의 본성 그리고 계시된 하나님의 말씀 속에 있다. 그것은 예수 그리스도를 아는 일이다. 예수에 관해서가 아니라 예수 자신을 알아야 한다는 점에 유의하기 바란다.

뉴먼 추기경(Cardinal Newman)은 이렇게 말한 적이 있다. "우리가 대성전을 건축하는 것은 지성적 원칙들에게서가 아니라 사람들에게 봉헌하기 위한 것이다 우리를 설득하고 융해하며 획득해 가는 것은 바로 사람들뿐이다."

신앙은 지성적으로 이해해야 하는 것이 아니라, 실제로 체험하고 생활해야 할 어떤 것이다. 신앙은 하나님의 아들 예수 안에서 그와 함께, 그를 통하여 하나님과 맺는 계약이며 사랑의 약속이다. 사도 요한은 다음과 같이 말한다.

"또 증거는 이것이니 하나님이 우리에게 영생을 주신 것과 이 생명이 그의 아들 안에 있는 그것이니라. 아들이 있는 자에게는 생명이 있고 하나님의 아들이 없는 자에게는 생명이 없느니라."

8부. 예수 그리스도를 체험하라

(요한1서 5:11-12)

"예수께서 가라사대 내가 곧 길이요 진리요 생명이니 나로 말미암지 않고는 아버지께로 올 자가 없느니라."(요한복음 14:6)

"내가 땅에서 들리면 모든 사람을 내게로 이끌겠노라 하시니."
(요한복음 12:32)

"아버지께서 내게 주시는 자는 다 내게로 올 것이요 내게 오는 자는 내가 결코 내어 쫓지 아니하리라."(요한복음 6:37)

"다른 이로서는 구원을 얻을 수 없나니 천하 인간에 구원을 얻을 만한 다른 이름을 주신 일이 없음이니라 하였더라."(사도행전 4:12)

그러므로 예수님과의 길고 따뜻한 인간적 관계를 발전시켜 자기가 하는 모든 일이 예수님을 사랑하는 행위, 예수님에게 충실한 행위가 되도록 하는 것이야말로 신앙의 비결이며 크리스천의 재능인 것이다. 신앙은 신학 강의를 듣거나 신앙의 가능성에 관한 지성적 논쟁을 하는데서 성장하는 게 아니다. 논쟁하는 사회에서는 사랑하는 사람, 거룩한 사람 또는 하나님께 속한 영웅이 나오지 않는 법이다. 예수님을 아는 일, 그를 충직하게 사랑하는 법을 배우는 일이 중요한 핵심이다.

예수님을 알고 사랑하는 일은 간단하지가 않다. 알고 사랑하는 일 자체가 간단한 것이 아니다. 우리는 유혹되기 쉬운 존재이며, 하나님의 약속된 땅으로 이동하던 이스라엘 민족처럼 우상숭배의 유혹에 빠지기 쉽다. 알고 사랑하는 일은 선택과 결단을 요구한다. 집착에서 자유함으로, 채우는 일에는 비우는 일로, 삶에서 죽음으로 항상 결단해야 한다. 아무도 두 주인을 섬길 수 없다. 그러므로 우리는 우리의 분열된 마음을 깨달아야 하며, 우리의 신앙결의를 무기력하고 반신반의하도록 작용하는 다른 힘이 있을 수 있다는 점도 알아야 한다. 아름다운 우상, 추한 우상들이 예수 그리스도에 대한 우리의 사랑을 없애고 그와의 일치를 파괴하려 한다. 긍지와 자기 혐오, 청교도적인 엄숙하고 이기적 탐욕, 공포와 무모함, 자신의 정신과 육체에 대한 과찬 또는 증오, 이러한 것들은 우리의 시선을 자아로 향하게 하고 예수 그리스도로부터 멀어지게 하는 자기 몰두의 우상형태들이다.

신앙생활에 관련된 수많은 문제에 대한 대답은 항상 "예수님을 아는 일"이다. 추상적인 개념들 때문에 방황해서는 안된다. 아무도 논리를 가지고 신앙으로 가거나 거기서 이탈할 수는 없다. 예수 그리스도를 알아야 한다. 신앙의 기원과 발전에 관한 추상적, 이론적, 문제들은 흔히 실제 체험으로 해소된다. 체험이 항상 이해보다 앞선다. 모든 성장 과정에서 먼저 체험하지 않고서는 탁상공론밖에 얻는 게 없다. 신앙이 어떻게 생기느냐고 자기나 타인에게 질문하는 것은 눈먼 사람이 되는 일이다. 이런 질문들은 예수님의 현존, 권능, 사랑을 개인적으로 체험할 때 안개 걷히듯 사라져 버린다. 예수님을 알라, 아름다움에 관한 인간의 수많은 묘사도 이 자주색 꽃만큼 아름답지는 못하다. 이 세상에서 가장 큰 체험은 무엇인가? 그것을 길가에서 자라는 한 풀꽃 잎에서 찾아내는 체험관(體驗觀)이다. 신앙체험을 나누고 은혜에 대한 개인적 증언을 하는 크리스천들만이 신앙에 관해 가장 믿을 만한 책을 쓸 수 있을 것이다.

여러분은 제도적 종교에 대해 많은 문제를 가지고 있는가? 우리는 대부분 이러한 문제를 가지고 있다. 종교 예절은 지루하고, 설교가 형편없으며, 영웅이 좀처럼 나타나지 않는다. 합당치 못한 전도사들이나 말만 많은 목사들과 대면할 때도 있다. 이런 우울한 체험이 우리에게 깊은 상처를 남길 수 있다. 오래된 아일랜드 속담은 이것을 잘 나타낸다. "사랑하는 성인들과 저 위에서 사는 것은 정말 대단한 영광이지만, 우리가 잘 아는 거룩한 척하는 사람들과 함께 여기 사는 것은 대단한 고통이다."

때때로 제도적인 교회는 그리스도의 충실하고 사랑스런 제자가 되기보다도 교적이나 착실히 기재하고 헌금을 잘 내는 크리스천이 되는 것을 더 중요시한다. 하나님의 순례객들의 고통스런 외모 때문에 주저하지 마라. 예수 그리스도를 알도록 하라. 이 연약한 사람들이 참으로 자기 백성이며 그가 이들 가운데 있다는 것을 예수님은 당신이 알도록 해 줄 것이다.

예배를 비롯한 공적인 모임들이 쓸모 없는 예식으로만 보이는가? 성경말씀이 좋은 소식이라기보다 좋지 않은 소식으로 들리는가? 예수 그리스도를 알도록 하자. 예수님은 자신이 모든 예배의 인도자라는 사실을 여러분에게 알려 줄 것이다. 그는 여러분의 삶 속에서 생명과 삶의 의미를 발견하도록 해 줄 것이다. 그는 참으로 성경 안에서 우리에게 뭔가 말할 것이 있다. 우리가 연약할 때 낙담하지 말라. 회개의 기도에서 그는 여러분을 이해하고 용서해 줄 것이다. 그러나 그를 만나 용서를 청하고 그의 용서와 이해의 말씀을 듣기 위한 목적이 아니면 예배에 가지 말라.

만일 제도적 교회의 예배, 성경공부, 기도회 등이 우리 예수님과의 만남이 아니라면 그것은 모두 무의미하다. 그러나 때때로 이 예식들이 우리에게 판에 박은 것으로 보일 때가 있으며, 우리가 아직 예수 그리스도를 알게 되지 못했기 때문에 이 예식들이 우리와 우리 삶에 별다른 영향을 미치지 못할 수가 있다. 우리는 의무감에서 마지못해 종교예식에 참여하거나 또는 죄를 짓지 않기 위해, 또는 하나님의 은혜를 구하기 위해 참여하기도 한다. 그러나 우리는 예수 그리스도와 만나기 위해서 그곳에 가야 한다.

우리의 삶 그리고 우리의 모든 행위가 예수님과의 관계의 일부분임을 우리로 하여금 깨닫게 해주는 분은 오직 예수님 뿐이다. 예수님을 알게 되면 신앙과 삶의 그릇된 양분론은 사라질 것이다. 우리의 기쁨과 슬픔, 성공과 실패, 이득과 손실이 모두 우리 삶과 이 세상에서 펼쳐지는 하나님의 사랑의 계획의 일부라고 하는 것을 깨닫게 될 것이다. 신앙 안에서 찾은 주체성은 오로지 예수님과의 살아 있는 사랑의 관계를 통해서만 가능하다. 빅터 프랭클은 『인간의 의미 추구』라는 저서를 통해 이렇게 말했다.

"한 가지 생각이 나를 꼭 붙들었다. 즉 수많은 시인들이 노래한 진리, 수많은 사상가들이 최종적 지혜라고 선언한 진리를 내 생애 최초로 보았다. 사랑은 인간이 찾는 최종적이고 가장 높은 목표라고 하는 진리이다. 그때 나는 우리의 시, 사상, 신앙이 전파해야만 하는 위대한 신비의 미(美) 즉 인간의 구원은 사랑 안에 있다는 것을 깨달았다."

## 각 복음서의 예수님

예수님은 가르치는 랍비이며, 당시 랍비는 30세가 되어야 비로소 사람들을 가르칠 수 있었기 때문에 예수님의 공생애는 30세부터 시작되었다. 대략 기원전 500년 경 바벨론 포로시기 이후부터 유대인들의 종교를 유다이즘(Judaism)이라는 명칭이 부여했는데, "랍비"라는 말은 이 유다이즘의 선생이라는 의미를 가지고 있었다. 기원전 5세기경에 유다이즘에는 성전 이외에 율법학자라는 새로운 계층, 회당이라는 새로운 숭배의 장소가 도입되었다. 그러나 언제나 유다이즘의 주요 사상은 율법 위에 놓여 있었다.

그런데 종교의 진화과정에서 이 율법이 너무나 방대해져서 독실한 유대교 신도에게조차 야훼의 멍에가 지나치게 짐스럽게 느껴졌다. 그들은 근본적으로 종교적 백성이었으므로 강제적인 율법밖에 떨어져나가 있다는 낙인은 도덕적 제재 뿐 아니라 강력한 사회적 제재까지 수반했다. "죄인"은 사회에서 추방된 자였다. 잘못에 대해 용서의 여지가 없었다.

누가는 예수님의 청중들이 대부분 세리와 죄인들이었으며 이들은 예수님의 말을 듣고 그에게 가까이 가려고 했다고 말해준다. 율법의 준수를 가장 열렬하게 주장해 온 유다이즘의 일파인 바리새파, 유다이즘의 학자이며 지식층인 율법학자들은 바리새인과 서기관들은 예수님을 원망하면서 "이 사람이 죄인을 영접하고 음식을 같이 먹는다"하며 세리들과 죄인들과의 어울림을 극단적으로 못마땅하게 여겼다.

하나님은 어떻게 죄인들을 대하는가? 이 문제는 중대하고 또 의견이 갈라질 수 있는 문제이다. 우리는 모두 하나님을 우리 주장의 지지자로 삼고, 그 이름을 우리 의견 보증으로 사용하려는 경향이 있다. 율법학자들과 바리새파 사람들도 이 인간적 경향에 예외가 아니었다. 그들은 죄인들과 인간의 연약함을 아주 어둡게 보았으며, 하나님이 그에 대해 관여할 것이 없고 다만 자기들 의견에 찬성할 뿐이라고 생각했다. 그들은 나사렛 출신인 이 젊은

아, 내안에 하나님이 있다.

랍비가 어찌해서 인간의 나약함에 대해 그렇게 관대하고 죄인들을 두 팔을 벌려 맞이하는지 이해하지 못했다. 그들은 제자들과 대결하여 예수님이 왜 인간의 연약함에 대해 그렇게 관대한지 이유를 캐어물었다. 그때 예수님은 이렇게 대답하셨다.

"예수께서 들으시고 이르시되 건강한 자에게는 의원이 쓸데없고 병든 자에게라야 쓸데 있느니라. 너희는 가서 내가 긍휼을 원하고 제사를 원치 아니하노라 하신 뜻이 무엇인지 배우라 내가 의인을 부르러 온 것이 아니요 죄인을 부르러 왔노라 하시니라"
(마태복음 9:12-13)

비판자들은 예수님과 대결하면서, 약한 사람들을 향한 예수님의 과도한 관용을 비난하자, 예수님은 그들에게 잃은 양과 충직한 목자의 비유를 들려주었다. 목자는 팔을 벌려 잃은 양을 품에 안았다. 두 번째 이야기는 동전을 잃어버린 여인의 비유였다. 그 여인은 집안을 구석구석 빗자루로 쓸어 동전을 찾아낸다. 세 번째 이야기는 아버지의 농장에 씨를 뿌리기보다는 떠나 버린 젊은이의 비유이다. 이 세 번째 비유는 귀에 익은 것이다. 여기에는 깊은 감동적인 무엇이 있으며, 바로 하나님의 마음이 그대로 실려 있다. 만일 예수님이 오늘 그 비유를 들려준다면 아마도 이렇게 이야기 했을 것이라고 생각한다.

"옛날에 한 사람이 아들 둘과 함께 시골에서 살고 있었다. 그는 약간의 땅을 가지고 있었다. 하루는 동생이 아버지에 다가와 놀라운 말을 던졌다. "아무리 생각해 봐도 난 큰 도시로 나가 행운을 잡아야겠어요. 여기는 너무 답답해서 못 살겠거든요."

아버지는 그 아들에게 간곡히 타일렀다. "넌 정말 날 두고 떠나야 되겠느냐? 네가 여기서 얼마나 내게 필요한지 잘 알고 있지 않니?" 그러나 그 아들은 아버지의 간청에 조금도 개의치 않았다. "그만두세요, 아버지, 내게 돈만 주면 되잖아요? 아버진 오랫동안 저축을 했으니까 그 절반은 내게 주겠죠? 하여간 난 젊었을 때 돈이 있어야겠어요. 그걸 갖고 멋진 생활을 해보고 싶단 말예요."

그래서 아버지는 마지못해 그에게 재산의 일부를 주어 떠나보냈다. 두둑해진 돈 자루를 어깨에 메고 뒤도 돌아보지 않고 떠나가는 아들의 뒷모습을 바라보는 아버지의 심정은 한없이 슬펐다.

오래 지나지 않아 도시에서 이야기가 들려왔다. 도시에 갔다가 돌아오는 사람들이 아버지에게 말해 주었다. "이봐요, 당신 아들 참 굉장해. 아주 기가 막히게 놀고 있잖아. 글쎄…"

이웃사람들이 동정어린 시선을 보냈다. "실패한 아버지"의 목에 거는 화환처럼 그들의 시선들은 떠나질 않았다.

얼마 후, 흉년이 닥쳐왔다. 실업률이 어느 때보다 높아 졌다. 거창한 꿈을 지닌 시골뜨기 풋내기는 순식간에 알거지가 되었다. 그에게 자주 술을 얻어먹던 일꾼들, 푼돈 받기 위해 그를 끌어안던 거리의 계집들이 모두 이 탕아를 몰라보고 그 이름조차 기억해 주지 않았다.

그는 이 사람 저 사람에게 찾아가 일거리를 구걸했다. 무엇이든지 하겠다고 구걸했다. 한 사람이 장난삼아 일거리를 제안했다. "이봐, 내가 일자리를 주지, 내 농장에서 돼지를 쳐라. 급료로 넌 돼지 밥을 마음껏 먹고 구정물을 마음껏 마셔도 좋아. 그러나 먹고 남은 건 돼지에게 줘야해. 알겠지? 돼지를 치는 일이 뭐 대단한 일은 아니지만 먹고 살 수는 있을 거야. 알다시피 요새는 불경기거든."

아, 내안에 하나님이 있다.

　그래서 그는 그 일을 맡았다. 고작해야 굶어죽지 않고 살아 있는 정도였다. 하루는 돼지밥통 앞에 꿇어앉아 있노라니 고향에 대한 향수가 밀물처럼 밀려왔다. 그리움을 이기지 못한 그는 집으로 돌아가기로 작정했다. 그날 밤 단잠을 기다리며 들판에 누워서 그는 자신의 회개의 행위를 머릿속에 그려본다.
　"아버지 날 다시 아들로 받아달라고 요청할 자격이 없습니다. 정말 난 그런 자격이 없어요. 그러나 난 돼지죽을 먹고 구정물을 마시며 연명해 왔습니다. 그래서 난 아버지께서 고용된 일꾼을 어떻게 대우하시는지, 그들에게 따뜻한 음식과 포근한 잠자리를 제공하는지를 기억해 냈습니다. 아버지, 날 농장에 고용해 주지 않겠습니까? 아들의 자격은 포기하겠습니다."
　우리 인간에게는 첫 발을 내딛는 일이 항상 가장 어렵다. 특히 "나는 잘못했습니다"라는 말을 할 때 더욱 그렇다. 그러나 굶어죽게 된 지경에 이르면 인간은 마지못해서라도 가장 절망적인 행위를 하게 된다. 신학자 루돌프 볼트만은 말하기를 "사람이 조금 배고프면 쥐엄열매를 찾지만, 많이 배고프면 아버지를 찾는다" 결국 그 청년은 먼길을 걸어 집으로 돌아가기 시작했다.
　그가 집 근처에 도달했을 때는 황혼 무렵이었다. 아버지는 현관 문밖에 앉아서 아들이 떠난 날 이후로 밤마다 바로 그 자리에 앉아 있었음을 이웃사람들이 알고 있다. 아버지는 항상 바라보고 항상 기대했다. 드디어 어둠이 농장을 뒤덮으면 그는 무거운 마음을 안고 잠자리에 든다. 누군가 말했듯이 인간의 가슴은 절대 터지는 게 아니라 그냥 아프고 또 아플 뿐이다.
　그러나 그 날 밤은 사정이 달랐다. 고통스런 추억의 눈물로 너무나 자주 적셔진 눈, 노쇠해 가는 눈이 전과 변함없이 도시로 통하는 길 위에 고정되어 한 사내가 다가오는 모습을 지켜보게 된

## 8부. 예수 그리스도를 체험하라

다. 아버지의 눈은 그때 새로운 눈물에 젖고, 가슴은 새로운 희망으로 두근거리기 시작했다. 아들의 걸음걸이, 팔 흔드는 폼, 사랑만이 알아차리는 모든 것을 아버지는 안다. 아버지는 길로 달려나가 아들을 얼싸안았다.

아들은 미리 생각해 두었던 회개의 말을 회상한다. 그러나 아들은 아버지에게 일꾼의 한 사람이 되겠다는 부분조차 기억해 내지 못한다. 아버지는 따뜻하고 힘차게 아들을 껴안고 아들은 눈물에 젖은 얼굴을 아버지의 품에 묻었다. 아들은 아버지의 가슴에서 기쁨의 고동소리를 듣는다. 아버지의 눈물이 아들의 얼굴에 떨어진다.

그 때 아버지의 음성이 들린다. "뭣들 하느냐? 내 아들에게 좋은 옷을 갖다 주어라. 넝마를 걸친 모습을 더 이상 보고 싶지 않다. 뭐든지 제일 좋은 것을 가져 와라. 가장 살진 암송아지를 잡아 요리해라. 또 누가 가서 악사들을 데려와라. 이 마을에서 치룬 그 어떤 잔치보다 성대하게 잔치를 베풀라. 내 사랑하는 아들이 돌아왔다. 내 사랑하는 아들이 집으로 돌아왔다. 이것은 마치 죽었던 아들이 다시 살아서 돌아온 것과 같다!"

들판의 고된 하루 일을 마치고 형이 귀가할 무렵, 그 작은 농가는 암송아지 고기 굽는 연기와 잔치석의 유쾌한 소리로 가득 차 있었다. 형은 우물가에서 만난 일꾼 하나에게 물었다.

"이봐, 무슨 일이지? 이 동네에서 무슨 잔치가 벌어졌는가?" "예 그렇습니다. 바로 당신의 집입니다. 당신의 동생이 오늘밤에 돌아왔거든요."

형은 그 대답을 듣자 가슴이 섬뜩했다. "내 동생이?" "그래요, 당신의 동생이 다시 돌아왔어요." 일꾼도 덩달아 기쁜 듯 대답했다.

아, 내안에 하나님이 있다.

그러나 형의 태도에서는 아무런 기쁨도 발견되지 않았다. 오히려 그의 얼굴이 일그러졌다. 그리고 화가 난 음성으로 일꾼에게 말했다. "이것 봐, 아버지에게 가서 이렇게 말해, 그 녀석이 집에 있는 한 난 여기서 한 발자국도 내딛지 않겠다고…"

아버지가 큰아들의 이야기를 듣자 집에서 나와 우물가로 달려갔다. "애야, 왜 그러냐?"

"왜 그러냐고요? 좋아요. 이유를 말씀드리죠. 내 얼굴을 좀 보세요. 날 기억하세요? 난 여기 죽 머물러 있었습니다. 이 손을 보세요. 이 굳은 살을 보세요. 이것은 고된 일, 이 농장에서의 고된 일 때문에 생긴 거예요. 그녀석이 집을 나간 뒤로 나는 두 배의 힘든 일을 해 왔어요 그날 밤 난 거기 있었어요. 기억나세요? 그 녀석은 아버지가 시대에 뒤떨어졌다, 아버지에 대해 완전히 싫증이 나서 더 이상 견딜 수가 없다고 말하는 걸 난 다 들었죠. 도시에서 들려오는 이야기로 아버지가 상심하는 모습도 난 여기서 다 보았어요, 난 밤마다 슬퍼 흐느끼는 아버지를 보았고 그 녀석을 죽이고 싶도록 증오하게 되었어요. 이제 그 녀석이 돌아오니 아버진 녀석을 위해 거창하게 잔치를 베풀다니요! 아버지 같은 바보가 어디있어요? 나와 내 친구들을 위해선 한번도 열어 주지 않더니! 또 난 여기 줄곧 머물러 있었는데도!"

그러자 아버지는 큰아들의 어깨 위에 손을 얹고 조용히 그를 농장 쪽으로 돌려 세웠다.

"애야, 네 말이 옳다. 넌 충직함의 대가로 잔치상을 받을만하다. 언제라도 네가 원할 때 잔치해 주마. 내가 가진 것은 모두 네 것이야. 또 난 네 감정을 이해한다. 그렇지만 난 네가 이해해 주길 바라는 게 한가지 있어, 그건 바로 잃어버렸던 아들이 다시 집에 돌아왔을 때 아버지의 마음이 어떻게 움직일 것인가 하는 점이 바로 그것이다. 죽었던 아들이 다시 살아 돌아올 때 아버지가 느끼는 감정을 한 번 이해해다오."(누가복음 15:11~31)

예수님의 이야기는 인간에게 주어진 연약함에 대한 하나님의 태도가 어떠한지, 질문에 완벽하게 답변해 준다. 예수님은 "나의 아버지께서 죄인들을 이렇게 대신한다고 대답했다. 분명히 율법학자들과 바리새파 사람들은 이해하지 못했다. 때로는 당신과 내가 완전히 이해하는지에 대해서도 의문이 간다. 하나님의 얼굴 위에 불쾌한 표정을 그리려고 고집하기 때문에 우리는 사실상 예수님을 이해 못하는 게 아닌가 하는 생각이 가끔 든다. 우리는 하나님의 이해와 부드러움을 믿지 않는다. 비유에 나오는 아버지가 아들을 끌어안는 것과 마찬가지로 하나님이 우리를 그의 사랑 안으로 끌어들일 때, 우리 내부에서는 "무슨 소용이 있겠는가?"하는 의문이 제기되기도 한다. 사랑하지 않는 우리가 사랑 자체인 하나님을 안다는 일은 어려운 일이다.

### 예수님은 죄인들과 어울린다.

예수님의 전 생애가 앞의 비유의 살아 있는 확인이다. "내가 너희를 사랑한 것 같이 너희도 서로 사랑하라"는 말은 예수님의 생애에서만 그 의미를 찾는다. 연약하다고 해서 버림받거나 배척당한 사람은 아무도 없다. 예수님은 나약함이라는 인간 조건을 당신과 나보다도 더 잘 이해한다.

아, 내안에 하나님이 있다.

## 창 녀

어느 날, 예수님이 시몬이라는 바리새파 사람과 저녁을 먹고 있을 때 아주 이상한 에피소드가 발생했다. 한 여인이 방에 들어왔다. 그런 좌중에는 여인이 들어오지 못하게 되어있었다. 그러나 그 여인은 여인일 뿐만 아니라 그 마을에 창녀였다. 로마의 예전은 이 여인이 막달라 마리아라고 한다. 창녀는 예수님의 발아래 엎드려 따뜻한 눈물로 발을 적시었다. 그리고 머리칼로 발을 닦은 뒤 향기로운 향유을 발랐다. 인간의 나약함에 대해 조금도 동정하지 않는 엄격한 바리새파에 속하는 시몬도 독선적인 분노로 제 정신이 아니었다. 그러자 예수님은 시몬에게 더 많이 용서받은 사람과 덜 용서받은 사람가운데 누가 더 많이 사랑하는가 하고 물었다. 시몬의 대답은 뻔한 것이었다. 그때 예수님이 그에게 조용히 대답했다.

"이 여자를 보느냐? 내가 네 집에 들어오매 너는 네게 발 씻을 물도 주지 아니하였으되 이 여자는 눈물로 내 발을 적시고 그 머리털로 씻었으며 너는 내게 입맞추지 아니하였으되 저는 내가 들어올 때로부터 입맞추기를 그치지 아니하였으며 너는 내 머리에 감람유도 붓지 아니하였으되 저는 향유를 내 발에 부었느니라. 이러므로 내가 네게 말하노니 저의 많은 죄가 사하여졌도다. 이는 저의 사랑함이 많음이라. 사함을 받은 일이 적은 자에게는 적게 사랑하느니라. 이에 여자에게 이르시되 네 죄 사함을 얻었느니라 하시니 함께 앉은 자들이 속으로 말하되 이가 누구이기에 죄도 사하는가 하더라. 예수께서 여자에게 이르시되 네 믿음이 너를 구원하였으니 평안히 가라 하시니라."(누가복음 7:44~50)

8부. 예수 그리스도를 체험하라

　예수님의 확인이 있기 이전에 이미 그 여인의 죄는 하나님의 은혜와 용서로 깨끗하여졌음이 분명하다. 그 여인의 사랑의 능력이 크므로 이미 용서받았다고 하는 예수님의 말에 주의하라. 하나님을 아는 사람은 사랑할 줄 안다고 앞에서 우리가 논의한 진실을 이 말이 강조하고 있다. 하나님이 한 인간을 은혜로 어루만지면 그는 변모하며, 그의 변모의 징표는 사랑하는 새로운 능력이다. 우리의 경우도 마찬가지다. 하나님과 이웃에 대한 사랑은 우리가 우리 죄악과 하나님을 필요로 한다는 것을 인정하는데서 연유하는데, 이 인정은 치유하는 하나님의 손길을 받을 수 있는 조건이다. 독선과 자만은 사랑과 병행할 수 없다. 우리의 나약함을 합리화하고 변명하려고 하면 스스로 커다란 손해를 보게 된다. 우리가 인간 조건을 그냥 승복하는 것이 하나님의 용서와 자비로 가는 필요한 단계이다.
　만일 로마 예전을 통해 이 여인이 막달라 마리아라는 것이 사실이라면, 이 여인은 예수님의 용서하는 사랑에 대해 얼마나 큰 증인이 될 수 있는가. 십자가 밑에 있던 것도 막달라 마리아였다. 마리아는 자기가 예전에 대중 앞에서 치욕을 당하고 있을 때 예수님이 자기를 위로하고 옹호해 주었던 일을 기억했다. 이 여인이 골고다 언덕에 있을 때 비난의 대상이 되었다는 것을 우리는 쉽게 상상할 수 있다.
　"저기 봐, 저기 서 있는… 창녀 마리아야. 네가 누구인지 우린 알고 있지. 웃기지마. 이따위 거룩한 척하는 태도로 누굴 놀리려는 거야?" 그럼에도 자기 몸에서 일곱 마귀가 쫓겨난 일을 체험한 이 여인에게는 그런 비난은 아무렇지도 않았다. 하나님을 진실로 사랑하는 사람은 이해 못하는 사람들의 비난에 이상하게도 귀머거리가 된다. 그들은 오직 하나님의 눈에 가치가 있어야만 우리

존재 가치 있는 것이라고 믿는다. 그들은 자유로워진다는 것, 진실로 자유로워진다는 것이 무엇인지 안다.

사랑은 자기에게 닥치는 난관이나 위험을 잘 계산하지 못한다. 그래서 사도들이 공포에 질려 금요일부터 주의 첫날에 이르기까지 다락방에 문을 잠그고 모여 있을 때, 용감하게 길에 나선 것은 예수님의 사랑으로 위대해진 바로 그 창녀였다. 그의 부활의 소식을 타인에게 전한 것도 바로 그 여인이었다. 그가 부활했다는 사실을 제일 먼저 안 것도 그 여인이었다. 이 여인에 대해 예수님은 다음과 같은 말씀을 하셨다. "내 이야기가 전해지는 곳에는 어디서나 나에 대한 이 여인의 사랑도 전해 질 것이다." 예수님의 변화시키는 힘과 그의 사랑에 대한 살아 있는 증인이 된 것도 그 여인이었다.

스타인벡은 "인간의 모든 죄악은 사랑으로 가려는 지름길이다"라고 말한 적이 있다. 그 여인이 일단 예수님 안에서 진실한 것을 발견하자 지름길은 그 여인의 과거와 예수님의 자비 안에 묻혀 버렸다.

## 간음한 여인

율법 준수에 경쟁적으로 몰두하던 율법학자들과 바리새파 사람들은 율법 준수와 관련해 예수님을 진퇴양난에 몰아넣으려 했다. 하여간 그들은 율법의 해석과 강제에 책임을 진다. 그들은 예수님이 사랑과 자비를 강조하는 일을 포기하도록 만들려고 수많은 시도를 했는데 이것은 예수님이 랍비로서의 의무를 망각한다고 그들은 느꼈기 때문이다.

간음하다가 잡혀온 여인의 경우에 예수님에게 강박된 기술적 문제는 바리새파 사람들의 황제의 금화를 가져왔을 때와 마찬가지였다. 만일 예수님이 간음한 여인의 죽음을 인정한다면 그는 로마법을 위반하게 된다. 로마법은 유대인들이 사형집행을 하는 것을 용납하지 않기 때문이다. 또 만일 그가 자비를 주장하게 되면 모세의 율법을 어기게 된다. 금화에 새겨진 것에 관한 문제에서와 같이 예수님은 질문한 사람들에게 짐을 지워버린다.

그들은 예수님께 함정을 씌워 고발할 구실을 찾으려고 이런 말을 하였던 것이다. 그러나 예수님께서는 몸을 굽혀 손가락으로 땅바닥에 무엇인가 쓰고 계셨다. 그들이 하도 대답을 재촉하므로 예수님께서는 고개를 드시고 "너희 중에 누구든지 죄 없는 사람이 먼저 저 여인을 돌로 쳐라"하시고 다시 몸을 굽혀 계속해서 땅바닥에 무엇인가 쓰셨다. 그들은 이 말씀을 듣자 나이 많은 사람부터 하나 하나 가버리고 마침내 예수님 앞에는 그 한가운데 서 있던 여인만이 남아 있었다. 예수님께서 고개를 드시고 그 여인에게 "그들은 다 어디 있느냐? 너의 죄를 묻던 사람은 아무도 없느냐?" 하고 물으셨다. "아무도 없습니다. 주님." 그 여인이 이렇게 대답하자 예수님께서는 "나도 네 죄를 묻지 않겠다. 어서 돌아가라, 그리고 이제부터 다시는 죄를 짓지 말라"하고 말씀하셨다.

'요한복음'에 주해를 달면서 아우구스티누스는 율법학자들과 바리새파 사람들이 슬그머니 가버린 뒤에 "남은 것이라고는 인간의 비참성과 하나님의 자비 두 가지뿐"이라고 말했다. 이 말은 예수님의 생애 가운데 일어났던 위에 에피소드를 잘 요약해 줄뿐만 아니라 각자가 체험하는 예수님과의 만남을 보다 넓은 의미에서 압축시킨 말이다.

아, 내안에 하나님이 있다.

## 착한 도적, 디스마스

누가에 의하면 예수님과 함께 십자가에 매달린 사형수 두 명 가운데 하나가 예수님에게 도전했다. "네가 그리스도라고 자청했지? 그렇다면 너 자신도 구하고 우리도 구해라!" 그 얘기를 듣고 있던 다른 죄수가 그 말을 반박했다. "너는 도대체 하나님이 조금도 두렵지 않단 말이냐? 우린 마땅히 처벌을 받아야 되지만 이 사람은 아무 잘못도 없어."

그리고나서 디스마스는 십자가 꼭대기에 예수님의 "죄목"을 쓴 팻말이 붙어 있는 것을 쳐다보면서 "이 사람은 유대인의 왕, 나사렛 예수님이다"라고 말했던 것이다. 그 팻말은 십자가 처형의식의 일부분으로서 구경꾼과 지나가는 사람들이 처형의 이유를 알아볼 수 있게 해 주었다. 십자가 처형에 의한 죽음은 시간을 오래 끄는 것이어서 보통 2~3일의 시간이 걸렸다. 예수님이 2~3시간만에 죽었다는 보고를 받고 본디오 빌라도 총독이 놀라움을 표시했음을 우린 성경을 통해 알고 있다.

그때 디스마스가 기도를 하기 시작했다. 아마 그 기도는 그가 일생을 통하여 바친 유일한 기도일 것이다. "예수여, 당신이 당신의 나라에 들어갈 때 제발 나를 기억해 주십시오." 예수님은 그에게 고개를 돌려 "오늘 너는 나와 함께 낙원으로 들어갈 것이다"라고 대답했다. 예수님은 늘 그러했듯이 자신이 죽어가는 고뇌의 순간에도 "타인들을 위하는 사람"이었다. 디스마스에게 한 말은 죽기 전에 그가 인간에게 준 마지막 말이었다. 그러나 그의 자비는 어제도 오늘도 내일도 항상 똑같다. 인류역사 그리고 인간의 나약함의 긴긴 과정을 통하여 이 사랑과 자비의 선물이 무수히 반복되어 나타났다는 것은 의심의 여지가 없다.

8부. 예수 그리스도를 체험하라

## 12명의 사도

당시의 다른 랍비와 여행하며 설교하는 사람들처럼 예수님도 12명이라는 작은 그룹의 사람들을 선택하여 항상 자기를 따르며 그의 복음을 전파하도록 했다. 가롯유다를 제외하고는 그들 모두가 사도로 추앙을 받고 모범이 되고 있다. 그러나 그들은 날 때부터 성인이 아니였다. 오히려 예수님이 그들을 처음 불렀을 때 그들은 소외되고 비참한 인간 계층에 속한 사람들이었다. 이들은 예수님의 인내와 사랑으로 위대한 일에 부름을 받은 대표적이 예가 된다. 모든 위대함은 인내 깊은 사랑에서 나온다고 생각한다. 사도들도 예외는 아니다. 그들은 오히려 배우는 게 더딘 사람들이다. 그들은 자신의 안전이 위협을 당할 때 용기를 보이기보다는 이기적으로 몸을 도사린 겁쟁이들이였다. 허풍쟁이가 하나, 어리광 피우는 사람이 둘, 우직한 사람이 하나, 그리고 돌대가리로 보이는 사람이 하나 포함되어 있었다. 사도들은 당신과 나와 마찬가지로 나약한 사람들이었다.

이들 가운데 중심인물은 "바위"라고 불리운, 시몬이었다. 실제로 그는 별로 바위같은 인물이 아니라, 오히려 인간의 나약함의 대표이다. 처음 예수님의 제자로 부름을 받았을 때 시몬의 질문은 "내게 무슨 상관이 있겠습니까?" 하는 것이었다. 3년 동안 예수님을 따르는 생활을 거친 뒤 예수님이 사도들에게 자신의 수난과 죽음이 임박하다는 말을 하자 큰 소리만 치는 베드로에게 아주 평범한 진리를 다음과 같이 말해주지 않으면 안 되었다.

"이때로부터 예수 그리스도께서 자기가 예루살렘에 올라가 장로들과 대제사장들과 서기관들에게 많은 고난을 받고 죽임을 당하고 제아, 내안에 하나님이 있다.

　삼일에 살아나야 할 것을 제자들에게 비로소 가르치시니 베드로가 예수를 붙잡고 간하여 가로되 주여 그리 마옵소서 이 일이 결코 주에게 미치지 아니하리이다. 예수께서 돌이키시며 베드로에게 이르시되 사단아 네 뒤로 물러가라 너는 나를 넘어지게 하는 자로다 네가 하나님의 일을 생각지 아니하고 도리어 사람의 일을 생각하는도다 하시고."(마태복음 16:21~23)

　최후의 만찬석에서 베드로는 그가 예수님을 배신할 것이라는 예수님의 예언을 단호하게 부정했다. 베드로는 사도 가운데 딴 사람은 나약해 질지 모르지만, "자기"만은 결단코 그런 일이 없을 것이라고 주장했다. 그러나 그는 예수님을 배신했다. 그것도 세 번씩이나…
　유대인의 최고 재판소인 산헤드린에서 예수님이 재판을 받고 있는 동안, 베드로는 재판소 건물 밖 마당에서 신분을 숨긴 채 구경꾼인양 결과를 기다리고 있었다. 그러나 예수님의 제자라는 사실이 알려지게 되자, 그는 예수님을 모른다고 부인했을 뿐만 아니라 그를 전혀 알지도 못한다고 하나님 앞에 맹세까지 했다. 예수님이 대제사장의 저택에서 끌려나와 감옥과 죽음을 향해 걸어갈 때 베드로는 재판소 마당에서 겁에 질린 채 예수님을 부정하고 있었다. 그리고 예수님의 말씀이 생각나서 슬피 울었다.

　　"주께서 돌이켜 베드로를 보시니 베드로가 주의 말씀 곧 오늘 닭 울기 전에 네가 나를 세 번 부인하리라 하심이 생각나서 밖에 나가서 심히 통곡하니라."(누가복음 22:61~62)

　다음 날은 금요일, 로마총독 본디오 빌라도 앞에 "하나님의 어

## 8부. 예수 그리스도를 체험하라

린양"으로 묶여 예수님이 끌려갔다. 총독만이 십자가 처형의 판결을 내릴 수 있었다. 그때 사도들은 모두 숨어 버렸다. 예수님이 진정으로 그들을 필요로 할 때 그들은 그를 버리고 달아났다. 예수님이 자기 백성으로부터 마지막 고난을 당하는 동안 요한을 제외하고는 다른 사도들이 현장에 있었다는 증거가 없다. 그들이 예수님에게 한 약속은 이미 그를 머리와 가슴에서 떠나 버렸다. 그래서 예수님은 홀로 죽음을 맞이하였다.

예수님이 부활하신 안식 후 첫날, 사도들은 꼭 닫아 잠근 방안에 숨어서 아직도 공포에서 헤어나지 못하고 있었다. 만일 유대인들이 그리스도에 대한 기억을 뿌리까지 인멸해 버리려고 하는 경우에는 그들 자신도 잡혀 고통스럽게 죽을 거라고 생각하며 벌벌 떨었다. 이러한 현실 앞에서 사도들은 용감하게 일어나 그리스도를 증언할 생각조차 가지지 못했다. 그들은 다락방 문을 굳게 잠그고 자신들의 공포의 포로가 되어 있었다.

우리 모두는 예수님의 다른 말은 다 잊어버린다 해도, 예수님이 부활의 영광 속에서 다락방으로 걸어들어 오면서 한 첫 마디만은 기억해야 한다. 사도들이 그의 고통과 죽음을 함께 나누려하지 않았지만 그는 자신의 승리와 영광을 그들과 함께 나누려고 했다. 굳은 표정의 공포에 질린 사도들을 보고 그는 그들의 비겁함과 불충실함에 대해 꾸짖으려 하지 않았다. 그는 베드로에게 일어나서 대제사장의 저택의 뜰에서 사람들과 나눈 대화를 다시 한 번 더 해 보라고 요구하지도 않았다. 그는 왜 문이 잠겨 있느냐 하는 것조차 물어보지 않았다. 그는 그냥 들어와 다음과 같이 말했을 뿐이다.

"너희에게 평강이 있을찌어다."(누가복음 24:36)

아, 내안에 하나님이 있다.

　　예수님의 인내와 이해심에 한계를 지우려는 경향이 강한 우리 모두는 그가 한 부드러운 인사말을 기억해야 한다. 베드로와 같이 우리 가운데 몇몇은 "주여 나는 죄인이니 내게서 떠나가 주십시오"라고 말할 지도 모른다. 그러나 예수님은 항상 똑같이 인사한다.

　　"너희에게 평안이 있기를! 나는 이해한다"라고. 사도들은 예수님을 직접 보면서도 예전에 그가 미리 부활에 관해서 한 말을 모조리 잊어버린 것 같다. 그들은 자기들이 유령을 보고 있는 것이 아닌가, 집단 체면에 걸린 것이 아닌가 생각했다. 그래서 자애로운 예수님은 그들에게 눈으로 보고 손으로 만져 확인하게 했다.

　　　"내 손과 발을 보고 나인 줄 알라 또 나를 만져 보라. 영은 살과 뼈가 없으되 너희 보는 바와 같이 나는 있느니라. 이 말씀을 하시고 손과 발을 보이시나."(누가복음 24:39~40)

　　이렇게 말했는데도 사도들이 어리벙벙한 상태에 있자 예수님은 자신의 부활 사실을 보다 확실한 증거로 보여 주었다. 그는 먹을 것을 달라고 하여 군 생선과 떡을 잡수셨다.

　　"너희에게 평화가 있기를… 나는 이해한다." 이 말씀은 예수님이 항상 사도와 우리에게 하는 말이다. 삶의 모든 폭풍우 속에서도 평화가 있기를! 실패로 가슴이 터지더라도 평화가 있기를! 온 세상이 당신 머리 위로 무너져 내린다 해도 평화가 있기를! 자질구레하고 단조로운 일의 연속 가운데서도 평화가 있기를! 마음이 불안하고 손에 아무 일이 잡히지 않는 기다림 속에서도 평화가

## 8부. 예수 그리스도를 체험하라

있기를! 무엇보다도 당신이 나약성 때문에 아무 것도 옳은 일을 할 수 없다고 생각될 때에 평화가 있기를…

"너희는 마음에 근심하지 말라 하나님을 믿으니 또 나를 믿으라. 평안을 너희에게 끼치노니 곧 나의 평안을 너희에게 주노라 내가 너희에게 주는 것은 세상이 주는 것 같지 아니하리라. 너희는 마음에 근심도 말고 두려워하지도 말라."(요한복음 14:1,27)

여러분과 내가 꼭 알아야할 예수님은 바로 이런 예수님이다. 우리는 생명과 마음을 그의 인격과 사랑을 향해 활짝 열어야 한다. 그러나 우리는 여전히 의혹을 가지고 있는 것은 아닐까? 우리는 예수님이 실제로 있는지, 또 만일 실제로 있다면 우리에게까지 올 수 있는지 의심한다. 그는 정말 있는가? 그가 사도들에게 대한 존재와 똑같은 존재로서 우리에게 올 수 있는가 의심을 한다. 그를 우리 마음과 생명 속에 초대하면 정말 우리는 평화의 의미를 체험할 것인가? 그의 멍에는 과연 쉽고 그의 짐은 정말로 가벼운가? 우리가 역경에 처하고 무거운 짐을 지고 있을 때 그는 정말 우리를 편안하게 해 줄 것인가?

우리가 의혹과 싸우는 모습은 사도들이 갈릴리 호수로 배를 저어가던 캄캄한 밤의 상황과 비슷하다. 군중을 보내신 뒤에 조용히 기도하시려고 산으로 올라가셔서 날이 이미 저물었는데도 거기에 혼자 계셨다. 그 동안에 배는 육지에서 멀리 떨어져 있었는데 역풍을 만나 풍랑에 시달리고 있었다.

"무리를 보내신 후에 기도하러 따로 산에 올라가시다 저물매 거기 혼자 계시더니 배가 이미 육지에서 수리나 떨어져서 바람이 거슬리아, 내안에 하나님이 있다.

므로 물결을 인하여 고난을 당하더라 밤 사경에 예수께서 바다위로 걸어서 제자들에게 오시니 제자들이 그 바다 위로 걸어오심을 보고 놀라 유령이라 하며 무서워하여 소리지르거늘 예수께서 즉시 일러 가라사대 안심하라 내니 두려워 말라 베드로가 대답하여 가로되 주여 만일 주시어든 나를 명하사 물위로 오라 하소서 한 대 오라 하시니 베드로가 배에서 내려 물위로 걸어서 예수께로 가되."(마태복음 14:23~29)

아마도 이것이 신앙의 핵심내용일 것이다. 우리는 삶의 거치른 바다에 배를 저어 나가며 격량과 싸우고 있는지도 모른다. 또 우리는 자욱한 안개 속에서 눈을 부릅뜨고 그의 모습, 멀리 물위로 걸어오는 그의 권능과 희망의 모습을 발견하려고 찾는지도 모른다.

    물위를 걸어다니시는 예수님
    그는 뱃사람이었네
    또 그는 나무로 만든 배에서 외로이
    오래 오래 바다 위를 응시하였네.
    드디어 물에 빠진 사람만이 그를 발견한다는 사실을
    알게 되었을 때
    예수님은 이렇게 말했네.
    "그렇다면 모든 사람이 뱃사람이 되어
    바다가 그를 자유롭게 해 주어야겠지…"
                          레오나드 코헨의 - 『수잔』에서 -

그의 은혜로 말미암아 구원을 받은 모든 인간들의 비참한 삶

## 8부. 예수 그리스도를 체험하라

속에서, 그의 치유하는 손길이 어루만지고 변형시킨 사람들, 그들의 수백만 수천만의 기억이 우리를 가득 채워야 할지도 모른다.

그러나 예수님은 유령일 수도 있다. 아마 우리는 세뇌 당했는지도 모른다. 또는 복음성경들이 모두 지어낸 얘기일지도 모른다. 프로이드는 신앙을 무의식이 만들어낸 것이라고 주장한다. 지식인들 사이에는 무신론자가 많다. 저 멀리 바다 위에 나타난 권능과 자비의 모습은 불안 때문에 생겨난 신기루인지도 모른다. 그걸 어떻게 믿는단 말인가?

"주 예수여, 정말 당신이라면 내게 오라고 말해주십시오. 내 일생의 바다에서 신앙을 가지고 걸어 나가라고 말해주십시오."
그 때, 예수님은 우리에게 이렇게 말씀하신다.
"오라. 내게로 오라!"

## 아, 내안에 하나님이 있다

초판발행 2001. 1.

지은이 존 포웰
옮긴이 박종신
펴낸이 김성숙

서울시 서울중앙우체국 사서함 6186호
출판부 672-9001
E-mail : jpm@jpm.or.kr
등록번호 1999. 5. 25. 제 22-1556호

ISBN 89-950537-3-9
값 8,500원

이 출판물은 저작권법에 의해 보호를 받는 저작물이므로 무단 전재와 무단 복제를 할 수 없습니다.

예수의사람들(JPM)은 초교파 청년, 청소년 전문 선교단체로서, 1994년 창설되어 복음을 증거하고, 혼전순결운동과 기독교 문화 보급을 전개하고 있으며 국내 최대 규모의 예수대축제와 White Concert(순결음악회), 문서선교사역등을 통하여 젊은이들을 예수의 일군으로 양성하고 있다.